KB154510

민주화 후유증

민주화 후유증

가지 않는 과거, 오지 않는 미래

2023년 5월 1일 초판 1쇄

지은이	김욱
펴낸이	장의덕
펴낸곳	도서출판 개마고원
등록	1989년 9월 4일 제2-877호
주소	강원도 원주시 로아노크로 15, 105-604호 (우 26382)
전화	033-747-1012
팩스	0303-3445-1044
이메일	webmaster@kaema.co.kr

ISBN 978-89-5769-496-1 03340

가지 않는 과거
오지 않는 미래

민주화 후유증

김욱 지음

개마고원

일러두기

본문의 인용문 중 〔 〕표시 부분은 저자의 주.

살아온 내내 국민의힘을 외면하다,
더불어민주당 문재인정권에 실망해
2022년 대선에서 국민의힘 후보에게 투표할 수밖에 없었던
유권자들과
2022년 6월 19일 저녁 식사 자리를 함께했던
누나 혜경, 동생 정훈, 아내 미경 님들에게

정치에서 가장 어리석은 짓은 있는 것을 없는 것으로 여기는 태도다.

정치는 현실을 바탕으로 한다.

현실을 억지로 부정하려고 하면 끝내는 자신이 부정당하고 만다.

_김영삼, 『나의 정치 비망록』 (심우, 1992) 중에서

정치인은 최선이 아니면 차선을 선택해야 한다.

상황이 나쁘면 최악을 피하고 차악을 택해야 할 때도 있는 것이다.

정치인이란 현실을 살펴 미래를 향한 진리를 구하는 것이지

진리만 붙들고 현실을 도외시하면 안 된다는 것이

정치인으로서의 내 생각이다.

_김대중, 『김대중 자서전 1』 (삼인, 2010) 중에서

　나는 이 책을 통해 수십 년을 유지했던 우리나라 민주화 역사에 대한 내 개인적인 견해를 바꾸려 한다. 이는 단순히 머릿속에서 역사에 대한 내 시각이 바뀌어서 그것을 글로 옮기려는 작업이 아니다. 경과는 좀 더 복잡하다. 우선 가장 치명적인 문제는 내가 당위적으로 혹은 관념적으로 순수하게 옳은 역사라 생각했던 일들이 현실 속에서는 일어나지 않았다는 사실이다. 그 때문에 나는 어떻게든 현실에 맞춰 (내 머릿속에서만 유효했던 그간의 관념적 프레임을 버리고) 역사를 다시 읽어야 할 불가피한 처지에 놓였다. 이 책은 그 결과물이다. 이에 관해서는 좀 더 상세하게 후술하겠지만, 분명히 하자면, 우리나라 민주화 역사가 내가 이상적이라고 생각한 방식으로 전개됐다면 현실을 토대로 과거 정치사를 다시 읽고 해석해야 할 필요성은 없었을 것이다.

　물론 그렇다고 해서, 내가 이 책에서 하려는 작업이 현실의 잡다한 현상을 토대로 과거 정치사를 마음대로 재구성하고, 인위적 이상으로 짜맞추려는 것은 결코 아니다. 그럴 수도 없거니와 그건 역사가 아니다. 하지만 혹시 내 기존의 책을 읽었던 독자들이라면 결과적으로는 이 책이 기존에 내가 주장했던 것과 180도 다른 내용을 담고 있다고 느낄 수밖에 없을 것이다. 그리고 그 '표변'을 이해하기 어려울 수도 있다. 거듭 말하지만, 기존의 내 주장은 내가 이상적이라고 생각한 역사 정의가 현실 속에서 실현되기를 바라는 소망 같은 것이었고, 이 책은 현실 속에서 그러한 이상 실현을 더 이상 기대하기 힘들다고 판단했기에 현실을 토대로 우리 정치체제의 역사적·정치적 당위를 다시 찾는 작업이다. 어쨌든 이는 결코 정파적인 작업이 아니다. 그러므로 더욱 그리고 반드시, 내가 아니면 누구라도, 이 작업은 해야만 한다. 어떻게든 대한민국 정치사의 귀결인 우리 정치체제의 당위적 탈출구가 있어야 하기 때문이다.

이 책의 주된 키워드는 민주화 역사가 남긴 '후유증'이다. 그리고 그 '극복, 즉 벗어나기'다. 나는 이 사태를 이해하기 위해 우리나라 민주화 역사를 다시 읽어야만 했다. 국민의힘은 정당으로서 민주적 정통성·정당성이 있는지, 더불어민주당이 민주화 역사의 정의를 독선적으로 독점하려는 태도는 타당한 건지, 호남이 국민의힘을 전면적으로 거부한 역사적 실체와 논리는 무엇이었는지, 정치인들의 전두환 우호발언이 왜 아직도 영남을 겨냥하는지, 국민의힘이 호남의 지지를 받으려면 무엇을 해야 할 것이며, 앞으로 호남은 국민의힘을 지지할 수 있는지, 영남의 지역적 일당지배 체제는 호남과 어떻게 다른지, 지역적 일당지배 체제 극복 없이는 왜 민주주의 실현이 불가능한지 등 진부한 질문에 새로운 답을 찾아야 했다.

이런 주제를 지금까지 식상할 정도로 들었을 당파적·정략적·정치공학적 차원에서, 그리고 세속적으로는 지금 이 순간 (혹은 가까운 장래에) 실권을 쥐고 있는(쥐게 될) 여야 대표정치인에 대한 지지와 반대 시각에서, 아전인수로 생각하면 안 된다. 그렇게 하면 반드시 주제를 왜곡하는 부작용을 낳을 수밖에 없다. 내가 이 책에서 다루려는 주제는 역사에 관한 심각한 딜레마를 내포하고 있으며, 그 극복 없이는 정상적인 정치 민주화를 이룰 수 없다고까지 단언할 수 있다. 내가 관념적 이상만으로 세상을 보는 데 만족 못 하고, 어떻게든 현실 속에서 당위적 탈출구를 찾으려 하는 이유는 바로 그 때문이다.

내 개인적으로, 애초에는 민주화 역사와 관련한 지금까지의 주장은 관념적 정당성이 이상적으로 실현되기를 바라며 했던 플랜A이고, 이 책의 주장은 거꾸로 현실적 정당성을 관념적으로 인정해야 한다는 의미에서 플랜B라고 생각했다. 한데 찬찬히 숙고해보니, 그것도 아니었다. 정확히 말하자면 지금까지의 내 주장은 논리적 차원에서 현실 인식에 실패한 관념적 희망이었을 뿐이고, 정작 이 책에서 주장하는 내용이야말로 불만스러운 현실을 담고 있지만, 논리에 타당한 현실의 역사 그 자체라는 생각으로 바뀌었다. 그러니 이 책을 읽으며 과거에 자신만만하게 발언했던 내 개인적 주장에서, 혹은 이미 사회적으로 상식화된 지배논리에서 벗어난 낯선 시각을 접하더라도 덮어놓고 실망하거나 놀라지는 말기 바란다. 내 나름의 이성으로 있는 현실을 있는 그대로 바라보는 대가가 내 개인적 오류를 발견하는 일이거나, 상식화된 지배논리에 감히 도전하는 것이라 해도 그 어려움은 기꺼이 감수할 수밖에 없다고 생각한다. 그 결과물을 함께 토론하고 공유했으면 한다.

사실 나는 누구보다도 관념적 이상이 현실의 역사로 실현되기를 바랐던 사람이다. 그리고 솔직한 심정은 지금도 그런 이상의 역사에 대해 꿈처럼 미련이 남아 있다. 하지만 관념적·당위적 이상이 곧 역사는 아니라는 의미에서, 그건 두말할 필요도 없이 역사가 아니다. 그리고 역사가 걷게 될 유일한 길도 아니다. 이상에 대한 내 미련이 아무리 크다 한들 삶은 현실이다. 그리고 그 현실의 삶을 이해하는 것이야말로 현실의 정치이고 현실의 역사다. 나는 대한민국이 바로 그 현실의 정치와 현실의 역사에서 진보하기를 바란다. 중요한 건 내 순수한 관념·희망의 일관된 유지와 불가능한 실현이 아니라, 한 걸음씩이라도 앞으로 나아가는 세상의 현실적 진보와 과학적 인식이다.

   내가 기존에, 기존의 시각으로, 『아주 낯선 상식』에서 다뤘던 내용의 주된 키워드는 호남과 더불어민주당에 관한 내용이었다. 한데 이번엔 주된 키워드가 영남과 국민의힘까지 확대된 셈이다. 염려스러워서 하는 말이지만, 이 책의 내 언급 중에는 영남인에게는 다소 불편할 수도 있는 과거사 내용이 있다. 하지만 그것은 호남인인 내가 사적인 감정이 있어서 하는 얘기가 아니라, 어떤 경우든 일단 있는 것을 있는 그대로 과학적으로 밝히고, 해결책을 모색한다는 학자의 심정으로 다루는 것일 뿐이니 추호도 오해 없기를 바란다. 열린 마음으로 보면, 이 책에서 시도하는 나의 민주화 역사 다시 읽기가 영남인에게는 오히려 그간 내 주장의 불편함을 다소 희석해주는 것일 수도 있다고 생각한다. 심지어 호남의 정치상황과 관련해 호남인도 불편할 수 있는 내용이 많이 있다. 말하자면 지역적·정파적 시각에서 의심스럽게 읽더라도 피장파장인 셈이다. 그러니 부디 편견 없이 읽고, 깊이 생각해주기를 바란다.

우리가 원하든 원치 않든, 원하는 방향으로든 원치 않는 방향으로든, 의식하든 의식 못 하든 세상은 끊임없이 변해간다. 이미 과거와 다르게 많이 변해 있다. 그 변화를 의식 못 한다면 그건 아마도 자신이 변화를 원치 않기 때문일 가능성이 크다. 나는 이 책을 우리 정치의 방향성이 좀 더 드러난 후에, 세상의 그런 변화를 설명하는 식으로 펴내 볼까 하는 생각도 있었다. 그러다 미리 내 생각을 일목요연하게 정리해 세상에 내놓아서, 가능하다면 현실적으로 조금이라도 긍정적 차원에서 선제적 영향을 주는 것이 좋겠다는 판단을 했다. 바람대로 됐으면 좋겠다.

하지만 세상일은 아무도 모른다. 짧게 본다면, 역사는 우리가 바라는 방향으로 이상에 가깝게 진전될 수도 있고, 이도 저도 아닌 방향으로, 특히 한 개인의 생각·바람과는 무관하게 제멋대로 어디로든 흘러갈 수도 있다. 만약 그렇게 이 책의 관점과 주장이 다시 부질없게 되면, 그땐 또다시 누군가 나서서 다른 방식으로 현실의 역사를 설명하고, 다른 방식으로 우리나라 민주정치의 방향을 제시해 나가야 할지도 모르겠다. 거기까진 내 일이 아니므로 여기까지만 생각하기로 하자.

2023년 4월
부끄러운 마음으로, 김욱

차례

제4장 '적대적 공생' 체제의 극복을 위하여

제5장 가지 않는 과거, 오지 않는 미래

서론:
당위의 역사와
현실의 역사

역사는 인간 삶의 발자취다. 그런데 역사의 주체인 인간은 이상적으로만 살아가는가? 달리 묻자면 이상을 벗어난 인간 삶은 발자취를 남기지 않는가? 물론, 당연히, 아니다. 그렇다면 인간 삶의 발자취인 역사를 이상적 모습으로만 그리려는 건 넌센스일 것이다. 그렇다고 '마땅히 그렇게 해야 한다'는 생각인 규범적 당위와 인간이 무관하게 살아간다고 볼 수도 없다. 인간이 당위와 무관하게 살아간다는 건 인간이 법·도덕·꿈과 무관하게 살아간다는 의미인데, 길게 말할 것도 없이 당연히 사실과 다르다. 그렇다면 역사, 즉 인간 삶의 발자취를 어떻게 말할 수 있을까? 한마디로 역사는 당위적 이상을 지향하면서 동시에 벗어나는 현실적 존재인 인간 삶의 모순적 발자취다.

　물론 우리는 그런 모순적 역사의 뒤안길에서 좌절할 수도 있다. 하지만 역경에도 불구하고 역사에 대한 우리의 신념은 더 확고해질 수도 있다. 어떻게든 인간의 역사는 정의 혹은 진보를 실현해간다는 신념을 어떻게 포기할 수 있겠는가? 물론 역사가 무엇이든, 눈앞의 인간사는 온갖 정의와 부정의가 뒤섞인 아수라장이라는 사실을 누구도 부정할 순 없다. 그렇지만 우리 대부분은 결국 역사는 정의를 찾아 제갈 길을 가는 것이라는 믿음을 갖고 산다. 만약 우리가 역사의 정의를 믿지 않는다면, 그리고 눈앞의 '역사적 아수라장'을 아무 가치판단 기준도 없이 무기력하게 바라만 볼 수밖에 없다면 얼마나 삶이 공허하겠는가? 그렇다고 인간의 역사적 정의감을 삶의 공허함을 피하기 위한 기제라고 해버리는 건 허망한 얘기이고, 어쩌면 사회생물학적인 그럴듯한 이유가 있는지도 모를 일이다.

그 이유가 무엇이든, '우리는 엉망진창의 삶을 살 때조차 정의의 관념을 앞세우기를 좋아한다'는 있는 그대로의 사실에 주목할 필요가 있다. 물론 그것은 실제로 정의감이 충만해서가 아니라 정의에 맞지 않는 행동을 감추려는 위선적 의도일 수도 있다. 어쨌든 그 도취가 심해지면 '나, 혹은 우리'만이 정의라는 아집으로까지 나아가기 쉽다. 거기까진 그럴 수도 있겠다. 한데 그 아집에 취해 만약 '너 혹은 그들'에 대해 이해하려는 시도조차 하지 않게 된다면, 이미 그때는 개인적 차원이든 역사적 차원이든 '정의의 관념'이란 건 허울만 남게 되는 장식에 불과할 것이다. 이런 사태는 비단 작금의 우리 현실에 해당하는 문제만은 아니었던 듯하다. 이미 오래전 마르크 블로크도 이런 지적을 남겼다.

소송의 경우에서조차 우리는 너무 많이 판단을 내린다. "총살형에 처하라"고 외치기는 지극히 쉬운 일이다. 그러나 우리는 충분히 이해하려고 하지 않는다. 우리와는 다른 사람, 즉 외국인이나 정치적 적수 등은 거의 필연적으로 악한으로 간주된다. 피할 수 없는 투쟁을 지휘하기 위해서조차 인간의 이해력이 약간은 필요하다. 하물며 적절한 시기에 그러한 투쟁을 피하기 위해서는 이것이 더욱 필요하다.[1]

아주 현실적인 차원에서 묻자. 더불어민주당(이하 더민당)의 정치적 계보만이 역사의 정의라고 믿었던 사람은 과연 국민의힘(이하 국힘)의 정치적 계보에 대해 얼마나 깊이, 그리고 얼마나 진지하게 그 대상을 이해하려 했는가? 말하자면 그저 국힘을 "총살형에 처하라"고 외치는 것으로 만족했던 건 아닐까? 오랫동안 대한민국 헌정사에 천착했던 나도 거의 그랬으므로 이 질문에 대답할 부끄러운 자격은 있다고 본다.* 적어도 내 경우에 있어서조차 국힘의 역사적 의미를 이해하려는 노력은 '충분하지 않았다.'

물론 그 나태함의 원인이 단지 현실적·정파적 편견 때문만은 아니었다. 지금까지의 내 기준으로는, 국힘은 정의의 역사가 탈선해서 파생된 부산물에 불과했다. 나로서는 그렇게 믿을 만한 충분한 근거가 있었다. 그 절대적 근거는 5·18이었다. 내게 민주정의당(이하 민정당)은 전두환 쿠데타의 역사적 부산물일 뿐이었고, 그것만으로도 그 승계承繼정당 국힘의 정체성을 판단하기에 충분하고 남았다. 사태를 이렇게 간단명료하게 이해했으면 됐지, '역사적으로 총살형에 처할 대상'을 더 이상(!) 깊게 이해해야 할 무슨 필요가 있단 말인가? 그뿐

● 지금까지 일관되게 주장했던 내 입장은 김욱, 『김대중의 끝나지 않은 이야기』 인물과사상사, 2005; 김욱, 『정치는 역사를 이길 수 없다』 개마고원, 2013; 김욱, 『아주 낯선 상식』 개마고원 2015; 김욱, 『아주 낯선 선택』 개마고원, 2016; 김욱, 『개헌전쟁』 개마고원, 2017 등 참조.

이었다.

하지만 5·18은 점점 멀어지는 지난 역사가 되어갔고, 반면 우리의 삶은 끝없이 앞으로 나아가야 했다. 그건 과거 유산이 어떻든, 전체로서의 대한민국은 어떻게든 민주적 토대를 갖추고 전진해 나가야 한다는 의미였다. 내 생각엔 민주주의를 위해 복수정당제가 필요한데, 적어도 호남은 국힘의 역사적 존재 자체를 인정할 수 없으니 국힘을 고사시켜야 했고, 역사의 업보로부터 자유로운 새 정당을 정립함으로써 더민당과 신당(들)의 복수정당제를 통해 민주주의를 완성해가는 것이 최선이었다. 이런 '이상理想의 역사'는 내 역사적 정의감으론 흔들릴 수 없는 신념이었다.

그렇지만 영남은 차치하더라도, 적어도 호남만이라도 우선 복수정당제를 확립해야 한다는 바람조차 실현 불가능했다. 호남은 2004년 총선에서 열린우리당에 맞선 새천년민주당의 생존, 2016년 총선에서 더불어민주당에 맞선 국민의당의 압도적 지지에서 보듯, 일시적으로 복수정당제의 가능성을 보일 때도 있었지만, 결국 더민당 일당 지배 체제 속에서 '자가당착의 민주적 삶'을 모색하는 것을 선택했다. 개인적으론 큰 좌절감을 느꼈지만, 그 또한 현실의 역사였고, 어찌할 수 없었다. 한데 엉뚱하게도, 어쩌면 당연하게도 이런 사태는 역사적 정의 문제를 심각하게 왜곡시키는 결과를 낳았다.

대통령 박근혜 탄핵 이후 들어선 문재인정권과 더민당세력은 역사적 정의를 정파적으로 독점하려는 태도를 보이기 시작했다. 그도 그럴 것이 국힘은 국민의 압도적 규탄 속에 헌정사 최초로 탄핵당한 대통령의 당인데다, (그간의 내 생각처럼) 잘못된 역사의 부산물이라는 인식조차 없었으므로, 더민당세력은 자신들이 역사적 정의를 독점하고자 한들 심적으로 하등 거슬릴 게 없었을 것이다. 아마도 그들 시각으론 더민당은 민주주의 역사의 정통성·정당성을 독점할 수 있는, 아니 반드시 독점해야만 하는 정당일 것이다. 역사를 읽는 관점이 바뀌지 않는 한, 논리적 차원에서 그런 상황은 얼핏 자연스럽게까지 보일 정도다.

한데 문재인정권과 더민당세력은 거기서 더 나아가 용납할 수 있는 한계선을 넘었다. 자신들은 역사적으로 민주적 정통성·정당성을 독점하는 정치세력이고, 민주화 역사를 만든 그들(이른바 운동권)은 태생이 다른 정치세력이며, 심지어 '왕후장상의 씨가 따로 있다'고 생각하는 것처럼 자신들은 공동체 규범을 어겨도 잘못이 아니라고 우기는 지경까지 타락해버린 것이다. 기존의 역사관이 기득의 이익을 선물했고, 그들은 논리적 타락을 즐기기 시작했다. 과거 운동권 시절의 '불법투쟁의 정당화' 논리가 수십 년 지난 정상적 시대의 집권 이후에까지, 유년기의 기억이 성년의 평생 기억을 지배하는 것처럼 악영향을 끼친 것이다.• 그 정점엔 촛불로 세상을 어지럽힌 나르시시스

• 더민당세력이 '선택적 법치주의' 문제를 제기한다면 맞은편 국힘세력 쪽에선 할 말이 없겠는가? 하지만 범죄행위와 관련해 국힘세력은 몰염치한 변명이라면 몰라도, 더민당세력 같은 해괴한 당당함을 내보인 걸 본 기억은 없다. 이재명을 둘러싼 오랫동안의 억지스러운 소동은 판결 전이니 그렇다 치더라도, 한명숙·김경수 등의 '무죄 퍼포먼스'는 비판적 시각(「이재명, 백합꽃 퍼포먼스라도 할 기세」, 『데일리안』, 2023년 1월 9일)에 동의할 수밖에 없는 너무나 기

트적 사건인 '조국사태'가 자리한다. 조국사태는 조국만의 문제가 아니었다. 대한민국의 정의를 자신들이 독점하고 있다고 생각하는 한 패가 "자신의 이상에 이르는 길을 발견할 수 없는 사람은, 이상을 지니지 않은 인간보다 더 경박하고 파렴치하게 살아간다"[2]는 니체의 경구를 입증해버린 절망적 사태였다.

개인이든, 사회든, 나라든 누구나 크고 작은 잘못을 한다. 그때 그 잘못을 감추거나 혹은 인정하면서 변명·변호하는 것과 그 잘못이 무슨 대수냐고, 심지어 잘못을 잘못이 아니라고 적반하장처럼 우기는 것은 차원이 다르다. 한데 더민당세력은 심지어 같은 공동체 규범체계 속에서 같은 잘못을 하면서도 국힘 쪽 잘못만이 잘못이고, 자신들의 잘못은 차원이 다르다, 즉 잘못이 아니라는 식의 극히 '정파적이

괴한 정의감이었다. 심지어 이광재는 출소 후, 아예 대놓고 자신의 처지를 정도전의 10년 유배생활에 비유하며, 자신의 "세상을 바꾸려"는 의지를 '정도전의 개혁'에 끼워 맞추기도 했다(「[인터뷰]이광재 "킹메이커? 이번엔 안한다"」, 『노컷뉴스』 2020년 12월 3일). 그들만의 이런 특별한 법의식은 분명히 보통 사람들의 그것과는 크게 색다르다. 유시민은 MBC라디오에 출연해 "작년〔2019년〕 11월 말, 12월 초순쯤 한동훈 검사가 있던 반부패강력부 쪽에서 (노무현 재단 계좌를) 들여다 봤을 가능성이 높다"는 등의 발언을 해 명예훼손죄로 1심에서 벌금 500만원을 선고받는데, 그는 "저를 형사 법정에 세운 검찰에 대해서는 유감이다. 납득을 못 하겠다. 과연 한동훈 검사의 이름을 올린 게 징역 1년을 살아야 할 범죄냐"며 "처벌받아도 어쩔 수 없지만 제가 한 일에 대해 후회는 없다"고 최후변론을 했다(「1심, 유시민에 '벌금 500만원' 선고. 유 "항소하겠다"」, 『뷰스앤뉴스』 2022년 6월 9일). 당사자 한동훈은 "유씨나 이 권력자들은 마치 자기들은 무슨 짓을 해도 절대 수사하면 안 되는 초헌법적인 특권 계급인 양 행동한다"고 정곡을 찔렀다(「'유시민 재판' 증인으로 나온 한동훈 "죄 있으면 벌 받아야"」, 『연합뉴스』 2022년 1월 27일). 지금 내가 주목하는 건, 시도 때도 없이 정파를 가리지 않고 발생하는 정치인들의 흔한 이런저런 비리·타락 그 자체가 아니라, 개혁·진보(?)라는 정파적 이데올로기가 '범죄적 당당함'의 토대로 작동하고, 막무가내로 지지받는 엽기적 현상이다.

고 선택적인 정의(?)' = (이른바) '내로남불'*이 판을 치는 세상을 만들어버렸다. 한마디로 '나는 태생적으로 선하고, 니들은 태생적으로 악하니 나는 뭔 짓을 해도 정당하고, 니들은 뭔 짓을 해도 부당하다'는 파렴치한 억지 관념이었다. 더욱 안타까운 건 민주화를 지지했던 세력이 함께 민주주의의 타락도 지지하는 속물로 추락하고 말았다는 사실이다. 이는 근원적으로 말하자면 역사 정의의 정치적 독점이 만들어낸 민주화 역사의 역습이었다.

  이런 사태는 근원적인 질문을 필요로 한다. 과연 더민당이 역사적 정의와 민주적 정통성·정당성을 독선적으로 독점하는 것이 당연한가? 그런 당연함을 넘어 심지어 '왕후장상의 씨가 따로 있는 것'처럼 그들 정의의 사도들은 무슨 정치적 패악을 저질러도 정당화되니, 그들을 지지할 수밖에 없는가? 타락을 결정하는 것은 사람의 행위가 아니라 사람 그 자체인가? 그래서 사람이 먼저인가? 퇴행을 막을 방법은 없는가? 이런 질문에 답하려면 역사를 거슬러 올라갈 수밖에 없다. 그리고 역사를 다시 읽을 수밖에 없다. 역사를 다시 읽는다는 것

• '내로남불'은 국힘이라고 자유로울 수 없는 행태지만, 더민당 문재인 집권 기간 중에 일어난 사태는 차원을 달리했다고 말할 수밖에 없다. 지나칠 정도로 객관적이게도, 선관위는 2021년 4월 7일 재보궐선거에서 그것이 전적으로 민주당 고유의 행태인 것처럼 공인해버렸다. 미디어 보도를 그대로 인용한다. "국민의힘 사무처는 최근 '투표가 위선을 이깁니다·투표가 무능을 이깁니다·투표가 내로남불을 이깁니다'라는 문구를 사용할 수 있는지 선관위에 문의했다. 이에 선관위는 '특정 정당(후보자)을 쉽게 유추할 수 있거나, 반대하는 것으로 보이는 표현이라서 사용 불가능하다'고 통보했다고 당 관계자는 밝혔다."(「선관위 "내로남불, 특정정당 유추"…野 "LH로남불은?"(종합)」, 『연합뉴스』, 2021년 4월 3일.)

에 대한 생경함이 있다면 다음과 같은 역사적 사례를 가상적으로 생각해보는 것도 좋겠다.

잘 알다시피, 김구는 대한민국 (분단)정부수립에 반대[3]했다. 지금의 관점으로도 충분히 이해는 한다. 다시 당시로 돌아가더라도 그런 관점과 주장 자체는 하나의 의견으로 존중받아야 한다. 설령 결과적으로 남북 간 분단정부로 귀결되는 정치적 상황이었다 할지라도, 그런 사태를 막기 위해 얼마든지 그런 주장을 할 수는 있다. 나아가 그것이야말로 정의라고 주장할 수도 있다. 아니 어쩌면 단순한 주장이 아니라 그것이 우리 민족의 진짜 정의일지도 모른다. 심지어 김구는 다시 태어나도 그런 입장에 대해 후회하지 않을 수도 있다.

하지만 우리는 모두 알고 있다. 머릿속 정의의 역사가 제아무리 훌륭한 모습이라 할지라도 현실의 역사가 그것을 실현하지 못했다면 그 정의의 역사는 역사가 아니라 그저 꿈일 뿐이다. 그 꿈은 당위의 실현엔 도움이 될지 모르겠지만(앞으로 김구의 꿈은 미래 통일한반도의 성립에 큰 기여를 할 수도 있다), 그 꿈 자체가 역사는 아니다. 언제 어떤 경우라도 우리의 꿈을 위해서는 살아 있는 역사 그 자체, 현실의 역사가 필요하다.

결국 문제는 현실이 상상적 정의와 상관없이 전개되어 우리가 직면하는 현실의 역사가 됐을 때 가차 없이 제기된다. 자, 어찌해야 하는가? 김구의 문제틀에서 본다면 분단 남북정부는 역사의 일탈이다. 그럼 현실을 살아가는 우리 입장에서, 과거 김구의 입장이 옳다고 믿는다면 대한민국을 어떻게 봐야 하는가? 우리는 대한민국에서 정의롭게 살아가고 싶은데 어찌해야 하는가? 분단 대한민국은 정의의 역사가 아니므로 끝까지 대한민국을 부정하며 관념적으로 자족해야 하는가? 역사의 탈출구는 없는가? '그때는 맞고, 지금은 틀렸다'고 말하는 건 상상할 수 없는 논리적 반칙인가?

현실의 역사가 정의의 역사와 맞지 않는 사태가 벌어질 때 우리는 본능적으로 합리화의 길을 찾는다. 그 합리화는 애초에 현실의 역사가 정의의 역사에 부합했다면 불필요한 작업이다. 그러니 이 합리화를 현실의 권력적 흥망성쇠에 따라 돌변해가며 현실에서 이득을 취하려는 기회주의와 같다고 일축하는 건 타당하지 않다. 지금 나의 관심은 이상적 관념으로 꿈꾼 가상의 역사와는 다른 현실적 세상이 열린 것에 대한 당위적 대응이다. 우리의 현실이 우리의 관념적 정의와 맞지 않을 때 가장 적절한 대응은 역사를 다시 읽어보는 일이다. 그 역사는 이상의 역사가 아니라 현실의 역사다. 그리고 그 현실의 역사야말로 부정할 수도 없고, 돌이킬 수도 없이 오직 직면直面만이 허락되는 진짜 역사라고 말할 수 있을 것이다.

언제나 역사는 우리를 상념에 빠지게 만든다. 역사에까지 미치는 우리의 관념적 정의감과 꿈, 한편으론 그것에 큰 영향을 받기도 하지만 다른 한편으론 극단적으로 무심하기까지 한 현실의 역사, 하지만 어떻게든 역사는 굴곡을 넘어 제 갈 길을 간다고 믿는 긍정적 신념, 우리는 이 모든 모순을 인정해야 한다. 그래서 결국 끝없이 다가오는 미래의 삶 속에서 되풀이해서 읽어야 하는 것이 역사다. 역사를 '인간의 목적적 활동'이라고 봤던 엥겔스의 관점을 인정할지라도 현실의 역사 속에서 살아가는 일은 그렇게 간단치는 않다. 우선 '포이에 르바하가 눈이 부시도록 명백히 해설'했다며 이렇게 말한 엥겔스의 말부터 들어보자.

> '역사'는 '아무것도' 하지 않는다. 역사는 "무한한 부를 소유하지 않으며", "전쟁도 하지 않는다." 소유하고 싸우는 모든 일을 하는 것은 '인간', 즉 현실의 살아있는 인간이다. 말하자면 (…) 역사는 자신의 목표를 추구하는 인간의 활동에 '불과하다.'[4]

역사가 그 자체는 아무것도 하지 않는, 인간의 목적적 활동이라면, 인간에겐 목적적 정의관이나 당위(엥겔스라면 공산주의적 당위)가 있을 것이고, 그 목적적 당위가 변치 않는 한 역사를 근본적으로 다시 읽어야 할 필요는 없을 것이다. 한데 현실 공산주의의 실패를 알고 있는 21세기 우리는 과거의 그 목적적 당위에 따른 역사관을 어떻게 감당해야 하는가?

맹목적 아집을 피하려면, 우리는 현실로부터 과거로 거슬러 올라가 다시 현실로 되돌아오는 수밖에 없다. 우리의 현실적인 목적적 활동을 다시 정립할 수 있는 역사적 근거와 역사적 사실을 재발견하고, 현실에 맞는 역사관을 다시 확립해 나갈 수밖에 없다. 이것은 역사가 인간의 목적적 활동임을 부정하는 것이 결코 아니다. 현실의 관점에서 역사를 다시 읽는 것, 즉 역사를 E. H. 카처럼 '과거와 현재의 대화'로 이해하는 건 맹목적 현실순응주의에 빠져서가 아니라 적극적으로 현실을 이해하고, 언제 어디서나 인간의 사고를 경직시키는 교조주의적 태도에서 벗어나, 현실의 목적적 활동을 합리적·이성적으로 개선하려는 노력이다.

물론 내가, 현실의 돌이킬 수 없는 변화에도 불구하고 그 변화를 이해 못 한 채 고집스레 고정불변하는 이상만으로 역사를 관념화시키는 것에 동의하지 않는다고 해서, 역사를 보는 눈에서 '현실의 결핍'을 채우는 희망까지 제거해야 한다고 믿는 건 아니다. 오히려 역사는 이상 속에서 현실의 부재를 느끼고, 현실 속에서 이상의 실재를 인정해야만 하는 변증법적 사고가 필요하다고 본다. 이 모순에 관한 에른스트 블로흐의 언급을 들어보자.

> 인간이 사악한 현실에 처해 있는 한, 사적이거나 공적인 그의 현존재는 낮꿈에 의해서 충만된다. 다시 말해서 인간은 비참한 상황에 처해 있을수록 더욱더 지금까지 이루어진 것보다 더 나은 삶에 대한 꿈을 지니게 된다. 인간이 지향하는 모든 것은 바로 실제 현실과 일치되지 않는 (그러나 나중에 일치하게 되는) 낮꿈이라는 토대에 의해서 이어져 나간다.[5]

여기서 문제는 "인간이 지향하는 모든 것"이 "실제 현실과 일치되지 않"을 경우다. 블로흐는 "나중에 일치하게 되는"이라고 했지만 모든 사태가 그렇게 될까? 이 의문에 옮긴이 박설호는 "어쩌면 우리는 나중에 일치하는이라는 표현보다는, 나중에 일치할 수 있는이라는 표현을 선호해야 할 것이다"[6]라는 주석을 남겼다. 백일몽은 현실이 아니지만 현실을 추동하는 힘을 가진다. 하지만 모든 현실이 '현실화된 백일몽'은 아니다. 그러한 사태를 인지했을 때, 즉 현실과 백일몽의 극복할 수 없는 괴리감을 느낄 때 우린 또 다른 백일몽을 꾸어야만 한다. 그리고 그때의 현실은 또 다른 백일몽의 토대가 될 것이고, 되어야만 한다. 역사의 백일몽은 현실 없이 존재하고 실현되는 천상의 불변하는 각본이 아니다.

　나는 개인적으로 수십 년 동안 우리나라 민주화 역사와 그 미래에 대한 실현되지 않은 혹은 실현할 수 없는 백일몽을 꾸었던 셈이다. 그런 백일몽을 꾼 것을 잘못이라고 할 수는 없겠으나 어쨌든 현실 속에서는 실현되지 못한 꿈이었다. 그러므로 제기된 문제는 다시 가차 없는 현실이다. 지금까지는 백일몽 속에서 현실이 부재하는 사태를 지켜봤지만, 이제는 새롭게 맞닥트린 현실 속에서 백일몽이 부재한 사태를 맞이한 것이다. 그러므로 나는 새롭게 맞이한 또 다른 현실 속에서 새로운 백일몽을 꾸고자 한다. 이제 그 백일몽의 직접적·일차적 대상은 국민의힘과 영남의 민주화다.

제1장

민주화 역사
다시 읽기

1

국민의힘, 그 역사적 정체성은 무엇인가

1987년 대선은 민주세력에게는 충격적인 사건이었다. 박정희 사후 쿠데타로 등장한 전두환정권을 1987년 6·10항쟁으로 굴복시키고 다수 국민이 원한 직선제를 쟁취했음에도 불구하고, 그 직선제 대선의 과실은 결국 쿠데타세력의 2인자였던 민정당 노태우에게 돌아갔던 것이다. 이 아이러니를 어떻게 설명해야 할까? 아니 설명은 고사하고 심적으로 현실을 있는 그대로 인정하고 받아들이기조차 힘든 '반동적' 사건이었다. 적어도 민정당 노태우에게 투표하지 않았던 유권자들에겐 그랬다.

물론 이 사태를 설명하거나 혹은 정치적 책임을 묻기 위해 곳곳에서 당시 노태우와 함께 대선에 출마했던 김영삼·김대중의 '분열'을 여론심판의 도마 위에 아전인수 격으로 올리기도 했으며, 언론에서는 실망한 다수 민심을 위로하기 위해 기약 없는 희망의 메시지를 건네기도 했다. 그렇다고 현실이 만들어낸 결과를 돌이킬 수 있는 건 아니었다. 사정이 어떠했든 현실의 역사는 계속됐고, 우리는 그 속에서 살아가야만 했다. 결국 이런 충격적 역사의 정신적 후유증을 이겨내는 건 각자의 몫이었다.

하지만 대부분의 세상사가 그렇듯 잃은 것이 있었으니 얻은 것도 있었다. 이 사건은 나라 전체의 차원에서 민주주의란 무엇인가에 대해 진지한 숙고를 하게 만드는 데 아주 크게 기여했다고 생각한다. 즉 우리 국민은 이 사건을 통해 민주주의 제도형식에 따라서는 뭉친 소수가 나뉜 다수를 이겨 집권할 수도 있고, 아주 많은 유권자가 민주적으로 쿠데타세력(반민주세력) 후보에게 개의치 않고 투표할 수도 있으며, (어쩌면 이게 가장 중요할지 모르겠는데) 민주주의 이상의 실현보다는 쿠데타세력에게 세속적 이익을 기대하는 마음이 더 큰 거대한 세력집단이 얼마든지 있을 수 있다는 깨달음을 얻게 됐다고 본다.

그런데 정말 반민주세력(쿠데타세력 출신)에게 기대하는 세속적 이익이 민주주의 이상의 실현보다 더 중요할 수 있을까? 아니 그렇게 생각하는 유권자가 상대적 다수가 되는 일이 버젓이 일어날 수 있을까? 관념적 이상의 역사를 믿는다면 절대 그럴 수는 없다. 민주주의에도 분명히 나침판 같은 이상이 존재하기 때문이다. 하지만 그런 일은 얼마든지 일어났고, 일어나고 있으며, 앞으로도 일어날 수 있을 것이다. 문제는 오히려 이런 '역사적 사태'를 이해할 수 있는 우리의 사회과학적 능력이다.

폴 우드러프는 고대 그리스 민주주의의 이상을 근거로 민주주의의 7가지 지표를 주장했는데, 그건 참주정僭主政으로부터의 자유, 조화, 법에 따른 통치, 본성에 따른 자연적 평등성, 시민 지혜, 지식 없는 상태에서 이루어지는 추론, 그리고 일반 교양교육이다.[7] 모든 이상이 그렇듯 이런저런 논쟁을 야기할 순 있지만, 분명 참고해야 할 민주주의 이상이긴 하다. 문제는 그 이상이 역사적으로, 아니 현대의 민주주의를 통해서라도 잘 이루어졌냐는 것이다. 폴 우드러프도 이 딜레마를 잘 알고 있다. 그는 책의 서문을 이렇게 시작한다.

> 민주주의는 사람들에 의한 그리고 사람들을 위한 정치 체제를 구현하고자 하는 실천적 시도다. 나는 이런 정치 체제를 이상理想이라고 부른다. 인류의 역사 속에서 이런 정치 체제가 실제로 완벽히 재현된 적은 없었다고 생각하기 때문이다.[8]

헐! 민주주의는 이러저러하게 실현돼야 한다고 설득하나 했더니, 실현될 수 없는 이상일 뿐이라고?! 흥분할 필요 없다. 세상의 모든 이념(이상)은 현실과 분리된 관념이면서 동시에 현실 속에서 불완전하게 실현되고 있는 모순 그 자체다. 그러니 그 모순을 받아들여야 한다. 중요한 사실은, 실제 역사를 통해 이상적인 민주정치 체제가 "완벽히 재현된 적"이 없었다고 해서, 즉 우리의 삶 속에서 실현되고 있는 현실 민주주의가 완벽한 이상 민주주의가 아니라고 해서 우리의 현실 민주주의를 민주주의와 아무 상관없는 '정체불명의 거시기'라고 말할 수는 없다는 점이다. 적어도 그것이 현실 속에서 민주주의라는 이름으로 실현되고, 우리가 그것을 민주주의의 현실로 믿고 있는 한 그렇다.

더 직설적으로 말하자면 현실의 민주주의 역사에선 '노태우의 당선'은 얼마든지 일어날 수 있고, 실제로 일어났다. 바로 그 점이 중요하다. 우리가 현실 삶에서 겪는 그런 민주주의야말로 인정할 수밖에 없는 현실 수준의 민주주의다. 그러니 현실을 위해 민주주의 이상을 분명히 밝혀 나가는 일도 중요하지만, 현실 민주주의를 이상에 비추어 한 걸음씩이라도 진보시키는 것이야말로 민주주의에 대한 더욱 절실한 기여라고 할 수 있다. 요점은 민주주의 이상을 말하는 건 결국 현실 민주주의의 진보를 위해서고, 그 현실 민주주의는 다시 우리가 민주주의 이상을 말하는 토대가 돼야 한다는 것이다.

그런 차원에서 우리는 현실 민주주의의 실체에 대해 숙고해야만 한다. 언제까지 우리가 생각하는 현실 민주주의가 이상 민주주의의 궤도를 이탈하는 사태에 대해서 '그건 민주주의가 아니야, 그러니 개의치 말고 그저 민주주의 이상만 주장하면 돼, 그게 진정한 민주주의니까'라는 식의 안이한 현실외면만 하고 있을 순 없다. 이런 안이한 이데아적 정신승리는 다양한 형태로 변주된다. 예컨대 현실 공산주의 실패에 대해서는 '그건 진정한 공산주의가 아니었어, 우린 이상적 공산주의를 추구하면 돼, 진정한 공산주의는 따로 있으니까'라고 자족할 수도 있고, 현실 종교의 타락에 대해서는 '그건 진정한 종교가 아니야, 우리가 믿는 건 이상적 종교라고 말하면 돼, 진정한 종교는 따

▲ 전두환 군부정권의 핵심 인물인 노태우의 제13대 대통령 당선은 당시 민주세력에게 엄청난 좌절을 안겨주었다. 그러나 그가 선거라는 민주적 절차로 당선된 만큼, 이는 우리 민주화 역사에 대한 새로운 질문과 답변을 마주하는 계기가 되었다. (조선일보, 1987.12.18.)

로 있으니까'라는 식으로 얼마든지 변명할 수도 있다.

이상과 현실이 분리되는 인간의 사고에서, 한편으로 이상은 현실의 나침판이 될 수도 있지만, 다른 한편으로 이상은 현실 실패의 책임을 벗어날 수 있는 궁극의 도피처로 악용될 수도 있다. 이상은 현실과 완전히 분리돼, 현실의 실패에도 아랑곳없이 고고하게 존재하면서 '심봤다!'의 순간을 기다리는, 전설 속에서나 존재할 법한 깊은 산속의 천년만년 묵은 산삼이 아니다. 현실이 이상을 바라보며 그 제약 속에서 자신의 길을 개척하는 것처럼 이상은 현실에 토대하고, 현실의 성패에 책임지면서 길을 밝혀야 한다. 이상과 현실은 분리돼 있지만 동시에 서로 필연적으로 의존한다. 이때 우리 사고의 기준을 고고한 이상이 아닌 세속적 현실의 소소한 진보에 맞추는 것이 삶의 진실에 더 가까이 갈 수 있는 방편일 것이다.

다시 현실로 돌아가, 노태우의 당선이 난감했던 건 과거처럼 노태우를 쿠데타세력이라며 일언지하에 부정할 수도 없다는 사실 때문이었다. 차라리 선거라는 민주적 정통성의 관문을 통과하지 않았다면 쉽게 부정이라도 할 텐데, 이젠 무슨 논리로 맞서야 하는가? 민주주의가 기본권 침해(무법적 권력의 세탁)의 도구도 될 수 있는가? 우리는 민주주의와 법치주의의 모순관계에 관한 논리적 의문과 자괴감을 해결할 방도•를 찾아야 한다. 이를 위해 우리는 당시 민정당 노태우

• 이런 난감한 고민의 헌법이론적 다툼에 관하여는 허영, 『헌법이론과 헌법』, 신2판, 박영사, 2008, 359쪽 이하 참조. 한데 다시 문제는 실재하는 모순을 실재하지 않는 것처럼 논리적으

가 민주적 신분 세탁과정(대선)을 거쳐 대통령에 당선됐다는 사실을 우선 인정해야 하고, 그것을 가능케 한 우리 정치(물론 반드시 우리 정치에만 해당하는 건 아니다)의 은밀한 비민주적 저변을 있는 그대로 이해할 필요가 있다.

1987년 당시, 우리나라는 영남패권주의·영남파시즘** 전성기가 아직은 지속되고 있던 시기였다. 그 시대 영남패권주의·영남파시즘은 여타 모든 모순 중에서도 가장 극악하게 체제를 지배하던 모순이었다. 박정희의 호남차별과 김대중 탄압을 넘어 전두환의 5·18 광주학살은 변명이 있을 수 없는 역사적 참극이었다. 하지만 모든 사회적 모순이 점차 지양되는 것을 사회적 진보라고 한다면 영남패권주의·영남파시즘도 현재는 정치적 우여곡절과 노력을 통해 많이 지양됐다고 할 수 있겠고, 그만큼 우리 사회는 진보한 셈이다. 자, 이런 역사적 맥락을 고려한다면 1987년 노태우가 민주적 직선제 대선에서 당선한 것을 어떻게 읽어야 할까?

로 '만' 제거하려는 데 있다. 이론으로 모순이 없음을 선언해도 현실의 모순은 결코 사라지지 않는다. 현실이 모순적이라면 현실을 반영하는 법규범도 당연히 모순적일 수밖에 없다. 따라서 현실의 모순을 인정하고, 그 모순을 반영하는 헌법규범이 '모순적으로' 실현돼가는 권력관계를 과학적으로 규명하면서, 이상적 당위를 찾는 노력을 하는 것이야말로 진정한 해결책이라고 할 수 있다.

** 나는 현대적 의미의 영남패권주의를 "영남인들이 폭압적인 정치권력을 통해 호남인들을 차별·배제하는 전략으로 전국적 규모의 경제적 지배관계를 확대재생산하고 이러한 지역적 지배관계에 대해 사회·문화적인 차원에서 은밀하게 이데올로기적 동의를 얻어내는 극우 헤게모니"라고 정의했다(김욱, 『김대중의 끝나지 않은 이야기』, 인물과사상사, 2005, 33쪽). 여기서 '폭압적인' 정치권력이 극단화된 사태를 영남파시즘이라고 할 수 있는데, 이에 관하여는 이 책 제4장 1에서 보완·설명한다.

노태우의 대통령 당선을 '천상의 민주주의 이념'에 비추어본다면 분명히 민주주의의 배신이자 인정할 수 없는 속물적 현실의 도발일 뿐이다. 한데 현실 민주주의 차원에서 다시 읽는다면, 우리 사회는 학살자 전두환의 영남파시즘 체제에서, 그나마 선거를 통해 영남패권주의 체제를 유지하는 사회로 전환된 셈이다. 사실 우리는 현실적 의미에서 민주주의 체제의 선거 자체를 맹목적으로 신성시할 필요가 없다. 민주주의 선거가 완벽하게 치러진다(이 불가능한 이상 역시 이론과 실현 차원에서 진지하게 숙고해야 한다)고 해서 사회적 모순이 사라지는 건 결코 아니다. 민주 체제의 선거도 본질적으로는 사회적 모순의 폭력적 해결방식에 의존하던 국가공동체가 좀 더 평화적인 해결수단을 찾은 데 불과하다고 할 수 있다. 바꿔 말하면 민주주의 체제의 선거란 본질적으로 '사회적 모순해결을 위한 평화적 전쟁'에 지나지 않는다고 할 수 있다. 이런 관점에서 '노태우의 당선'은 당위의 역사에서는 의미 없이 퇴행한 민주주의의 굴욕일지 모르나, 현실의 역사에서는 부끄러운 모습을 한 민주적 진일보였던 셈이다. 적어도 민주주의가 어느 날 아침, 하늘의 선물처럼 일거에 주어지는 천지개벽의 혁명이 아니라고 생각하면 그렇다.

　나는 '노태우의 당선'이라고 다소 불분명한 어조로 얘기하고 있지만, 사실 노태우의 당선은 노태우의 지지 문제고 그 지지는 영남패권주의의 지지 문제였다. 더 구체적으로 말을 바꾸면 대구·경북은 전두환 영남파시즘 체제의 즉각적이고도 완전한 청산을 거부했다고 볼 수밖에 없다. 하지만 그런 지역적 지지도 정확히는 전두환 영남파시즘 체제에서 노태우 영남패권주의 체제로의 전환을 지지했던 것이라고 말할 수 있다. 그런 차원, 즉 '노태우의 당선'이라는 추상적 차원이 아닌 '대구·경북의 노태우 지지'라는 구체적 차원에서 말한다 해도 역시 부끄러운 모습을 한 민주적 진일보라고 할 수 있겠다.

역사든, 이념적 실천이든, 작게는 개인적 성취든, 언제나 현실을 기준으로 사태를 읽는 건 정말 하기 싫은 쩨쩨한 작업이다. 어떤 부모라도 생각 같아서는 머릿속에 그리는 이상적 천재를 기준으로 고고하게 자식의 성적을 평가하고 싶지, 꼴등만 하던 자식의 현실적 어제 성적을 기준으로 오늘 조금 나아졌다고 '잘했다'고 쩨쩨한 칭찬을 하는 건 너무 굴욕적일 것이다. 하지만 내내 꼴등만 하던 자식이 꼴등을 벗어났다면 어제보다 나아진 건 사실이다. 이것이 아무 의미 없다고, 즉 '이상적 천재가 아니면 아무 의미 없다'고 화를 내고 좌절하면서 현실의 성적표를 내던질 일은 아니다. 그래도, 아무리 감수하려 해도, 현실 세상을 살아가는 건 고고하게 이상적 고담준론을 얘기하는 것에 비하면 언제 어디서나 너무 쩨쩨하고 굴욕적이다. 지금 현실의 민주화 역사를 다시 읽는 내 심정이 바로 그렇다. 하지만 어쩌겠는가.

이제 1987년 6·10항쟁과 그 결과물인 현행 헌법을 토대로 얘기할 준비가 됐다. 동서고금 어느 나라에서든 역사적인 큰 변화는 반드시 문건화 과정을 거친다. 그 역사적 변화를 기록하는 나라의 기둥과 같은 문건은 헌법이다. 우리 헌법도 마찬가지니, 그런 기준에서 살펴볼 필요가 있다.

현행 헌법은 1987년에 개정돼 현재까지 36년여 동안 이어져오고 있다. 우리 헌정사에서 가장 오랫동안 개정 없이 이어지는 헌법이다. 이젠 새삼스레 그렇게 강조할 필요도 없어졌지만, 이 현행 헌법은 개정 당시 제6공화국 헌법으로 불렸다. 사실 우리나라 헌정사에서 번호를 붙여 공화국 체제를 구분하는 건 좀 무리한 측면이 있다. 왕정과 공화정이 번갈아 등장해 공화국을 구분해야 할 필요성이 있는 것도 아니고, 그렇다고 딱히 각 공화국마다의 헌법제정권력 실현 주체를 역사적·정치적으로 구분하기도 힘들다. 더군다나 우리 헌법은 전문에서 "1948년 7월 12일에 제정되고 8차에 걸쳐 개정된 헌법을 이제 국회의 의결을 거쳐 국민투표에 의하여 개정한다"고 헌법의 일관성이 유지됐음을 자체로 기록하고 있다. 이를 감안하면, 우리나라는 정치적 격변을 여러 차례 겪었지만, 국호와 체제와 헌법제정 주체가 큰 변화 없이 이어져온 하나의 공화국이라고 할 수 있다.

그런데도 6·10항쟁 이후의 체제와 헌법을 통상적으로 제6공화국과 제6공화국헌법이라고 불렀다. 그건 정치적 격변과 그 격변을 담은 헌법을 시대적으로 구분하려는 편의적인 이유가 더 컸다고 본다. 그런 편의적 관점에서 정치적 격변을 정리해보면, 1948년 대한민국 정부수립과 제1공화국, 1960년 4·19혁명과 제2공화국, 1961년 5·16쿠데타와 제3공화국, 1972년 10월유신과 제4공화국, 1979년 12·12쿠데타와 제5공화국, 그리고 1987년 6·10항쟁과 제6공화국으로 정리할 수 있다. 이렇게 보면 편의적 시대구분이 역사적으로 크게 어색한 것도 아니다. 어쨌든 이런 편의적 관점을 전제로 할 때, 이 책에서의 내 관심은 전두환 체제와 6·10 그리고 현행 헌법 체제로의 이행과 이 이행기에 나타난 정당 체제다. 이 시대에 대한 평가가 중요한 것은 이 책의 주요 키워드인 현 국힘의 태생적 근원, 즉 역사적 정체성과 관련 있기 때문이다.

전두환 영남파시즘 체제를 굴복시킨 뒤 시대가 바뀌고 헌법 개정이 이루어졌음에도 불구하고, 당시 치러졌던 대선에서 노태우는 민정당 후보로 출마해 당선됐다. 말하자면 시대는 단절됐으나 전두환시대를 뒷받침하며 세상을 지배했던 민정당은 시대와 단절되지 않았고, 오히려 기사회생하는 듯한 반동적 상황이었다. 그럼 노태우가 계승한 민정당을 어떻게 이해해야 하는가? 노태우정권 출범 이후, (후술하게 될) 충격적으로 발생했던 정치적 사건이 없었다면, 민정당의 노태우가 설령 민주적 선거를 통해 대통령으로 선출됐다고 해도, 민정당 그 자체의 반민주적 정통성·정당성 문제에 무슨 큰 유의미한 변화가 있었다고 이해할 방도는 없다.

일상적인 차원에서 그 관념을 많이 의식하며 살지는 않지만, 국가든 종교든 정당이든 여타 어떤 조직이든, 정통성·정당성 문제는 때로는 격렬하고 때로는 은밀하게 그 구성원의 충성심을 절대적으로 좌우한다고 할 수 있을 만큼 중요하다. 사회과학적으로 정통성이란 권력의 출범과 승계 형식을 승인하는 근거이고, 정당성이란 권력의 이념과 행위 내용을 승인하는 근거다. 여기서 범위를 민주주의 시대의 정통성·정당성 문제로 좁히면 권력 주체가 민주적으로 출범하고 승계하고 있는지, 또 그 주체가 민주적 이념에 따라 행위하는지에 관한 문제가 된다. 그렇다면 민정당은 어떻게 봐야 하는가? 전두환 쿠데타의 산물인 민정당은 분명히 민주적으로 출범한 당이 아니었거니와 그 당의 행위도 민주적 이념과는 거리가 멀었다. 당연히 민정당은 민주적 정통성·정당성이 없는 정당이고, 이렇게 애초에 "정당의 목적이나 활동이 민주적 기본질서에 위배"(헌법 제8조 제4항)되는 정당은 마땅히 해산절차를 밟아야 하는 정당이었다.

하지만 전두환 민정당은 6·10항쟁 이후에도 정치적·법적으로 아무 변화 없이 1987년 대선까지 그대로 치렀다. 심지어 노태우가 대통령에 당선됨으로써 다시 집권당이 됐다. 만약 이런 사태가 지금까지, 아니 앞으로도 천년만년 지속한다면 어떻게 봐야 하는 걸까? 독일의 나치당이 패전 이후 지금까지 단절 없이 유지되며 선거에 참여해 집권까지 하는 사태를 상상해보라. 우리 국민은 역사적·민주적으로 정통성·정당성 없는 정당에 투표하면서 살아가는 반민주적 후진 국민이 되는 것 아닌가? 이 경우라면 우리 국민은 어쩔 수 없이 역사적으로 아주 긴 시간 동안 거듭되는 민주적 선거를 통해 민정당이 민주적 정통성을 획득해가고, 권력 행사의 민주적 정당성으로 자신의 정체성을 확립해가는 형태의 대단히 길고 지루한 시간을 참담하게 견뎌야 했을 것이다.

물론 위의 언급은 역사적 상황을 극히 소극적으로 이해하며 내놓은 가정이다. 하지만 이후의 역사 경과를 잘 알고 있는 우리로서는 다른 차원의 이해가 필요하다. 달리 이해하면 역사적·정치적으로 시대가 민주적 압박을 받는 상황으로 바뀌었는데도 불구하고, 반민주적 정당이 그런 시대 속에서 태연히 존속하는 어색한 사태야말로 비정상적 현실이었다고 할 수 있다. 어쩌면 전두환 민정당의 정통성·정당성과 관련하여, 이후 변화된 시대를 반영하는 정치적 사건이 발생하는 건 우연이 아니라 문자 그대로 시간문제였을 수도 있다. '전두환 민정당의 청산' 문제도 시대가 격렬한 혁명을 낳았다면 격렬하게, 점진적 개혁을 원했다면 점진적으로 그 시대를 반영하며 해결할 수밖에 없었다고 봐야 한다. 우연처럼 보이는 역사적 사건에서도 필연의 인과관계를 볼 수도 있다는 의미다.

결과적으로 다행스러운 혹은 불가피한 역사적·정치적 사건이 전격적으로 발생한다. 그것은 1990년의 '3당합당'이었다. 나는 '다행'이라고 표현했다. 이는 3당합당에 관하여 지금까지의 (내 생각을 포함한) 사회적 통념과는 완전히 다른 역사적 관점으로 읽겠다는 의미다. 그건 3당합당이 없었을 경우 지속했을 민정당의 반민주적 정통성·정당성 문제와 3당합당으로 탄생한 민자당의 민주적 정통성·정당성 문제는 논리적으로 완전히 다른 차원에서 논할 수 있다는 의미이기도 하다. 물론 내가 지금 여기서 말하는 3당합당은 일회적인 이벤트로서의 3당합당 사건만이 아니라 그 사태를 낳고 이어가는 시대적 배경과 변화까지를 포괄한다. 이런 관점으로 이제 현실의 역사에서 3당합당을 새로 다시 읽어보기로 하자.

2
역사적 키워드: '타협적 민주화'와 3당통합신당 민자당

         노태우정권 출범 후 얼마 되지 않아 치러진 1988년 4월 13대 총선에서 민정당은 제1당이 되었지만, 과반의석 획득에는 실패해 여소야대가 된다. 이후 1990년 1월 22일에 집권여당이던 민주정의당(125석)과 야당이던 김영삼의 통일민주당(59석), 김종필의 신민주공화당(35석)이 3당합당을 선언하며 거대여당 민주자유당(이하 민자당)을 창당한다. 이른바 경천동지한 '3당합당' 사건이다. 이 사건으로 제2당이던 김대중의 평화민주당(70석)만이 왜소한 야당으로 남게 됐다.

  당시 3당합당은 국민에게 엄청난 시대적 충격이었다. 이 사건은 정당의 흔한 이합집산 현상이 아니라, 아직은 여러모로 민주화가 종결됐다고 볼 수 없던 찜찜한 시기에 바로 그 민주화운동의 본질(왜곡)을 묻는 문제였기 때문이다. 그런 만큼 3당합당은 언제, 어떤 맥락에서 살피더라도, 그 자체 독립적인 사건으로만 파편적으로 이해해서는 안 되는 문제다. 구체적으로 후술하겠지만, 3당합당은 6·10항쟁의 연속 선상에 있는 사건이자, '전두환 5공 청산'이라는 민주화 과업의 일환을 타협적 방식으로 해결해낸 역사적 사건으로 이해해야 한다.

역사에서 눈에 보이는 큰 사건을 주시하는 건 어렵지 않지만 큰 사건의 전후에 걸쳐 일어나는 두드러지지 않은 관련 사건의 맥락에 주목하는 건 생각보다 힘들다. 3당합당에 대해서도 질문을 이렇게 해보는 것이 맥락 파악에 도움이 될 수 있다. 노태우정권과 민정당은 왜 여소야대라는 곤경에 빠졌으며, 왜 3당합당을 하지 않고서는 견딜 수 없었을까? 김영삼의 3당합당을 민주세력의 반민주세력으로의 투항과 배신으로 본다면, (관점을 바꾸어) 노태우의 3당합당을 반민주 쿠데타세력의 민주세력으로의 투항과 배신으로 볼 수도 있지 않은가? 결과적으로 3당합당으로 탄생한 민자당은 전두환의 민정당을 승계했는가 단절했는가? 한마디로 (국회의원 의석수 다소나 여야 권력이라는 기준으로 민주세력의 투항과 배신이라는 논리를 주장할 수는 있겠지만) 3당합당이 역사적인 의미에서 충격을 줬다면 그만큼 더 사건 자체를 포괄하는 관련 사태의 진행 추이를 폭넓게 보고 판단해야 한다. 그렇게 보는 게 타당하다.

내가 보기에 3당합당은 본질적으로 민주반反기득세력과 반反민주 기득세력 간에 어느 한쪽도 완전한 승리를 거두지 못한 데 따른 일련의 '타협적 민주화' 과정 중 하나였다. 3당합당 현상이 보기에 기묘하다면 그건 그 역사적 타협 현상이 기묘하기 때문이다. 사실 타협이란 게 언제 어디서나 모순투성이고, 아전인수의 온상이기도 하며, 모두 만족할 수도 있고, 모두 불만일 수도 있는 예술적 균형이다. 그런 만큼 3당합당을 타협 현상으로 인정한다면 타협의 근원과 진행 추이를 분석하는 데 더 주안점을 둬야지, 당위적 시각만으로 현실의 타협을 도외시하고 그 결과물을 일언지하에 차치해버리는 건 역사 이해에 별 도움이 되지 않는다.

여기서 '타협'이라는 용어에 거부감이 있을지도 모르는 독자를 위해 굳이 변증법적 사족을 덧붙이자면, '타협(모순)'은 모든 존재와 당위의 조건이다. 예컨대 사과는 '사과이면서 동시에 사과가 아니다.' 우리가 사과를 규정하기 위해서는 반드시 사과와 경계를 이루는 사과가 아닌 존재(공간)가 필요하다. 사과가 경계 없이 무한하다면 그것이 사과인지, 탱자인지, 우주인지 뭘 어떻게 알 수 있겠는가? 즉 사과를 인식하고 말하는 것은 동시에 사과가 아닌 존재를 인식하고 말하는 것과 같다. 마찬가지로 '사랑은 사랑이면서 동시에 사랑이 아니다(미움이다)'. 우리가 누군가를 얼마나 사랑한다고 말하기 위해서는 반드시 그 상대를 얼마나 미워하는지가 규정되어야 한다. 세상에 미움 없는 무한한 사랑만 있다면 그것이 사랑인지 미움인지 어떻게 알겠는가? 그러므로 사랑을 인식하고 말하는 것은 동시에 미움을 인식하고 말하는 것과 같다. 하루 8시간 노동제는 어떨까? 아마도 자본가는 9시간 이상 일 시키고 싶었을 것이고, 노동자는 7시간 이하로 일하기를 원했을 것이다. 즉 8시간이라는 '타협 = 모순'은 그 자체로 자본가의 의지이면서 동시에 노동자의 의지다. 그것이 세상과 우리가 존재하는 방식이다.

그럼 민주화는 어떻게 말할 수 있을까? 같은 논리로 말한다면, 민주화는 동시에 민주화가 아니다(반민주화다). 우리가 민주주의를 말하기 위해서는 반드시 그것에 대립하는 반민주주의를 인식하고 규정할 수 있어야 한다. 민주주의가 이 세상에 다른 어떤 이념으로도 규정할 수 없는 상태(이 세상에 다른 이념이 없는 순수한 민주주의 상태)로 존재한다면 그것이 민주주의인지, 아니면 다른 무슨 거시기인지, 바나나 공화국 이데올로기인지, 누가 뭘, 어떻게 알 수 있겠는가? 그런 의미에서 세상의 모든 민주화 역사는 어차피 '민주화는 동시에 반민주화=타협', 즉 '타협적 민주화'의 역사다. 그런 사태야말로 오히려 언제 어디서나 '민주화'가 역사적으로 존재하는 방식이다. 다만 민주화를 민주화라 부를 수 있는 사태, 즉 그 '양질전화良質轉化'의 문제가 있을 뿐이다. 그러므로 내가 우리나라 민주화를 '타협적 민주화'라고 강조·주장하는 것을 '그것도 민주화냐'라고 비아냥대면서 이상한 궤변이라 여길 이유도 없고, 부질없는 역사적 좌절감에 빠질 이유도 없다.

어쨌든 우리 현대사에서 '전두환 5공 청산'은 절묘하다고 표현해도 좋을 일련의 타협 과정을 거친다. 1987년의 6·10항쟁에 따른 6·29선언(직선제 개헌) 타협, 또 다른 쿠데타가 아닌 선거를 통한 기득세력(노태우)의 집권 허용이라는 타협, 1988년 '전두환 5공 청산' 요구에 따른 청문회 타협, 1990년 여소야대 상황에서 민정당세력 타파 압박에 따른 3당합당 타협, 그리고 후술할 김영삼에 의해 진행되는 타협적 청산이 그것이다. 좀 더 쉽게 말해, 만약 우리 역사가 타협이 아닌 민주세력의 일방적 승리였다면 6·10항쟁으로 6·29선언을 받아낼 게 아니라 전두환정권을 타도했어야 했고, 5공청산 청문회로 끝날 일이 아니라 전두환·노태우일당을 혁명재판으로 처단했어야 했으며, 3당합당이 아니라 민정당을 해산하고 인적 응징을 했어야 했다. 유감스럽게도 이 모든 혁명적 청산이 가능할 정도로 민주세력의 힘이 크진 않았다. 즉 원했든 원치 않았든 현실의 역사는 타협의 과정을 걸을 수밖에 없었다. 그러니 이상의 역사를 내세워 현실의 역사에 이상적 화풀이만 하는 건 부질없는 정신적 사치일 뿐이다.

물론 벼락 같은 혁명적 변화를 원했던 사람들은 끊임없이 불만일 수밖에 없는 정치상황의 전개였다. 그러나 그렇다고 해서 현실적 변화가 퇴행적이었던 건 결코 아니다. 정확히 말하면 퇴행하고 싶어도 퇴행할 수가 없었다. 그 기저에는 전두환과 민정당을 압도적인 힘의 차이로 굴복시켜 청산할 정도는 아니었으나, 분명히 미래 민주사회를 향한 전체로서의 피할 수 없는 민심이 있었으니, 그 점이야말로 모든 사태를 이해하는 핵심이 되어야 한다.

3당합당은 대체로 ①민주세력의 시각에서, 군부독재세력에게 투항과 배신 ②호남의 시각에서, 영남패권주의적 호남배제와 고립조장 ③헌법학적 시각에서, 국민의 기관구성권을 왜곡한 여소야대 파괴라는 맥락에서 비판된다. 모두 부분적으로는 일리 있는 주장이다. 하지만 그것이 과거로의 퇴행인지 앞을 향해가고 있는지가 중요하다. 나는 민주화라는 거시적 시각에서 볼 때, 3당합당을 따지고 자시고 할 것도 없는 밀실야합의 퇴행적 사태로만 규정하는 건, 오히려 반민주적 오독이라고 생각한다. 즉 3당합당이 반민주적 퇴행이었다면 우리나라 정치와 정당 체제는 지금 '민주화'에 기반하고 있는 것이 아니란 의미인데, 과연 그런가?! 우리는 대한민국 '민주화'를 이해하는 갈림길에 섰다. 따져보자.

우선, 3당합당이 여야 기관구성권의 왜곡이라는 헌법학적 지적은 부분적으로만 타당하다. '누가 니들을 야당하라고 뽑아줬지 여당하라고 뽑아줬냐, 그럴 줄 알았으면 니들에게 투표 안 했다, 내 표 돌리도~'하는 주장은 부분적으로만 성립한다는 의미다. 즉 당시처럼 집권여당이 이미 결정돼 있는 상황에서만 유효한 상대적 관념이다. 만약 대선·총선이 동시에 치러진다면 누가 자신이 투표할 정당이 여당이 될지 야당이 될지 알아서, 나는 여당에게 혹은 나는 야당에게 투표(기관 구성)한다고 확신하겠는가? 상황을 바꿔 민정당이 야당인 상황에서 야당끼리 3당합당(야권통합 주장은 흔하다)을 했다면 아무 문제도 없는가? 아니면 당위적으로 정당의 이합집산은 아예 불가능한 것인가? 내각제라면 선거 때 여야 및 정권참여 여부를 확신할 수 없다는 측면에서 여야 기관구성권 차원의 비판은 더 난감해진다. 사실 김종필의 신민주공화당과만 합당이 이루어졌다면 여야 기관구성권 차원의 비판이 그렇게 강한 설득력이 있었을까? 기관구성권 차원의 비판이란 사실상 (후술할) 이데올로기적 비판의 논리적 포장에 불과한 것이 아닌가 생각한다.

다음으로, 3당합당이 영남패권주의적 호남배제와 고립조장이라는 비판은 일단 사건 그 자체로만 보면 이후로도 한동안 지속할 사태에 대한 타당한 지적이고, 마땅한 이의제기다. 즉 3당합당은 분명히 그 자체를 단기적으로만 보면 영남패권주의 청산과 완화에 결코 도움이 되지는 않았다. 오히려 4당 체제에서는 호남의 절대적 지지를 받던 김대중의 평화민주당(이하 평민당)이 제1야당으로서 활동영역이 컸지만, 3당합당 이후에는 압도적 다수의 민자당을 상대하며 크게 위축됐다고 보는 것이 맞다. 하지만 그게 다였을까?

여기서 잠깐, 다소 부수적인 질문을 해보자. 민정당 노태우는 애초부터 영남패권주의적 호남고립을 목적으로 3당합당을 감행했을까? 드러난 사실로 볼 때 그건 아니었던 것 같다. 김대중은 자서전을 통해 3당합당이 감행되기 전 1989년 말 야당 총재 3명과 청와대 회동이 끝난 후 따로 남아 만나서 노태우로부터 합당을 제의받았다고 회고했다. 하지만 김대중은 "나는 군사 정부를 반대하고 또 5·17 쿠데타를 반대한 사람"으로서 "걸어온 길이 다르고 정치 노선이 다르"다는 사실을 주지시키고, "오늘의 여소 야대는 국민이 선택한 것"이니 "민정당과 평민당이 합치는 것은 민의를 배반하는 엄중한 사건"이라며 거절했다는 것이다.[9]

노태우는 무슨 생각이었을까? 만약 김대중이 제의를 승낙했다면 평민당과만 양당합당을 했을까? 평민당 지지자들의 격렬했을 반발 후유증만 극복할 수 있다면 민주세력과 반민주세력의 '과거사 물타기 타협'으로서는 가장 좋은 선택이라고 생각했었을 수도 있다. 아니면 4당합당으로 진행해 일본식 자민당 체제를 원했던 것일까? 역시 그럴 수도 있었다. 혁명적 상황의 '도전과 응전'이었으니 정확한 속내를 추측하는 건 어렵다. 하지만 드러난 사실만을 기준으로 판단하면, 김대중과 호남(합당하고 싶어도 할 수 없는 상대) 배제는 3당합당의 불가피한 결과였지 사전에 계획된 목적은 아니었을 것으로 생각한다. 이 점은 사태를 이해하는 데 상당히 중요한 참고사항이다.

물론 김대중과 호남배제가 애초의 의도된 목적이 아니었다고 해도 실현된 현실의 역사를 기준으로 말한다면 그런 일은 어쨌든 벌어졌다. 그렇다면 현실적으로 3당합당 이후 영남패권주의가 전두환 영남파시즘보다 더 악화됐는가? 광주학살을 정권 탈취의 기반으로 삼았던 전두환 영남파시즘보다 3당합당 이후 영남패권주의가 더 악화됐다고 하는 건 직관에도 안 맞다. 직관이 아닌 논리적 대답을 하기 위해서는 군사독재와 영남패권주의의 상관관계를 먼저 확정해야 한다.

우리가 만약 영남패권주의를 군사독재와 별개로 그 자체 독립적인 이데올로기이자 체제로 상정할 경우 군사독재와 영남패권주의 청산 역시 별개의 경로로 인식할 수밖에 없다. 하지만 만약 '군사독재 = 영남군사독재'였고, 당연하게도 그것이 영남파시즘·영남패권주의와 연동돼 있었다면 '군사독재 = 영남군사독재' 청산 과정은 곧 영남파시즘·영남패권주의 청산 과정이라고 할 수 있다. 물론 역사적 상황에 따라서는 그것이 별개의 것이어서 별개의 청산이 필요한 경우도 있겠지만, 적어도 우리 과거사 속에서는 별개가 아니었다. 그리고 그것이 이후 별개(군사정권 후에는 그렇게 볼 수 있다)의 문제로 존립하더라도 (다른 모든 모순과 마찬가지로) 민주주의의 진보는 반₅영남패권주의의 진보와 연동돼 있다고 할 수 있다.

　이런 관점을 종합할 때, 단기적·피상적 판단으로 3당합당은 영남패권주의 청산과는 아무런 관련 없는 영남패권주의적 호남배제 정략일 뿐이라고 말하는 건 상당한 무리가 있다. 영남패권주의와 3당합당 역시 역사적 진행 추이를 고려해 진보인지 퇴행인지를 판단할 수밖에 없다. 김영삼의 진정한 의도가 무엇이었든, 만약 3당합당이 전두환의 5공과 '영남군사독재＝영남파시즘' 청산에 기여한다면 이후 영남패권주의 청산에도 기여하는 것이며, 반대라면 3당합당이 영남패권주의를 고착화하는 악영향을 줬다고 봐야 한다. 이상의 역사가 아닌 현실의 역사를 판단기준으로 할 때 그렇다.

　그럼 마지막으로, 3당합당이 민주세력 김영삼의 반민주세력에게로의 투항과 배신인지를 묻는 이데올로기적 비판이 남았다. 거듭 말하지만 이상의 역사를 기준으로 3당합당을 그 자체로 단기적·피상적으로 이해하면 분명히 그렇다고 할 수 있다. 김영삼은 이런 반발에 어떤 반응을 보였을까? 그는 줄곧 이런 생각이었다.

　　"3당합당은 군정을 종식시키기 위한 차선이었습니다. 호랑이를 잡기
　　위해 호랑이굴로 들어간다는 심정이었어요."[10]

　김영삼도 알고 있었다. 3당합당은 최선이 아니라 '차선'이었다. 물론 그는 개인적으로는 권력을 추구하는 정치인으로서 제2(민주세력)야당이라는 불리한 상황을 타개하기 위해 비난받을 수 있는 방식으

로 대응했다. 하지만 개인적 야망을 대의명분과 일치시켜 실현하려는 건 정치인의 속성이다. 대의명분 없이 권력만을 추구하는 것에 비하면 매우 훌륭한 태도라고까지 할 수 있다. 그런 의미에서 질문을 바꾸어보면 좀 더 명확하게 김영삼 선택의 속성이 분명해진다. 당시 지역구도가 그렇게 지배적인 정치체제에서 김영삼이 3당합당이 아닌 야권 단결을 했다면 민정당과 반민주기득세력을 '타도'할 수 있었을까?

가정이니, 누구도 자신 있게 말할 수는 없겠지만 당시 정치체제가 이어져온 과정을 참고하면 '타도'는 불가능해 보인다. 타도를 할 수 있을 정도로 민주세력이 압도적인 힘을 가졌다면 6·10항쟁 때 이미 결판났을 것이고, 타도됐을 것이다. 그런 상황에서도 불가능했는데 다시 민주적 선거를 통해서 집권까지 해버린 민정당세력을 타도할 수 있었을까? 3당합당 없이도 김영삼·김대중이 선거를 통한 집권을 했을 수는 있겠으나, 그렇다고 그 권력으로 민정당 타도까지 할 수는 없었다고 본다. 그럼 민정당은 이데올로기적으로 여태껏 상당한 지지세를 구축하며 존립할 가능성도 있다. 김영삼의 3당합당을 개인적인 야망 실현을 위한 야합이자 배신으로만 규정하는 건 하나의 주장으로 인정할 수는 있지만, 더 나아가 3당합당을 하지 않았다면 민정당 타도가 가능했을 것이라고까지 강변하는 건 비판의 순수성을 자랑하는 당위적 희망의 표출로 보인다.

사실 '전두환과 5공' 청산 과정에서의 타협은 3당합당이 워낙 센세이셔널한 사건이었기에 김영삼만 연상되지만, 김대중도 못지않은 타협을 했다. 1989년 당시 평민당 원내총무 김원기는 여소야대 상황에서 민정당 원내총무 김윤환과 작성한 '각서'를 2008년에 공개했다. 그 내용은 '5공·광주 청문회 실시'와 '노태우의 중간평가 공약 폐기'를 연동해 명문화한 것이었다.

> "양당은 이른바 5공핵심인사와 전직대통령의 국회증언을 5공 청산과 민주화 추진 문제를 지난 3월 10일의 노태우 김대중 회담의 합의정신에 입각해 조속한 시일 내에 실시한다. 이상의 조치가 실현 또는 실현이 합의됐을 때 광주 및 5공특위는 조속히 특위조사보고서를 작성하고 이의 국회제출과 더불어 위증자에 대한 고발조치한 후 임무를 종결하고 5공청산 문제를 완결된 것으로 간주한다. 양당은 긴박한 국가적 난 문제 해결과 지자체 실시 등 우리민족이 당면한 중대과업에 대처하기 위해 현 시점은 중간평가를 실시할 때가 아니라는 데 합의한다."[11]

명백한 타협이다. 김대중은 노태우가 대선 공약으로 내걸었던 중간평가실시 취소와 전두환의 국회증언 후 특위조사보고서 국회 제출로 5공청산 문제를 완결하는 것을 밀실야합으로 맞바꾼 것이다. 이상의 역사 관점으로 김영삼의 3당합당을 비판하듯이 이 타협도 그런 식으로 얼마든지 비판할 수 있다. 왜 청문회만으로 5공청산을 종결시키는가? 왜 전두환 일당을 구속하고 재판에 넘기자고 주장하지 않는가? 왜 정호영(5.18 당시 특전사령관) 사퇴를 최종 목적인 것처럼 각본[12]을 짰는가? 사실 이상의 역사로 유감스러운 현실의 역사를 비판하긴 쉽다. 하지만 우리가 원하는 이상의 역사는 현실 속에서 일어나지 않았다. 그럼 그 현실의 역사, 그 쩨쩨한 진보는 비아냥의 대상이 될 뿐인가?

더 현실적으로 생각해보자. 우리가 현실 속에서 더 크고, 더 효율적이고, 더 분명한 진보를 할 수 있는 역량을 갖추었음에도, 그 기회를 놓쳤다면 그 무능은 비난받아 마땅하다. 하지만 그럴 역량이 부족해 간신히 겨우겨우 타협해가며 앞으로 나갈 수밖에 없었다면 그 쩨쩨한 진보는 맹목적으로 비난받아야 하는가? 더 어려운 문제는 역사적 상황이 압도적으로 진보를 이룩할 수 있는 상황인지 타협할 수밖에 없는 상황인지를 판단하는 것이다. 그 판단을 잘하는 건 거의 정치적 예술의 경지일 것이다. 어쨌든 이상의 역사로 현실의 역사를 비판할 땐 주체들의 상황적 압박을 반드시 염두에 둬야 한다. 그게 역사를 읽는 공평한 시각이다.

지금까지 3당합당의 역사적 의미를 살피면서도 나는 3당합당에 대한 즉각적인 성격규정을 못 하고, 그 역사적 진행 추이와 관련 있다는 식으로 판단을 계속 미루었다. 하지만 어떤 역사적 사건이 미치는 영향 범위를 아무리 넓게 본다고 해도 영원히 영향을 미치니 영원히 지켜보자고 할 순 없다. 나는 3당합당의 성격규정을 할 수 있는 단기적 영향 범위를 김영삼의 집권과 그가 행한 정치적 행위까지로 본다. 그래서 그가 말이 아닌 행동으로 무엇을 했는지, 그의 주장대로 차선을 선택한 정치인으로서 목적을 잃지 않고 있었는지, 그래서 그것을 어떻게 평가할 수 있는지를 살펴보려고 한다.

문제를 분명히 하기 위해 사족처럼 덧붙이자면, 지금 일관되게 유지해야 할 초점은 '전두환 5공 청산'이 어떤 과정을 거쳐 어떻게 이루어졌는지 하는 점이다. 한데 이보다 근원적인 질문이 치명적으로 우리를 압박한다. '전두환 5공 청산'은 정말 이루어진 것일까? 만약 '전두환 5공 청산'이 이루어지지 않았다면 당시 그 요란했던 정치적 이벤트는 다 뭐였단 말인가? 그땐 모두 (타협적일지언정) '전두환 5공 청산'을 했다고 믿었는데, 이제 와서 아무 일도 없었다는 듯 이상적 논리로 이데올로기적 순수성만을 자랑해도 좋은가? 이에 대답하는 건 우리나라 정치체제가 정상적인 길을 여는 데 장애가 없는지를 살피는 것이며, 단순한 지난 역사의 회고가 아니라 미래 정치의 사활이 걸려 있다는 걸 인식하는 일이다. 지금 김영삼과 3당합당의 민자당은 이 질문 한가운데 있다. 계속 추적해보자.

3
민자당,
전두환 민정당의
승계인가 청산인가

3당합당 이후 줄곧, 나는 민자당 이하 그 승계 정당 모두 전두환의 민정당을 승계한 정당이라고 주장해 왔다. 그런데 (우리나라 민주화 역사를 다시 읽게 된 동기는 머리말과 앞에서 충분히 밝혔고) 그 관점을 지금 이 책을 통해 180도 바꾸고 있다. 물론 내가 그간 저작을 통해, 그리고 호남이 지속적인 선거를 통해 민자당 이하 그 승계 정당 모두를 민정당을 승계한 정당이라고 일축해버린 것은 그럴 만한 이유도 충분히 있었다. 예컨대 민자당 승계 정당과 그 구성원들이 그간 보여준 반5·18언행, 영남패권주의적 행태, 심지어 전두환에 대한 역겨운 집착 따위가 바로 그런 이유였다. 설령 그런 행태가 정당 구성원들 혹은 지지자들의 개인적 일탈이라 해도 그에 대한 정당 차원의 졸렬한 반응은 정당의 정체성을 의심하기에 충분했다. 물론 이 문제는 아직도 끝나지 않았다. 이 위태로운 과도기적 문제는 좀 더 구체적으로 후술하기로 한다.

그럼 다시 과거로 돌아가 확인해보자. 3당합당의 민자당은 전두환의 민정당을 단절적으로 청산하기 위함이었는가, 아니면 범위를 확대해 승계하기 위함이었는가? 결론부터 말하자면 단절적으로 청산하기 위함이었다. 우선 김영삼은 이를 충분히 인식하고 있었으며, 3당합당 선언 다음날 열린 소속의원 및 정무위원 합동회의에서 다음과 같이 명확하게 발언했다.

> 金총재는 특히 "당의 간판을 내린다는 것은 엄청난 결단 없이는 불가능하다"고 전제하고 "정치란 어차피 선택이며 불행하게도 선택은 하나뿐"이라며 당원들이 결속·단합해 자신의 결단을 밀어줄 것을 호소했다. 金총재는 또 "이번 일은 건국사상 유례없는 혁명과 같은 것이며 집권당의 간판을 내리는 일은 세계역사상 유례가 없었기 때문에 놀라운 용기와 결단이 필요했다"고 강조하고 "이제 민주당은 지금까지의 야당이 아니라 국가경영의 책임을 공유하게 됐으며 특히 국민에게 책임져야 할 부분은 그동안 추진해왔던 민주화를 완결하는 것"이라고 말했다.[13]

김영삼은 통일민주당의 "간판을 내린다"고 표현함과 동시에 3당합당이 "집권당의 간판을 내리는 일"이라고 표현한다. 정치적 수사이긴 하지만, 이는 명백히 3당합당이 특정 당으로의 흡수합병이 아니라 3당이 하나의 정당으로 새로 태어나는 것이라는 관념의 표현이

다. 물론 정당의 이합집산 형태를 보면 선언적으로는 당대당 통합이라고 하면서도 내용적으로 특정 당으로의 흡수합병이 일어나는 경우가 허다하다. 그리고 당대당 통합이 문자 그대로 일어나는 경우라 할지라도 그 내용은 기존의 정당 모두를 통합당이 통합적으로 승계한다는 의미이지, 기존의 정당 모든 것과 단절하는 새로운 정당이라는 의미가 아닌 경우가 일반적이다. 3당합당도 기존 3당의 인적 구성원과 법인 차원의 재산 등을 모두 단절적으로 포기한다는 의미는 아니었다. 하지만 분명히 3당합당은 어떤 당도 정치적으로 기존의 기득권(여당인지 야당인지)이나 이데올로기(민주세력이냐 반민주세력이냐)를 주장할 수 없는 새로운 당의 출범이라는 인식에 합의했다고 봐야 한다. 그래서 이례적이다.

실제로 그런 인식을 공식적인 기록으로 확인할 수 있을까? 확인할 수 있다. 우선 노태우가 낭독한 「민족·민주세력의 통합을 통한 새 역사 창조」라는 공동선언문[14]은 "국민의 선택에 따라 출범한 이 공화국〔제6공화국〕"이라는 문장으로 시작한다. 국민의 선택에 따라 전두환의 5공화국과 단절했음을 확인하는 의미다. 구체적으로 "우리는 지난해 12월 15일 여야의 대타협으로 2년간을 끌어온 과거문제를 매듭지었"다고 말한다. 물론 국민은 그 '대타협'이 충분치 않았다고 생각했고, 더 분명한 청산을 요구하게 된다. 한데 이어지는 문장은 "그것은 부정과 불신, 투쟁으로 얼룩져온 지난 40년간의 민주화 쟁취기를 마감하고 새로운 민주주의의 시대를 여는 진정한 전기가 되어야 한다고 확신하였"다는 내용이다. 40년간? 마감? 그럼 대략 1950년 이후를 모두 포괄해 시대적으로 마감한다는 의미다. 말하자면 그들은 단순히 전두환과 5공 시대와의 단절적 전환만이 아니라 대한민국의 통사적通史的 전환까지를 염두에 두고 있다는 말이다. 어쨌든 그렇게 과거사 문제가 매듭지어졌다고 보는 그들은 "이제 민주, 반민주의 단순 논리 시대도 끝났"으니, "자유와 민주의 이념을 함께 나누며 정책노선을 같이 하는 정치세력이 뭉쳐 정책 중심의 정당정치를 실천

하는 것은 시대의 요청"이라는 것이다. 이를 위해 "아무 조건 없이 정당법의 규정에 따라 새로운 정당으로 합당한다"고 선언한 것이다.

이제 판단이 필요하다. 자, 위의 선언문을 진지하게 읽을 필요 전혀 없는, 즉 '아무 말 대잔치'나 담고 있는 흔한 정치선전문이라고 봐야 할까? 거꾸로 판단해보면 알 수 있다. 이런 문장들이 전두환의 5공과 민정당을 승계한다는 의미로 읽히는가? 위 용어와 문장들을 제멋대로의 '아무 말 대잔치'라고 본다 해도 정치적 언어의 방향성이라는 게 있다. 한데 이 선언문에서 그런 맥락을 아무리 주의 깊게 찾아봐도 전두환의 5공과 민정당을 승계하겠다는 의도는 전혀 읽히지 않는다. 그렇다면 아예 당사자인 전두환의 입장에서 문제를 바라보면 어떨까? 이것이 더 직관적으로 당시의 현실을 판단할 수 있는 우리의 근거가 될 수도 있다. 놀랍게도 전두환은 문제의 핵심을 누구보다 더 잘 이해하고 있었다.

> 노태우는 그를 대통령으로 당선시켜준 민정당을 전두환의 사당인 양 치부하고 아예 명줄을 끊어버린 것이다. 내가 3당 합당을 환영할 수 없었던 또 다른 이유는 3당 합당은 민정당이라는 끈으로 이어진 5공과 6공의 연을 끊는, 그야말로 마지막 절연의식이라는 느낌 외에도 3당 합당을 통해 탄생한 새 여당의 앞날이 그리고 내 친구인 노태우의 미래가 결코 순탄하지도, 밝지도 못할 것이라는 예감 때문이었다.[15]

우리나라 제6공화국 정치체제와 관련해 3당합당은 결정적으로 중요한 역사적 키워드다. 3당합당의 민자당이 전두환의 민정당을 단절적으로 청산한 것인지 아니면 승계한 것인지를 보는 관점에 따라 현 복수정당 체제를 인정할 수 있느냐의 여부가 결정된다. 만약 단절적으로 청산한 것이라면 이후 민자당 승계정당은 역사적 정통성·정당성 문제에서 비교적 자유롭겠지만, 승계한 것이라면 민자당 승계정당은 단연코 역사의 멍에에서 벗어나기 힘들다. 그런데 당사자인 전두환 스스로 3당합당을 "민정당을 전두환의 사당인 양 치부하고 아예 명줄을 끊어버린 것"이라면서 "민정당이라는 끈으로 이어진 5공과 6공의 연을 끊는, 그야말로 마지막 절연의식"이라고 했으니, 이 얼마나 듣기 좋은 피심판자의 역사적 비명인가!? 전두환은 당시 6·10항쟁의 연속선상에 있는 역사적 단절의식과 인간적 불안감을 통렬하게 느꼈다고 직설적으로 고백한 것이다.

　김영삼도 3당합당의 복잡했던 심경에 대해 "(합당을 안 하고는) 군사정권을 못 끝내 군사정권을 업고 정권교체를 하려 했던 겁니다"[16]고 말했다. 당시 상황에서 3당합당이 아니고서는 "군사정권을 못 끝"낼 것 같았다는 그의 투박한 회고를 그저 변명으로만 허투루 들을 일이 아니다. 그의 "정권교체"라는 말에 많은 의미가 들어 있다. 정치적으로 보자면, 전두환 민정당의 청산을 압박하는 6·10항쟁의 여진 속에서, 김영삼은 단절적 정권교체를 분명히 의도했고, 노태우는 기회주의적 단절로 위기를 모면하려 했으며, 김종필은 그 단절적 정계개편 사태에 정략적·표면적으로 편승해 권력을 노렸던 것으로 보인다.

이상 3당합당 주역들의 역사적 상황인식 언어, 「민족·민주세력의 통합을 통한 새역사 창조」라는 구체적 문건, 이 사태에서 느꼈다는 전두환의 역사적 단절감, 그리고 그 주역들의 정치적 의도 등 모든 정황을 어떻게 보더라도, 전체적으로 나는 3당합당이 전두환 민정당과의 불가역적이고, 불가피한 단절적 청산의지를 토대로 행해졌다고 판단한다. 하지만 아직 부족하다. 말을 뒷받침할 정치적 행동, 국민의 판단과 지지가 필요하다. 그래서 3당합당 이후 탄생한 민자당 대통령으로서 김영삼의 행적을 되짚어보는 일이 필요하다. 주지하듯이 김영삼은 마침내 손에 쥐게 된 대권을 활용해 군의 반민주적 범죄 사조직인 '하나회'를 척결했다. 박정희가 키워 친위대 역할을 했던 군부 사조직 하나회는 여전히 전두환 정권의 뒷배경 노릇을 했으며, 심지어 노태우정권이라고 크게 달라진 것도 없었다. 정운현에 따르면 "'하나회'는 전두환·노태우·김복동 등이 초급장교 시절에 조직한 '5성회'가 그 뿌리인데, 비밀규약 가운데 '회원 다수는 영남 출신이 점한다'는 항목을 두고 있었"[17]다.

3당합당한 김영삼을 폄훼하는 입장에 서면, '김영삼이 하나회를 척결했다'는 역사적 사실을 '소 닭 보듯' 무미건조하게 인정하고는 그만일 수 있다. 하지만 그 척결 과정은 겉보기보다 힘든 일이고, 그 정치적 의미는 지나쳐버리기엔 심대하다. 이 하나회 척결의 의미는 뭘까? 민자당 김영삼정권은 전두환 5공 군부체제와 단절한다는 민주적 입증이었다. 물론 이런 인적 청산은 이데올로기적으로가 아니라 다른 상황에서 인적 권력관계에 따라서도 얼마든지 유사하게 일어날 수 있다. 하지만 민자당 김영삼의 범죄조직 하나회 척결은 '민주/반민주'세력 간의 타협이 우리 역사를 어떻게 평화적·민주적으로 진전시킬 수 있는지를 결정적으로 보여준 획기적인 업적이 분명하다.

나는 지금 하나회 척결까지도 '타협적 민주화' 과정이라고 말하고 있다. 군부는 3당합당 이후에도 당연히 자신들의 속성을 유지하고 있었다. 만약 우리가 이상의 역사를 앞세운다면 '민주/반민주'세력 간의 일도양단 결판을 줄기차게 원하거나, 그런 일이 실제로 일어나야 하는 것이 사리에 맞다. 하지만 현실의 역사에서 범죄조직 하나회의 이상적 척결은 일어나지 않았고, 일어나기도 힘들었다. 이런 관점에서 보면 대통령 김영삼의 인사조치 숙청으로 곱게 끝난 범죄조직 하나회의 척결은 어쨌거나 타협일 뿐이다. 그렇지만 나는 오히려 그 타협적 척결을 큰 무리 없이 해낸 김영삼의 능력에 현실적으로 감탄할 정도다. 미래를 위한 5공 청산의 당위적 핵심이 개헌이었다면, 현실적 핵심은 (언제라도 다시 쿠데타를 일으킬 수 있었던•) 범죄조직 하나회 군부숙청이었다. 그 힘든 과업을 민자당 김영삼의 '문민'정부는 민주적 의지와 능력으로 전격적으로 실현해낸 것이다.

민자당 김영삼의 전두환 5공 청산은 거기서 끝나지 않았다. 김영삼은 (뒤에 그 의미를 상술하겠지만) 자신의 정부가 5·18 광주민주화운동을 계승한 민주정부임을 선언[18]한다. 그리고 최종적으로 12·12 쿠

• 김영삼 스스로 "하나회를 청산하지 않았으면 김대중이나 노무현은 대통령이 될 수 없었을 것이다"고 자찬하기도 했다. 「[YS서거 3주기①] YS는 살아있다⋯민주주의 확립과 경제투명화」, 『시사오늘·시사ON』, 2018년 11월 16일.

데타와 5·18 광주학살의 수괴 전두환과 그 일당을 재판에 넘겨 단죄하는 과업을 수행한다. 그런데 김영삼은 전두환 일당의 사법처리를 하나회 척결처럼 거침없이 시도했을까? 애초엔 분명히 그럴 생각이 없었다. 김영삼은 광주문제와 관련하여 1993년 5월 13일에 "오늘에 다시 보복적 한풀이가 되어서는 안된다"[19]고 말했다. 그런 그가 다시 1995년 11월 24일에는 "쿠데타를 일으켜 국민들에게 수많은 고통과 슬픔을 안겨준 당사자들을 처리하기 위해 나는 반드시 5·18특별법의 제정이 필요하다고 생각한다"[20]고 말했다. 국민은 이렇게 김영삼의 입장을 바꾸기 위해 2년 6개월여 동안 정말 많은 압박을 가했다.

김영삼은 제대로 된 전두환 5공의 청산을 요구하는 국민의 압도적 힘에 결국 굴복했다. 이 과정에서 검찰은 '성공한 쿠데타는 처벌할 수 없다'는 논리로 전원 "공소권 없음"이라고 불기소처분을 해서 곤욕을 치르기도 했고, 헌법재판소는 1979년 12·12 내란행위는 1980년 5·17부터 시작된 또 다른 내란행위와는 별개의 것이므로 이 부분의 공소시효는 1994년 12월 11~12일 이미 완성되었다는 결정을 내리기도 했다. 어쨌거나 1995년 12월 21일자로 5·18특별법이 제정·공포되자 헌법재판소는 사실상 논리의 일관성을 포기하고 이미 엎질러진 논리들을 다시 주워 담기도 했다. 이는 모두 국민이 전두환 5공의 미진한 청산에 맞서 강화된 청산 요구로 국가권력을 굴복시킨 과정이었고, 결국 성공적으로 해냈다.[21]

한마디로 전두환·노태우 일당을 단죄할 수 있었던 궁극적 힘은 국민에게서 나왔다. 6·10항쟁의 여진 같은 것이었다. 말했듯이 김영삼이 전두환·노태우 일당의 단죄를 처음부터 흔쾌히 앞장섰던 것은 아니었다. 하지만 어쨌든 그 일을 해낸 것은 김영삼이었고, 그 단죄와 단절의 역사적 공로를 국민과 함께 나눠 가질 자격은 차고 넘친다. 김영삼의 최대 강점은 민심의 바람이 어떻게, 어디서 불어오든 그것을 자신의 정치적 동력으로 전환시키는 능력이었다. 집권 초기 자신이 임명한 각료들(과 서울시장)의 신상 문제 때문에 민심이 험악해지자 머뭇거리지 않고 경질함으로써 순식간에 민심의 불만을 지지로 돌려 놓는 정치력은 인상적이었다. 심지어 당시 호남에서도 김영삼의 '개혁정치'에 압도적인 지지를 했는데, 이후 민자당 승계정당 대통령이 호남에서 그렇게 압도적인 지지를 받은 적은 없었다. 이를 보면 민자당 승계정당 혹은 그 정부는 호남에서 절대로 다수지지를 받을 수 없다는 생각은 안일한 고정관념일 수 있다.

전두환·노태우의 재판과 투옥으로 5공청산 문제는 비로소 일단락됐다. 우리 현대사에서 '전두환 5공 청산'이 타협적으로 진행된 과정은 아쉽지만 뿌듯하고, 우왕좌왕하면서도 절묘하다. 더 이상의 철저한 청산도 어렵고, 그 이하의 미진한 외면도 힘든, 바로 그곳에서 역사적 타협의 균형점을 찾은 것으로 보인다. 실제로 그곳이 최적의 균형점인지는 모르겠으나 상징적인 차원에서의 역사적 단죄로는 충분히 의미 있는 성과를 거둔 셈이다.

그런데 우리의 지금 주제에 맞춰 좀 더 깊이 생각해볼 점이 있다. 지금까지 살펴본 이런 전두환 5공 청산 과정을 거쳤으면서도, 역사적으로 그것은 '불완전한 타협'이었을 뿐이므로 우린 결국 아무것도 한

게 없었다고 할 수 있을까? 그래서 3당합당과 민자당의 탄생, 그리고 김영삼의 전두환 민정당 부정은 아무 의미도 없다고 할 수 있을까? 그래서 지금까지 이어져온 민자당 승계정당은 전두환 민정당을 승계한 것일 뿐이라는 논리를 강변할 수 있을까? 물론 3당합당의 민자당 정신, 즉 전두환 민정당에 대한 단절적 청산정신이 철저히 지켜지지 않고 있다는 비판은 충분히 가능하다. 하지만, 그러므로, 다시, 그 근원을 민정당에서 찾거나, 그 근원으로 되돌아가야 한다는 난데없는 주장이 가능한 건 결코 아니다.

만약 이상의 역사를 앞세워, 혹은 아이러니하게도 그와 정반대로 전두환의 민정당에 추한 미련이 남아 있는 나머지, 김영삼 민자당정권이 전두환 5공 청산에 그렇게 앞장섰음에도 불구하고, 전두환의 민정당을 승계했다고 본다면 어떤 모순에 빠지게 될까? 그런 경우에는 더, 아무리 현실을 외면하고 싶어도, 김영삼의 민자당이 철저하게 단절적으로 자기부정을 했다는 모순적 사실에 직면할 수밖에 없다. 이때 할 수 있는 일이라곤 현실의 역사에 침묵하거나 사실을 외면하는 것뿐이다. 사실 이 사태를 김영삼 민자당의 자기부정이라 간주해도, 당시 야당 김대중이 집권했더라도 성취하기 힘들었을 수준의 성공적인 자기부정이었다. '꿩 잡는 게 매'라는 속담을 인용하자면, '전두환 5공 청산'을 성공적으로 마무리한 김영삼이 바로 '역사의 매'였다.

이런 맥락을 고려하면, 언론 등에서 편의적으로 지칭하는 '3당합당'을 정확히 개념규정하는 것이 필요하다. 3당합당은 (3당이 통합해 기존 3당 모두를 승계하겠다는 게 아니라) 기존 3당이 모두 각각의 당과 단절한 후, 전두환 5공의 민정당을 청산한다는 '타협적 민주화' 이념으로 새로 모여 시원적始原的 신당을 창당한 사건을 말한다. 따라서 그것은 기존 3당의 이데올로기적 해산, 혹은 '정치적 법통'●의 단절을 전제로 한다. 사실 기존 당들이 통합해 기존 당들의 이데올로기적 범주와 '정치적 법통'을 단절하고 신당을 창당한다는 관념은 이례적인 사건이다. 그 점에 주목해야 한다.

한데 현재 국힘까지 이어져온 민자당 승계정당의 정체성은 출범 직후부터 순조로운 것은 결코 아니었다. 김종필은 "오늘이 있게 일으킨 사람이 박정희대통령이고(기), 전두환·노태우대통령이 그것을 승계했으며(승), 이제 전환기를 맞아 김영삼대통령이 개혁과 변화의 선두에 서서 내일로 새롭게 전진하고 있다(전). 누군가 이를 이어받아 한 시대를 매듭지을 것이다(결)"란 식의 망상적 자기중심 역사관을 내놓고, 물의를 빚자 "역사진행에 대한 개인적 사관"이란 식으로 얼버무리기도 했다.[22] 그러다 결국 다시 민자당에서 떨어져 나갔다.

앞으로도 민자당 승계정당의 정체성은 계속 역사의 시험대에 오를 것이다. 그때 민자당이 전두환 민정당을 단절적으로 청산한 역사적

● '정치적 법통'이란 용어는 형용모순적 측면이 있다. 그럼에도 이 용어를 굳이 사용하는 이유는 엄격한 의미의 '법적 계통(법통)'만으로는 정당의 정치적 이합집산을 설명하기 어려운 측면이 있어서다. 예컨대 정치적 주체가 이미 대규모로 당을 떠난 후에 당권을 장악한 소수가 당의 법통을 다른 당에 넘기는 경우, 법통보다는 정치적 계통을 중심으로 사태 추이를 설명하는 것이 맞다. 한편 3당합당은 법통의 이전이 통상적이었음에도 정치적 계통의 측면에서는 단절적으로 봐야 하는 이례적인 경우다. 나는 이 '정치적 법통'이란 용어를 이런 모든 상황을 함께 고려해 사태를 읽는다는 취지로 사용한다.

이력이 많은 역할을 하리라 본다. 3당통합신당 민자당은 역사적으로 전두환 민정당의 정체성을 부정·단절한다고 선언했고, 점진적이고 타협적이었지만 그 정체성과 관련된 역사적 범죄행위를 단죄하는 데 동의하고 앞장섰다. 즉 말과 행동으로 전두환의 5공과 민정당을 단절적으로 청산했다. 물론 이는 10년(1987년~1997년)에 걸친 '전두환의 5공'에 대한 일련의 타협적 청산, 즉 ①6·10항쟁으로 제6공화국 헌법 개정 ②민주적 선거를 통한 노태우정권 수립 ③12·12 쿠데타와 5·18 광주학살 진실규명 청문회와 전두환 유배 ④3당통합신당 민자당으로 민정당의 단절적 청산 ⑤민자당 김영삼의 범죄조직 하나회 군부숙청 ⑥민자당 김영삼의 광주민주화운동 계승 민주정부 선언 ⑦국민적 압박에 의한 특별법으로 전두환·노태우 등 사법처벌과 사면이라는 일련의 '타협적 민주화' 과정 속에서 총체적으로 이해해야 하는 역사 문제다.

정리하면 우리나라 민주화는 민주화(운동권)세력이 폭력혁명을 통해 반민주기득세력을 일방적으로 타도한 것이 아니라, 사건집약적으로 말한다면 10년(1987년~1997년)이라는 비교적 장기간에 걸쳐 국민이 참여한 합법적 선거수단을 통해 민주반기득세력과 반민주기득세력 간에 '타협적 민주화'를 이룬 것이 가장 큰 특징이다. 그러므로 우리는 우리나라 민주화가 그렇게 영광과 오욕이 뒤섞인 현실의 역사임을 인정하고 그 토대 위에서 사고해야 한다. 우리나라의 타협적 민주화 역사는 일방세력에 독점적 정의로움을 안기지도 않았고, 타방세력에 영원한 부끄러움을 각인하지도 않았다. 그러니 어떤 세력이라도 민주화의 과정과 진실을 왜곡하고, 그 역사적 공로를 독선적으로 독점하려 한다면 그것은 역사를 기만하는 불온한 수작일 뿐이다.

그럼에도 불구하고, 아직도 민자당 승계정당인 국힘은 '타협적 민주화'의 한 축이었다는 역사적 사실을 자각하는 데 큰 혼란을 겪고 있다. 그 결과 스스로 민주정당이라는 자기정체성을 확립해 나가는 데 이데올로기적으로 미숙하고, 기회주의적이며, 정치적으로 무능하다. 이 지경이라면 외부의 시선도 그 정체성을 평가하는 데 있어 왜곡과 편향이 더해질 수밖에 없다. 국힘은 '민정당 청산∈* 전두환 5공 청산'의 정신을 기반으로 했던 '3당통합신당 민자당'을 승계한다는 자기정체성을 올바로 확립해 나가야 한다. 즉 민주화의 영광은 발전시키고 오욕은 씻어내는 뼈를 깎는 노력이 필요하다. 그 노력이 당파적으로도, 나아가 우리나라 정치체제 발전에도 도움이 된다는 역사적 인식을 할 필요가 있다.

• a∈A: a는 집합 A의 원소이다.

4

민자당 이후, 전두환의 민정당과 얼마나 단절하려 노력해왔는가

지난 2014년 6·4지방선거 서울시장 후보자토론회에서 상당히 듣기 힘든 토론 내용이 있었다. 당시 새누리당(현 국힘) 정몽준과 통합진보당 정태흥 간의 설전이었다. 다음과 같은 내용이다.

정태흥 후보는 또 "이석기 통합진보당 의원을 내란음모로 조작해 구속시켰는데 역대 내란음모로 처벌받았던 대부분이 무죄였다. 바로 전두환 정권의 후신이 새누리당 아니냐. 지난 대선 때 국정원의 부정선거를 감추기 위해 검찰총장을 찍어내면서 결국 이석기 의원까지 국면전환용으로 이용하며 정치탄압했다. 이게 민주주의 국가에 맞느냐"고 물었다. 이에 정몽준 후보는 "정태흥 후보는 상당히 위험한 발언을 하신다. 여기는 법정이 아닌데 이석기 의원이 죄가 없다는 취지로 말한다"고 날을 세웠다. 그는 그러면서 "그것은 법정에서 밝혀질 것이고 새누리당은 전두환 대통령의 후신이 아니다"라면서 "새누리당은 3자합당이 전신이다. 새누리당에 대해 관심을 갖는 것은 좋은데 정확히 아셨으면 한다"고 지적했다.[23]

민자당 창당 이후 지금까지, 나는 그 승계정당 소속 인물 중에 정몽준처럼 확신을 갖고, 명쾌하게 당의 정체성과 관련해 전두환 민정당을 부정한 경우를 많이 못 봤다.* 내가 정몽준의 발언에 신기한 듯 주목하는 건 민자당 승계정당이 지금까지 '전두환 민정당'이라는 역사적 청산대상에 대한 철저한 단절의지를 못 보여줬기 때문에 나타나는 개인적 반응이기도 하다. 그간 국힘은 '전두환 민정당'에 대해서 명확하게 부정하기보다는 일종의 '흑역사'로 생각하는 듯, 때로는 관련성을 명확하게 부정 안 한 채 정체불명의 사과를 하는 모양새를 취하기도 하고, 다른 한편으로는 (특히 영남을 향해 있는) 전두환의

---

* 참고로 근래에도 더민당 이재명이 국힘을 '광주학살세력 후예'라고 칭하자, 당시 국힘 대표 이준석은 "정당의 계보를 잘 이해하지 못하고 막말"한다고 전제하면서도, 반론의 초점을 "국민의힘의 후보로 당선된 대통령도, 지금 당 대표도 5월 광주에 대한 개인적 부채가 없는 사람들"이라는 데 맞췄다(「이재명 "광주 학살 세력 후예"…이준석 "퇴행적 갈라 치기"」, 『동아닷컴』, 2022년 5월 18일). 이재명은 개인이 아닌 당의 정체성(정통성·정당성) 차원에서 비난한 것인데, "개인적 부채"(가 없다는) 차원을 강조한 것은 뭔가 어긋난다. 우리나라가 일본에 불법 강점을 인정하라는 것과 강점기 불법행위에 대한 사과·배상을 요구하는 건 이젠 거의 생존조차 확인하기 힘든 '개인적 부채'의 책임자들을 향한 것이 아니다. 기왕에 "정당의 계보"를 얘기할 거면 '전두환 민정당'을 단절적으로 청산한 민자당 창당사를 강조했어야 한다.

파시스트들에 대한 악한 영향력을 자신들의 것으로 취하려는 듯 역겨운 정치적 탐욕을 부리기도 해왔다. '정체불명의 사과'와 '악한 영향력'이라는 두 관념으로 분류했으므로 두 종류의 사례로 나누어 상기해보자.

우선 '정체불명의 사과'다. 이것의 가장 나쁜 측면은 전두환과의 관련성을 명확하게 끊지 않는다는 것이다. 왜 민자당 승계정당 정치인들은 논리적·정치적·이데올로기적으로 전두환과의 관련성을 명확하게 못 끊어내는가? 전두환은 전全국민의 역사적 단절 대상인가, 아니면 국힘만의 정치적 사죄 대상인가? 국힘은 4·19에 대해 어떻게 접근하는가? 4·19는 전국민이 이승만 독재와 부정선거에 대한 항거를 기념하는 민주주의의 역사적 사건인가, 아니면 국힘이 뭔가 이승만과의 관련성이 있다고 생각하며 우물쭈물 정체불명의 사죄를 해야 하는 정치적 사건인가? 5·18도 4·19와 다름없다. 사죄는 당사자든 승계자든 관련자들이 해야 한다. 한데 1990년의 3당통합신당 민자당은 전두환 5공의 유산인 민정당을 부정·단절하며 청산했고, 국힘은 그 민자당의 승계정당이다. 개인이 아닌 당 차원에서, 적어도 이념적으로는, 국힘은 민정당 당사자도 승계자도 아니다. 이를 명확히 인식·표명하고, 지금이라도 관련자들이 사죄할 수 있도록 국민과 함께 압박하고 선도하면 된다.

'정체불명의 사과'와 관련해서는 가장 먼저 강재섭이 떠오른다. 나는 그의 사과에 대해서 과거에 다른 책[24]을 통해 다룬 바 있는데, 이 책의 새 관점으로 다시 정리하겠다. 2006년 8월 10일 당시 한나라당

(현 국힘) 대표 강재섭은 광주의 한 호텔에서 기자간담회를 갖고 정중하게 고개 숙이며 '호남'에 사과했다. 그 내용은 이렇다.

한나라당의 전신이었던 정당 시절부터 최근 광명시장의 호남 비하발언에 이르기까지 호남 분들을 섭섭하게 해 드렸던 점에 대해 진심으로 사과드린다. (…) 역지사지해 보면 호남 분들의 우리 한나라당에 대한 섭섭함은 충분히 이해가 간다. 예를 들어, 호남선 복선화에 36년이 걸렸고, 광주-목포 고속화도로 완공까지 17년이나 걸렸다. 인재발굴과 활용 면에서도 과거 아쉬운 점이 많았다. 그 외에도 한나라당이 반성할 일이 많겠지만 일일이 거론하지 않겠다. 백 마디 말보다 한 가지 실천이 더 중요하다. 지금부터 정말 잘 해보겠다.[25]

이는 기본적으로 영남패권주의에 대한 사과다. 그 자체로 의미는 있다. 하지만 호남이 무엇보다 궁금해하는 전두환과 민정당 그리고 5·18과 관련한 언급은 없다. 실제로 광주의 한 5·18단체의 한 관계자는 이런 반응을 보였다.

5·18 단체의 한 관계자도 "두루뭉실하게 사죄도 아니고 사과라는 표현을 한 것을 어떻게 진심 어린 사과로 받아들일 수 있겠냐"며 "과거에 호남을 소외시키고 광주학살을 딛고 권좌에 앉은 전두환, 노태우 정권에 일조했던 극우적인 당내 인사들이 함께 와서 사과를 한다면 모를까… 호남 표를 의식한 정치적 행보로밖에는 생각되지 않는다"고 꼬집

었다.[26]

  나는 강재섭이 제대로 사죄한다면, "호남 분들을 섭섭하게 해 드렸던 점"뿐만 아니라 '한나라당은 전두환의 민정당과는 단절된 당이지만, 5·18의 역사적 치유와 관련해서 소극적인 태도를 취한 데 대해 반성하고 사죄한다'는 내용을 포함했어야 한다고 생각한다. 그 핵심을 분명히 인식 못 하거나 회피하므로 국힘은 언제라도 딜레마에 빠질 수 있다. 당시에도 그랬다. 이에 대해 열린우리당은 노코멘트했는데, 민주당 대변인 유종필은 이렇게 반응했다.

>   1960년대 초부터 30년 이상 지속되어 온 영남 중심의 군사정권(정당으로는 한나라당의 전신이랄 수 있는 공화당, 민정당, 민자당 정권)이 호남을 경제적으로 소외시키고, 인재등용에 있어서 차별했고, 또 정치적으로 탄압했고, 그럼으로써 호남사람들에게 물질적인 피해와 정신적인 상처를 줬던 엄연한 사실에 비춰볼 때 강 대표의 표현은 인색하다는 느낌을 준다.[27]

  자, 앞으로도 누군가, 당시에 유종필이 그랬던 것처럼, 국힘에 대해 "30년 이상 지속되어 온 영남 중심의 군사정권(정당으로는 한나라당의 전신이랄 수 있는 공화당, 민정당, 민자당 정권)"이라고 규정했을 때 국힘은 자기정체성에 대한 분명한 인식을 갖고 대응할 준비가 돼 있는가? 물론 민정당 참여인물에 대한 인적 청산까지는 못 했던 '타협적 민주화'라는 역사적 상황을 고려할 때, 어려운 문제이긴 하다. 하지만 '전두환과 민정당'에 대한 최소한의 역사적 단절의식은 있어야한다. 당사자의 평가가 곧 진실을 의미하진 않지만, 당사자인 전두환 스스로 3당합당을 '아예 민정당의 명줄을 끊어버린 5공과 6공의 마지막 절연의식'으로 생각했다는데 그 3당합당의 역사적 산물인 민자당 승계정당이 굳이 그게 아니라고 우길 근거와 이유가 없지 않은가?

대한민국이 헌법 전문에 명시한 것처럼 "유구한 역사와 전통"을 계승하듯 국힘도 이승만 자유당 시대와 1945년 8·15광복, 심지어 임시정부까지 거슬러 올라가 '유구한 역사와 전통'을 찾아야 한다는 인식을 할 필요도 없고, 논리적으로 그럴 수도 없다. 그리고 전두환 민정당과 명확히 단절할 수 있다면 박정희 공화당과도 자연스럽게 단절된다. 시기적 연속성이 없어지는 것도 자연스럽게 단절의식을 형성하는 데 큰 도움이 된다. 어떤 식으로든, 핵심은 단절적 청산의식이다. 국힘의 '정체불명의 사과'와 관련해 가장 인상적인 장면은 당시 미래통합당(현 국힘) 비상대책위원장 김종인으로부터 나왔다. 이번엔 국립5·18민주묘지에서였다. 그는 이런 사과를 했다.

광주에서 그런 비극적 사건이 일어났음에도 그걸 부정하고, 5월 정신 훼손하는 일부 사람들의 어긋난 행동에 저희 당이 엄중한 회초리를 못 들었다. 일부 정치인들까지 그에 편승하는 태도를 보였다. 표현의 자유란 명목으로 엄연한 역사적 사실끼〔까〕지 부정할 수 없다. 그동안 잘못된 언행에 당 책임진 사람으로서 진실한 사과의 말씀 드린다. (…) 역사

"부끄럽고 죄송하다"

미래통합당 김종인 비상대책위원장이 19일 광주 국립 5·18 민주묘지를 찾아 무릎을 꿇고 참배하고 있다. 김 위원장은 이 자리에서 "5·18 민주 영령과 광주 시민 앞에 용서를 구한다"며 "부끄럽고 또 부끄럽다. 죄송하고 또 죄송하다"고 했다.

통합당 김종인, 광주 찾아 무릎꿇고 울먹이며 사죄

미래통합당 김종인 비상대책위원장은 19일 광주 국립 5·18 민주묘지를 찾아 무릎을 꿇고 5·18 문제와 야당의 잇따른 망언에 대해 공식 사과했다. 김 위원장은 눈시울을 붉히며 "부끄럽고 또 부끄럽다. 죄송하고 또 죄송하다"고 말했다. 보수 정당 대표가 5·18 민주묘지에서 무릎을 꿇은 것은 처음이다.

김 위원장은 이날 "벌써 100번 사과하고 반성했어야 마땅한데, 이제야 그 첫걸음을 뗐다"고 했다. 이어 "역사적

화해는 가해자의 통렬한 반성과 고백을 통해 이상적으로 완성될 수 있지만, 권력자의 진심 어린 성찰을 마냥 기대할 수 없는 상황에서 제가 대표로서 이렇게 무릎을 꿇는다"고 말했다. 1980년 신군부(전두환 정권)의 광주 민주화 운동 유혈 진압 사태에 대해 사과하고 용서를 구한 것이다.

김 위원장은 통합당의 '5·18 망언' 논란에 대해 "5월 정신을 훼손하는 일부 사람의 어긋난 발언과 행동에 저희 당이

엄중한 회초리를 들지 못했다"며 "그동안 잘못된 언행에 당을 책임진 사람으로서 사죄를 드린다"고 했다. 자신이 신군부가 만든 국가보위에 참여한 데 대해서도 "상심에 빠진 광주 시민과 군사 정권에 반대한 국민에게는 용납할 수 없는 것이었다"며 "다시 한번 사죄의 말씀을 드린다"고 했다. 김 위원장은 이날 5·18 유공자에게 일시 보상금이 아닌 연금을 지급하는 내용이 담긴 법안 발의를 하겠다고 밝혔다.

김정환 기자 **기사 A5면**

▲ 현 국힘의 전신 미래통합당 비대위원장 자격으로 광주 5·18민주묘지를 찾아 용서를 구했던 김종인. 그의 인식 속에 '5공 청산'에 대한 명확한 논리적 사고가 있는지는 여전히 의문이지만. (조선일보, 2020.8.20.)

의 화해는 가해자의 통렬한 반성과 고백을 통해 가장 이상적으로 완성되지만, 권력자의 진심 어린 성찰을 마냥 기대할 수 없는 형편에서 그 시대 대표해 제가 이렇게 무릎 꿇는다.[28]

김종인은 자신이 말한 "가해자" "권력자"와 당시 미래통합당(현 국힘)의 관계를 정확하게 언급하지 않았다. 그저 "그 시대 대표해"라고만 언급했다. 민자당 승계정당의 '정체불명의 사과'가 연속된 것이다. 하긴 앞에서 언급한 강재섭이나 김종인 모두 전두환의 민정당 출신이다. 민정당을 부정하면 자신들의 개인적 이력을 부정하는 셈이니 적당히 뭉갤 수밖에 없는 일인지도 모르겠다. 어쩌면 김종인의 인식 속에서는 아예 그런 명확한 논리적 사고가 없을 수도 있다. 그는 이런 말을 하기도 했다.

"그동안에 5·18로 인해 광주·호남 민심이 통합당에 상당히 서운한 관계를 설정하고 있었는데, 저희가 하나의 민주 정당으로서, 50년 동안 집권한 정당으로서 우리나라 전체를 어느 하나 소홀히 할 수 없다."[29]

"50년 동안 집권한 정당"? 대충 50년이면 이승만 자유당 시대까지 거슬러 올라가는 건 아니고, 1961년 박정희 쿠데타부터 1979년~1980년 전두환 쿠데타를 포함해 김영삼이 집권한 1998년 2월까지의 대략 37년에 이명박·박근혜의 10년 집권까지를 더한 수치인 듯하다. 이런 식으로는 국민과 함께 '전두환과 민정당'에 대한 단절의식·공감대를 형성할 수가 없다. 그리고 이는 명백히 5공청산 정신이라고 할 수 있는 1987년의 6·10항쟁 이념과 그 청산 과정을 부정하는 이데올로기적 뭉개기에 불과하다.

이제 '전두환과 민정당'의 국민적 단절의식에 보탬을 주기는커녕 오히려 전두환의 파시스트들에 대한 '악한 영향력'에 편승해 정치적 이득을 챙기려는 현실 정치인들의 행태를 살펴보자. 이와 관련해 가장 기억에 남는 장면은 원희룡이 전두환에게 넙죽 엎드려 세배하던 모습이다. 말보다 이미지가 각인시키는 효과는 엄청난 듯하다. 2007년 새해 일이지만, 지금도 그 이미지가 내 기억엔 생생하다. 원희룡은 자신의 과거 전두환 세배에 대해 근래 이렇게 변명했다.

> 원 전 지사 자신이 과거 전 전 대통령에게 세배했던 사실과 관련해서는 "그때는 내가 김대중, 김영삼, 전두환 전직 대통령들에게 똑같이 황태, 북어를 가지고 가서 똑같이 세배만 하고 차 한 잔 얻어먹고 나온 거에 불과했다"며 "전두환을 찬양한 게 아니었다"고 설명했다.[30]

원희룡의 문제가 뭔가? "똑같이"란 생각이다. 김대중·김영삼과 전두환이 똑같은가? 그래서 "똑같이 황태, 북어를 가지고 가서 똑같이 세배"했는가? 만약 전국민이 김대중·김영삼과 전두환을 "똑같이" 생각하면 이 나라 역사와 정치가 어떻게 될 것 같은가? "전두환을 찬양한 게 아니었다"면 무슨 목적이었는가? 원희룡 스스로 근래 윤석열의 '전두환이 정치는 잘했다'는 발언을 비판하며 이런 말을 했다.

"한 나라의 대표(대통령)가 되려면 호남이다 영남이다를 떠나 국민들이 가지고 있는 상처, 그리고 누군가 누구를 배제하고 차별하는 것들에 대해 질타를 하고 뛰어넘을 진정한 화합의 중심이 되어야 한다"면서 "(윤 후보가) 지금 특정 지역의 당원들의 표가 필요했는지는 모르겠지만 이런 갈등 상황들을 자극해 당장의 정치적인 이익을 추구하는 것은 이미 극복해야 할 구태정치다"고 지적했다.[31]

전두환에게 "똑같이" 세배한 원희룡이니 전두환에 우호적인 언행을 하는 정치인들의 은밀한 목적을 누구보다 잘 알 것이다. 그는 "특정 지역의 당원들의 표가 필요했는지 모르겠지만"이라고 '방 안의 코끼리'에 대한 언급을 했다. 나는 누구라도 쉽게 고백하기 힘든 문제의 핵심을 예리하게 잡아낸 그의 추론 능력을 전적으로 신뢰한다. 바로 그 '특정 지역 = 영남(특히 대구·경북)'에 대한 추파가 문제인 것이다.

원희룡의 전두환 세배만큼이나 최근에 물의를 빚은 사건은 당시 자유한국당(현 국힘) 일부 의원들이 국회에서 '5·18 진상규명 대국민 공청회'란 것을 열어 5·18을 비하하고 전두환을 찬양하는 작태를 벌인 사건이다. 당연히 정치인들이 개입한 사건은 정치적 득실에서 기인한 행동임을 의심할 수밖에 없다. 그들은 그런 행위가 자신들의 정치적 출세에 도움이 된다고 판단해서 그랬을 것이다. 그러면 다시 최종 문제는 국민의 의식으로 귀결된다.

국민의 의식수준을 한눈에 볼 수 있는 또 다른 이미지는 대통령 취임식 때마다 각설이처럼 앉아 있던 전두환의 모습이다. 국힘(계열)

대통령이든 더민당(계열) 대통령이든 초대한 건 마찬가지다. 심지어 윤석열의 취임식엔 전두환이 죽어 참석할 수 없자, 그의 부인 이순자를 불러 앉혀놓기까지 했다. 히틀러가 살아남아, 전쟁 후 독일공화국의 새 대통령 취임식 때마다 전직 총통 자격으로 참석하는 장면을 상상해보라. 그리고 국민들은 그것이 전직 총통에 대한 예우라고 생각해, 그런 예우를 하지 않는 취임 대통령이 있으면 반발하는 미개한 사태를 상상해보라. 그것도 특정 지역민의 여론을 반영해서 이런 일이 일어난다고 상상해보라. 제대로 된 문명국가처럼 상상되는가!?

우리는 영남을 향해서도 말해야 한다. 왜 전두환의 흑역사를 영남이 온통 떠안으려 하는가? 1987년 6·10항쟁 이후의 우리 역사는 5공청산의 역사로, 그 전의 역사는 대한민국 전체가 짊어져야 할 영광과 오욕의 역사로 생각하면 될 것 아닌가? 일제강점기 시대에 이 땅에서 숨쉬고 살아간 거주민 모두를 청산하자고 할 수 없는 것처럼 과거 전두환정권에 대한 유권자로서의 지지는 큰 문제가 될 수 없다. 광주·호남도 전두환정권 때 치른 두 번의 총선에서 다른 지역과 별반 차이 없이 민정당 국회의원을 선출했다. 문제는 과거를 정당화하려는 은폐된 죄의식이 아니라 미래를 함께하기 위한 과거의 청산의식이다. 그런 점에서 근래 합천시민단체의 행동은 우리에게 많은 영감을 준다.

전두환 적폐 청산 경남운동본부 준비위원회(적폐 청산 경남본부 준비위) 회원 20여 명은 이날 오전 광주 북구 운정동 국립 5·18민주묘지를 방문했다. 추모탑 앞에서 분향·묵념을 마친 단체 회원들은 무릎을 꿇은 채 열사들 앞에 고개를 숙였다. 전씨 고향인 경남 합천군 소재 '새천년 생명의 숲' 공원이 지난 2007년 전씨의 호를 딴 '일해공원'으로 명칭이 바뀐 것을 막지 못해 참회하겠다는 취지다. (…) 일해공원은 전씨 고향인 경남 합천군 합천읍에 있다. 기존에는 '새천년 생명의 숲' 공원이었으나, 지난 2007년 전씨의 아호雅號(본명 외에 부르는 이름)를 딴 명칭이 새롭게 붙여졌다. 공원 명칭 변경과 함께 입구에는 전씨의 친필 휘호가 새겨진 표지석이 세워졌다. 표지석 뒷면엔 '전두환 대통령이 출생하신 자랑스러운 고장임을 후세에 영원히 기념하기 위해 세웠다'는 문구가 새겨져 있어 전씨 찬양·기념 잔재물로 평가된다. 간담회에서 적폐 청산 경남본부 준비위 관계자는 "합천엔 일해공원을 유지하려는 국민의힘과 지역 세력이 많다. 전두환 관련 기념비·상징물을 지우기 위한 오월단체의 협력과 광주시민의 참여가 절실하다"고 강조했다.[32]

　주지하듯이, 독일은 히틀러와 나치당의 흑역사를 철두철미 단절하고, 그 흑역사를 전국민이 미래를 향해 성찰하는 역사로 바꾸었다. 무슨 보수당이니 나치당을 승계해야 하고 어쩌고 하는 얼토당토않은 반동적 이데올로기에 빠지지 않았다. 3당통합신당 민자당 출범 자체가 인적 청산 없는 '타협적' 청산이어서 자기부정적 단절이 힘들다고? 그럼 엄청난 숫자의 독일인이 히틀러 나치당정권을 (적극적·소극적으로) 지지하며 산 독일은 어떻게 스스로 자기부정적 단절을 했단 말인가? 우리의 민주화가 '타협적'이란 사실을 전제하고 하는 말이다. 즉 독일처럼 그렇게 집요한 범죄자 처벌을 다시 새로 시작하자는 것도 아니지 않은가? 그저 과거를 성찰하는 이데올로기적 단절·부정을 하자는데 그것도 힘들어서 못 한단 말인가?!

이데올로기적 단절·부정조차 못 하겠단 말은 사실상 일본처럼 살자는 말과 거의 같다. 일본은 히로히토 파시즘의 흑역사를 철두철미 단절하고 성찰하기는커녕 이데올로기적으로 A급전범의 야스쿠니신사를 지키며 전쟁 책임을 부정하고 있다. 어이없게도 일본은 그 흑역사를 계승해야만 더욱 강해질 것이라고 오판했다. 즉 일본은 독일처럼 과거사의 대가를 한 번에 고통스럽게 치르고 새출발하는 방식 대신, 과거사를 멍에처럼 메고 만성적 골병의 고통을 한없이 연장하며 치르는 방식을 선택한 셈이다. 역사의 시간은 길다. 문제를 해결 못 하면 천년 이천년이 흘러도 역사의 갈등은 지속한다. 이슬람 수니파·시아파의 갈등을 보라. 우리나라가 독일의 길을 걸을지 아니면 일본의 길을 걸을지는 파시스트 전두환과 민정당에 대한 국민의 민주적 각성에 달려 있다.

제 2 장

국민의힘, 파시즘과
보수·우파의 동거

1

파시즘과
보수·우파

파시즘과 보수는 공통점이 있을까? 나는 지금 파시즘과 보수 모두 정치이념이고, 자본주의를 전제하고(후술하겠지만 이는 정확한 말은 아니다), 지배질서를 수긍하며, 우열관계를 토대로 하는 사고를 선호한다는 등의 그럴듯하지만 뭔가 허망한 답을 기대하고 묻는 게 아니다. 별 의미 없이 따지자면, 인간과 원숭이의 공통점도 얼마나 많은데 파시즘과 보수의 공통점은 얼마나 많이 열거할 수 있겠는가?

사실 논의의 목적을 고려하면 '파시즘과 보수는 무엇이 다른가'로 질문을 바꾸어 시작하는 게 당연할 것이다. 하지만 이런 식으로 질문을 어이없게 우회한 건 그럴만한 이유가 있어서다. 많은 이들이, 그리고 언론에서조차 파시즘을 극우로 표현하기 때문에 우리는 파시즘이 우파, 보수, 혹은 보수우파 같은 이념들과 그럴듯한 연관성이 있는 것처럼 착각할 수 있다. 즉 이런 용법에 무감각할 경우, 마치 우파나 보수이념을 열심히 추종하다 보면 파시즘이든 극우든 왔다 갔다 할 수 있는 게 아닌가 하고 착각할 수 있다. 더군다나 파시즘은 극우라고 할 수 있지만 모든 극우를 파시즘이라 할 순 없는데도 그런 실정이다. 그래서 파시즘과 보수·우파를 옆동네 이념처럼 생각할 수 있는지 판단해보자는 의도였다.

　다른 사안도 그렇지만, 특히 정치이념을 범주화해서 구분하는 건 결코 쉬운 일이 아니다. 불가능에 가까울 정도다. 이른바 극우적 현상만 해도 그렇다. 극우로 불리는 세계의 수많은 정치집단과 이념만 해도 어지러울 정도로 뒤죽박죽이며 난장판에 가깝다. 이런 극우적 현상을 모두 파시즘이라고 규정하는 것은 분명히 잘못된 일반화다. 나는 파시즘적 극우와 비파시즘적 극우를 구분하는 것을 중요하게 생각한다. 이유는 간단하다. 역사적 사실로 존재했던 히틀러 민족(국가)사회주의독일노동자당(나치당)의 파시즘을 규정하는 건 그나마 쉽고, 파시즘적 극우에는 역사적·정치적으로 우리가 금기시해야 할 결정적 핵심이 담겨 있어 비파시즘적 극우와는 반드시 구별해서 봐야 할 이유가 있기 때문이다. 그 중요한 핵심은 '일상적 폭력'이다. 파시즘을 대표하는 히틀러의 관련 발언을 상기해보자.

　　아리아 종족은―종종 매우 기묘할 정도로 적은 사람 수로―다른 민족을 정복하고 새로운 영역의 특수한 생활환경(비옥함, 풍토의 상태 등)

에 의해 자극되면서, 또한 인종적으로 열등한 인간을 다량으로 보조수단으로 자유로이 이용할 수 있는 혜택을 누리면서 그들 속에 잠들고 있던 지적·창조적인 능력을 발전시킨다.[33]

열등한 인종에 대한 '정복'과 '보조수단' 등 일상적 폭력의 관념을 제멋대로 담고 있는 히틀러의 파시즘 용어를 보수주의자가 대수롭지 않게 사용할 수 있다고 보는가? 단호하게 부정할 수 없다면, 이번에는 보수주의의 태두泰斗라 할 수 있는 에드먼드 버크가 프랑스혁명에 대해 한 발언을 들어보자.

이 모든 무서운 일이 필요했던가? 평화롭고 번영하는 자유라는 조용한 해변에 이르기 위해 유혈과 소란을 헤쳐나가야 했던 결의에 찬 애국자들의 필사적인 투쟁이 초래한 불가피한 결과였던가? 아니다! 결코 그렇지 않다. 어디에 눈을 돌리든 우리 감성에 충격적인 프랑스가 겪은 근래의 폐허는 내전에 따른 참화가 아니다. (…) 그들의 잔인성은 공포 때문에 빚어진 경멸스러운 결과가 아니었다. 그들이 통제하는 나라 전체에 걸쳐 배신과 강탈과 강간과 암살과 살육과 방화를 허가하면서 그들이 지녔던 완벽한 안전감의 결과였다.[34]

상상컨대 히틀러가 추구하는 어떤 '정신'적 목표에 버크가 동의할 수 있는 겨자씨만한 부분이 있을지도 모르겠다. 설령 그렇다 한들 그들은 그 부분에서조차 결코 한 편이 될 수 없다. '자유'라는 이념엔 동의하지만 '폭력'이라는 수단엔 반대한다는 버크의 보수이념에서 어떻게 나름의 정신적 목적을 위해 '정복'과 '보조수단'을 강조하는 히틀러 파시즘과의 공통점을 찾을 수 있겠는가? 설령 목표가 같다 한들 그 목표를 이룰 동일 수단이 없다면 애초부터 강 건너에 있는 이념이며, 공통점을 찾는 건 부질없는 시간낭비일 뿐이다.

나는 파시즘을 '자본주의 체제에서 발생하는 국내외적 모순을 일상적 폭력을 통해 패권주의적·전체주의적으로 해결하고자 하는 반민주적 이데올로기'라고 정의한다. 나름의 정의를 내렸으니, 이제 이 정의를 기초로 관련 주제의 한도 내에서 파시즘적 특성을 한 가지씩 분석해 보자. 후술하는 내용은 개인적인 관점이며, 내 관점만이 그 잡다한 파시즘의 완전한 정의라고 주장할 생각은 없다.

우선, 파시즘은 자본주의 체제에서 발생하는 문제와 관련이 있다고 정의했다. 따라서 나는 공산주의 혹은 그 혁명기에 발생하는 체제 문제는 파시즘에서 제외한다. 종교가 지배하는 이슬람국가 체제에서 발생하는 문제는 모호한 측면이 있으나, 그것 역시 자본주의를 토대로 한 체제라면 파시즘 문제로 포괄할 수 있을 것이다. 사실 파시즘이라는 전체주의 체제에서도 정상적인 자본주의 메커니즘이 작동하기는 힘들지만, 기본적으로 자본주의를 토대로 하는 현상으로 볼 수밖에 없다. 여기서 왜 파시즘을 꼭 자본주의 체제 문제와 연관시키는지 의문을 가질 수도 있을 것이다. 후술하겠지만, 파시즘을 모든 체제에서 발생할 수 있는 문제라고 해버릴 경우, 파시즘은 전체주의적 폭력이라는 용어와 사실상 동의어가 된다고 봐야 한다. 이렇게 되면 폭력이 발생하는 사회적·체제적 근원을 놓칠 수밖에 없다. 히틀러의 파시즘이 애초에 '유대인 국제 공산주의'에 맞서는 이데올로기로 발전했던 연혁적 맥락도 고려해야 한다.

다음은, 사회적 모순의 종류다. 나는 패권적 지배를 목표로 하는 한 모순의 종류를 특정할 이유는 없다고 본다. 단지 사회과학적 관심의 대상이 되려면 그 모순의 발생과 현상의 범주가 사회적으로 확장되는 규모가 될 수밖에 없을 것이다. 흔히 민족적, 지역적, 계급적, 성적, 종교적 갈등과 모순을 상정할 수 있는데, 그 외에도 세대나 문화 등과 같은 범주도 충분히 상정할 수 있을 것이다. 어쨌든 핵심은 이런 모순을 일상적 폭력을 통해 패권주의적·전체주의적으로 해결하려는 이념적 경향이다. 당연히 이 패권주의적·전체주의적 모순 해결의지는 국내외를 가리지 않을 것이다.

이제 파시즘의 수단으로서 일상적 폭력을 강조해야 하는데, 이 폭력의 주체는 국가권력이든 사회권력이든 가리지 않는다. 단 그 폭력이 일상적이냐 일시적이냐를 구분하는 건 쉬운 일은 아니다. 예컨대 박정희 유신체제나 전두환정권이 일상적 폭력정권, 즉 파시즘 체제였다고 말하는 건 어렵지 않다. 하지만 비민주적 체제에서 입법적·행정적·사법적으로 국가폭력이라고 볼 수 있을 만한 권력 행사가 수차례 있었다 해도 그것이 일상적 폭력인지 아닌지, 그래서 파시즘 체제라고 볼 수 있는지 없는지를 구분하는 것은 상당히 어려운 일이다. 이때는 그 폭력행위와 더불어 국가권력의 이념지향을 함께 고려해야 할 것이다. 즉 그러한 폭력행위가 패권적 지배를 목표로 하는 것인지 아닌지를 봐야 한다. 국가권력의 무능과 실정에 의한 폭력적 현상이 곧 파시즘은 아니다. 덧붙여 폭력의 범주는 물리적 폭력뿐만 아니라 정신적 폭력까지 당연히 포함해야겠지만 파편적 개인 차원이 아닌 패권적 지배체제 이념에 영향받는 집단(에 심리적으로 귀속하는 개인)적 폭력 현상으로 개념을 제한할 필요가 있다고 본다.

그럼 자본주의 사회에 살면서 공산주의 사회를 꿈꾸며 일상적 폭력을 자행하는 이념은 파시즘인가? 내 정의에 따르지 않더라도 이를 파시즘이라 하는 건 이상하다. 자본주의 체제 전복을 목적으로 하는 그런 행태는 당연히 자본주의 체제 유지를 전제로 패권적 지위를 확립하려는 현상과는 구별해야 한다. 모든 폭력적 현상을 파시즘이라고 규정해버리면 다양한 정치사회적 현상에 대한 과학적 분석이 어려워진다. 흔히 파시즘의 요소로 지목되는 극단적인 민족주의 경향도 마찬가지다. 폭력적 경향을 보인다고 해도, 자본주의 체제를 전제로 민족패권주의 혹은 저항적 민족주의를 추구하는 것과 공산주의 체제를 전제로 그러는 것(예컨대 중국·(구)소련이나 북한)을 모두 송두리째 동일시하는 건 결정적으로 중요한 다른 차이를 구별범주로 분리하지 않는 안이한 사회과학이다.

일상적 폭력과 함께 패권주의적·전체주의적 지배의지는 파시즘의 이념적 핵심요소다. 한데 이러한 개념 규정에 따르면 아이러니한 경우가 발생한다. 예컨대 국가나 집단, 개인이 패권적 지배의지 없이 패권적 지배의지를 가진 세력에 일상적 폭력으로 대응하는 건 뭐라고 해야 할까? 내 정의에 따르면 이것 역시 파시즘이 아니다. 만약 개인이든 국가든, 폭력에 폭력으로 맞서는 저항을 파시즘으로 규정하면 그건 결국 '파시즘=폭력'이라는 단순한 의미밖에 안 된다. 이런 관점에서 볼 때, 국내적으로 집단(에 심리적으로 귀속하는 개인)이 반파시즘 이념으로 파시즘세력에 맞서 일상적 폭력으로 대응하는 경우는 파시스트가 아니라 체제 유지 혹은 저항을 목적으로 하는 나름의 이데올로기를 가진 확신범이라고 생각한다. 국가적으로 범주를 높여도 마찬가지다. 민주국가에서 파시스트를 처벌하거나, 국제관계에서 민주국가가 파시즘국가를 상대로 전쟁을 결행한다고 해서, 민주국가가 파시즘국가가 됐다고 할 수는 없다. 패권주의적·전체주의적 지배의지 없는 폭력적 저항을 파시즘과 동의어로 사용할 수는 없다.●

끝으로, 파시즘과 민주주의의 관계다. 민주국가 체제라면 패권주의·전체주의 이데올로기의 폭력적 실현을 헌법적으로 허용하지 않는다. 그것이 일상적 폭력 이데올로기라면 더 말할 나위도 없다. 그러니 일상적 폭력으로 민주국가를 전복해 파시즘국가나 공산국가를 수립하려는 건 민주국가 체제라는 전제를 벗어나는 얘기다. 이런 관점에서 쉽게 강조하자면, 파시즘은 반민주적 이데올로기다. 그리고 파시즘은 이데올로기이므로 그것을 행동으로 옮기든 단순히 주장 혹은 동조하든 가릴 필요는 없다. 다만 모든 파시즘은 반민주적이지만,

---

● 참고로 문부식은 '폭력/비폭력'이라는 성찰구도를 밀어붙임으로써 '민주/반민주(파시즘)'라는 근본적인 대립구도를 해체시키는 결과를 가져온다(문부식, 『잃어버린 기억을 찾아서-광기의 시대를 생각함』, 삼인, 2002). 이에 관한 비판은 김욱, 『정치는 역사를 이길 수 없다』, 개마고원, 2013, 203~222쪽 참조.

반민주적인 모든 행위가 곧 파시즘이 되는 건 아니다. 그러므로 자본주의 체제 내의 모든 반민주적 (권력)현상을 곧 파시즘이라고 칭할 수는 없다. 또한 일상적 폭력을 배제하는 비파시즘적 극우(예컨대 자기 민족의 우월성을 믿고 자기 민족이 세상을 패권적으로 지배할 수 있다고 주장하지만, 일상적 폭력이라는 수단은 반대하는 경우)는 민주적 헌정체제 내에서 발생하는 정치문제로 이해할 수 있다. 이렇게 파시즘의 개념을 따져보는 건 파시즘이라는 이름으로 밑도 끝도 없이 혐오 딱지를 붙이는 정파적 행위를 차단하는 데 많은 도움이 될 것이다.

　나의 파시즘 정의에 어느 정도 동의한다면 파시즘이 보수와 다르다는 것은 쉽게 인정할 수 있을 것이다. 그럼 생각해보자. 누군가 극단적이고, 타협을 모르는 강경한 보수주의를 추구하면 그 때문에 파시스트가 될 수도 있을까? 불가능하다! 이는 극단적으로 인간의 길을 걷는다고 해서 그 때문에 원숭이가 될 수 없는 것과 마찬가지다. 적어도 이념논리적으로는 그렇다. 그러니 누군가 보수주의 이념에 심취한 나머지 아주 극단적인 파시스트가 됐다고 주장하면 그냥 이념논리적인 넌센스라고 보면 된다. 그는 자신의 성향에 따라 그냥 그렇게 됐을 뿐이다.

　한데 파시즘이 보수주의의 이념논리적 연장선상에 있지 않다고 해서 그 자체가 무논리인 것은 아니다. 정치 이데올로기로서 분명한 목표지향성을 가지고 있다. 그런데도 파시즘을 본질이 아닌 피상적·감성적으로만 느끼면 '민족적'으로 붉은색 옷을 입고 국가대표 축구팀을 응원하는 것만 봐도 파시즘으로 보여 무섭게 느낄 수도 있다. 실제로 박노자가 그렇게 느낀 인물이다.

제가 한국에 온 날이 6월10일이었습니다. 한-미전이 있는 날이었죠. 버스를 타고 세종로를 지나면서 응원하는 걸 보았는데… 솔직히 말씀 드려도 되는지 모르겠습니다만 1937년 뉘른베르크에서 열린 나치 대회를 연상했습니다. 다행히 여기서는 통제가 잘돼서 인명피해가 없었지만, 모스크바 같으면 사람들 많이 죽었을 겁니다. 집단적인 열기에 무섬증이 느껴졌습니다.[35]

어떤 인간이 특별한 일로 바나나를 너무 먹는다고 해서 원숭이가 될 걱정을 할 필요는 없지 않은가? '망치를 들고 있으면 세상의 모든 것이 다 때려 박고 싶은 못으로 보인다'니, 세상의 온갖 풍경을 자신의 분석틀에 맞춰 설명하고픈 평론가적 '강박증("본인의 의지와 무관하게 어떤 생각이나 충동, 장면이 침투적이고 반복적으로 떠오르는 강박사고를 경험"[36]하는 정신질환의 일종)'이 더 걱정스러울 지경이다. 박노자가 이렇게 감성적 호들갑을 떨었던 이유도 분명 있긴 할 것이다. 그러니 자라 같은 히틀러의 반유대인적 '민족'주의 폭력에 놀란 가슴, 그런 폭력에 수난을 겪으며 저항했던 '민족'공동체의 솥뚜껑 같은 흥겨운 유대감을 보고 놀란 것쯤으로 이해하고 넘어가자.

지금 파시즘과 대비해보고 있는 보수주의 역시 다양한 스펙트럼을 가진다. 보수주의는 파시즘처럼 '일상적 폭력'으로 패권적 지배의지를 실현하려는 건 아니지만 사회적 모순 해결에 소극적 경향이 있다는 점이 우선적 특징이다. 예컨대 보수주의자도 사회적 모순에 직면해 얼마든지 기부나 봉사활동 등을 열심히 할 수 있지만, 그 모순 해결의 가능성은 진보주의자에 비해 훨씬 낮게 본다고 할 수 있다. 즉 있는 사회적 모순을 바꾸려는 의지보다 삶의 전제로 받아들이는 경향이 더 크다는 의미다. 당연히 이런 개인적 성향 자체를 자폐적인 도덕적 우월감을 바탕으로 비난해서는 안 된다.

반면 진보주의자의 경우 무엇보다 사회적 모순에 대한 해결의지와 열망이 크다. 그 열망이 너무 크면 과격한 해결을 위해 혁명가가 되기도 하겠지만 일반적으로는 체제 내의 개혁 가능성을 믿게 된다. 보통 젊을 때 진보주의자가 나이가 들어 점차 보수주의자로 바뀌는 경향이 있다고들 하는데, 이는 사회의 모순 해결이 간단치 않다는 사실을 알아가기 때문일 수도 있겠고, 아니면 나이 들수록 뭔가 지켜야 할 게 많아지기 때문일 수도 있겠다. 어쨌든 자신을 진보주의자라고 생각하는 사람들은 사회적 약자를 옹호하는 경향과 그런 모순적 현실을 개선하려는 의지가 비교적 강하다고 느낄 것이다.

그럼 보수는 우파, 진보는 좌파라고 부르는 건 맞는 얘기인가? 대충은 맞지만 정확하게 맞는 얘긴 아니다. 주지하듯이 우선 좌파, 우파라는 용어는 프랑스혁명기 의사당 내 좌(친혁명 공화파, 급진 자코뱅파 등)우(반혁명 왕당파, 온건 지롱드파 등) 의석 점유 위치에서 비롯됐다. 현재는 일반적으로 좌파를 진보, 우파를 보수와 연결해 사용한다. 한데 역사의 흐름에 의해 좌파의 집권이 장기화하거나 공산혁명에 의해 좌파, 즉 진보세력이 영구집권하는 경우까지 발생하자 당연히 개념적 혼란이 발생할 수밖에 없다.

공산사회에서 뭔가를 지키고 싶은 세력은 누구일까? 뭉뚱그려 공산좌파일 수밖에 없다. 설령 우파라는 정치집단이 존재하지 않는다고 해도 마찬가지다. 좌파가 집권했다고 우파라고 부를 수는 없지 않은가? 그 경우 뭔가를 지켜야 하는 '공산좌파=보수'라는 관념이 등장할 수밖에 없다. 공산사회 아닌 우리나라도 과거 민주화운동시 '진보=좌파'로 불렸던 세력이 집권하자 '진보=좌파'와 기득권과의 관계가 어지럽게 돼, '좌익보수'라는 용어가 등장했었다. 이렇게 되면 보수는 특정한 이데올로기적 범주라기보다는 현 상황(어떤 이념적 정치상황이든)을 지키기 위한 '상황적 이데올로기'[37]로 이해할 수밖에 없다. 이런 관점에서 본다면 현실이 어떤 제도에 토대하든 불만이 강한 사회에서는 보수주의가 약해질 수밖에 없고, 만족이 높은 사회에서는 보수주의가 강해질 수밖에 없다. 우리나라에서도 이미 오래전 이런 개념적 혼란과 아이러니가 나타났는데, 황태연의 비판적 통찰을 들어보자.

집권세력〔노무현정권세력〕은 '투사'로서의 기득권과 투쟁정서에 젖어 줄곧 현재를 과거화한다. 영락없는 수구적 좌익 보수세력의 형상이다. (…) 좌익보수는 수구우익과 이념적 '획일주의'를 공유한다. 수구우익이 부당한 기득권과 구악까지도 감싸려든다면, 좌익보수는 심지어 정당한 기득권·인간·자연에도 '변혁의 칼'을 들이댄다. (…) 한국의 미래는 중도개혁세력과 중도보수세력이 양당 체제를 이루는 선진적 정치지

형의 창출에 달려 있다.[38]

황태연은 중도개혁세력과 중도보수세력의 양당 체제 주장을 위해 주로 이념적 정책과 관련해서 얘기한 것이지만, 이후 문재인정권을 거치면서 이른바 '운동권세력 = 진보 = 좌파'는 개인적 삶(사회적·물질적 이해관계)에 있어서까지 기득권화됐다. 이 때문에 현 시점 그들의 집권 여부와 상관없이 (형용모순처럼 들릴 수도 있겠지만) '좌익보수'라는 황태연의 정치적 개념규정을 이제는 대중도 충분히 이해할 수 있는 상황이 됐다.

정리하면 '보수 = 우파' '진보 = 좌파'라는 지칭은 역사적으로 경험한 자본주의 혁명기의 편의적 용법일 뿐, 공산주의 혁명기 이후 '좌파 = 보수' '우파 = 진보'가 등장한 상황까지를 모두 포괄할 수 있는 건 아니다. 게다가 공산주의 혁명기라는 특정 조건하에서는 '우파 = 자본주의·민주주의' '좌파 = 사회주의·공산주의'라는 대립관념이 성립할 수도 있었지만, 공산혁명이 실패로 끝난 역사적 조건하에서는 일반적으로 좌든 우든, 진보든 보수든, 모두 자본주의 체제 내에서의 정책적 대립관계에 불과하다. 따라서 이런 시대적 조건에 따라 상황적으로 판단할 수밖에 없는 편의적 용어들(예컨대 진보좌파, 보수좌파, 진보우파, 보수우파라는 용어 모두 개념적·상황적으로 사용 가능하다)을 특정 제도나 이념을 지칭하는 범주적 개념인 것처럼 집착할 필요는 없다. (이하에서 나도 이 용어들을 시대적 조건에 따른 편의적·상황적 개념으로 사용한다.) 이런 아이러니를 염두에 둘 때, '보수좌파'가 등장한 사회라면 그에 맞서는 '진보우파'가 세력으로 등장할 수도 있겠다. 그런 날을 기대한다.

이어서 나는 황태연이 '수구우익'이라 규정한 바로 그 세력과 그들을 둘러싸고 무슨 일이 벌어지고 있는지를 살펴보려 한다. 특별히 "부당한 기득권과 구악까지도 감싸려든다"고 비판받은 그들의 정치지향은 보수일까, 파시즘일까, 아니면 뒤섞여 엉망진창의 복마전이 전개되고 있는 것일까를 엄밀히 살펴볼 생각이다. 만약 뒤섞일 수 없는 정치지향의 세력들이 뒤섞여 있으면서도 서로 불편함을 못 느낀다면 도대체 무슨 까닭일까? 그들을 묶고 있는 핵심 키워드는 뭘까? 위에서 파시즘과 보수·우파를 개념적으로 상세히 구분해보려 했던 건 바로 이에 대한 답을 구하기 위해서였다.

2
파시즘과
보수·우파가 혼재하는
국민의힘 세력

앞에서 나는 파시즘을 "자본주의 체제에서 발생하는 국내외적 모순을 일상적 폭력을 통해 패권주의적·전체주의적으로 해결하고자 하는 반민주적 이데올로기"라고 정의했다. 나의 이 정의에 따르면 박정희 유신정권과 전두환정권은 우리나라 현대사에 나타난 분명한 파시즘 권력이다. 이미 많은 이들의 경험과 수없이 많은 자료로 뒷받침된 역사적 사실을 내가 내린 정의로 판단한 것뿐이다. 역사적 사실의 판단에 감정적 거부감을 느낄 이유는 없다. 모든 사회과학적 주장은 사실에 근거해야 하고, 그렇게 할 수밖에 없다. 싫든 좋든, 있는 사실을 의도를 가지고 애써 부정하거나 감정을 개입시켜 올바로 판단 못 하는 건 미래의 또 다른 사회적 퇴행을 부추기는 우매에 불과하다. 있는 것을 있는 그대로 보고, 말하고,

합리적 대책을 세우면 된다. 이런 전제하에서 말하건대, 나는 현 국힘 '세력'엔 파시즘·파시스트와 보수·우파가 혼재해 있다고 본다.

박정희와 전두환은 내가 이 책의 주제로 삼고 있는 국힘과 그 시원 始原인 민자당 전 시대의 인물이다. 그런데도 이 인물들 얘기를 할 수밖에 없다. 그건 그들이 여전히 국힘의 정체성에 영향을 미치고 있다고 생각하기 때문이다. 말하자면 1990년에 출범한 민자당이 전두환의 민정당 및 박정희의 민주공화당과 단절된 신당(나는 이 책에서 일관되게 그렇게 주장하고 있다)이라 해도, 그 구성원이나 지지자들이 이데올로기적 정체성에 동질감을 느낀다면 분석대상이 될 수밖에 없다. 미리 말하자면, 이 점에 있어서 전두환보다는 박정희에 대한 평가와 국힘에 대한 영향력을 분석하는 게 훨씬 까다롭다. 전두환은 등장부터 몰락까지 의심의 여지없는 파시스트였지만, 박정희의 경우는 식민지 파시스트, 공산주의자, 영남패권주의자, 유신독재 파시스트라는 극에서 극까지 이념을 무시한 행보를 보였던 데다, 후진국형 개발독재의 성공적 리더십을 보이기까지 했던 인물[39]이기 때문이다. 어쨌든 나는 이 책에서 박정희의 경우는 제한적으로, 전두환의 경우는 전면적으로 파시스트로 규정하며 기술할 것이다.

한데 누군가를 파시즘·파시스트로 규정함에 있어 상당히 까다로운 점은 그가 전면적인 파시스트일 수도 있지만, 그의 사고체계 일부에서만 파시즘이 작동할 수도 있기 때문이다. 즉 파시스트와 비파시스트로만 구분할 수 있는 게 아니라 파시즘적 사고와 비파시즘적 사고로 구분할 수도 있다는 점 때문에 어렵다. 지금 나는 사적 개인의 정신적 특성을 관찰하려는 것이 아니므로, 정치 이데올로기와 결부돼 나타나는 파시스트와 파시즘적 경향만을 주목할 생각이다. 여기서 나는 파시즘·파시스트를 구분하는 아주 단순하고 명쾌한 시금석을 사용한다. 그것은 '전두환과 5·18'이다. 5·18 광주학살을 자행한 전두환은 명백히 파시스트로 규정할 수 있고, 그 야만적 이데올로기를 지지하는 것은 (다른 부분에서 비파시즘적인 사고를 하더라도) 파시즘에 경도됐다고 할 수밖에 없으므로 의심의 여지없이 이런 시금석을 사용한다.

이제 본격적으로 물어보자. 국힘세력엔 정말 파시즘·파시스트와 보수·우파가 공존하고 있을까? 민정당⊂전두환 5공을 단절적으로 청산했다는 민자당을 승계한 국힘세력에? 분명히 있다. 국힘 안팎엔 시도 때도 없이 전두환을 옹호하고, 5·18에 대한 가짜뉴스를 퍼트리며 당당한 인물들과 세력이 있다. 앞으로도 언제 어디서든 그와 유사한 일이 발생할 수 있고, 또 그런 일이 반복된다 해도 놀랍지도 않을 것이다. 역겹지만 구체적으로 인용한다. 일단 언론보도를 그대로 인용한다.

한국당은 올해 2월 '5·18 북한군 개입설'을 주장해온 극우 논객 지만원씨를 국회로 불러들여 공청회를 열었다. 지씨는 2002년과 2009년 5·18을 폄훼하고 왜곡한 혐의(명예훼손 등)로 기소돼 형사처벌을 받은 전력이 있다. 2015년에는 근거도 없이 5·18에 참여한 시민들을 '광주에 나타난 북한군 특수부대'(광수)로 둔갑시켰다. 지씨는 2014년부터 매년 5월18일에 국립서울현충원에서 '광주 침투한 북한군 물리친 계

"지만원이 북한군 주장한 주검, DNA 검사했더니 어린아이"

5·18 피해자들, 국회 찾아 '망언 항의'

자유한국당 일부 의원의 5·18 광주민주화운동 '폄훼 망언'에 항의하러 국회 앞에서 농성 중인 5·18 피해자와 유족들이 13일 어느 5공 지도자의 자택으로 찾아나섰다. 이들은 이날 남 5·18 당시 피해 상황과 여후 고통을 감내하게 전달하면서 5·18 북한군 주장·개입 주장 등 역사 왜곡을 강하게 규탄했다. 이 밖에 모든 정당이 김진태·김순례·이종명 의원의 제명에 함께 나서달라고 촉구했다.

'어머니가 자식 주검 앞에 두고도 너무 훼손돼 몰라봐 할 뻔한 세월'이어야 지도자 만나 '그날' 증언

'5·18재단에 유공자 명단 기록 있다' 한국당 '가짜 검증' 괘변 반박도

■ '지만원이 주장한 5·18 북한군 주검, DNA 검사했더니 5살'

■ 우리 사회에서 파시즘·파시스트를 규정하는 데 명백한 시금석은 '전두환과 5·18'이다. 5·18에 대한 왜곡과 선동에 당당한 인물과 세력이 국회에 여전히 존재한다는 사실은 '전두환 5공 청산' 민자당의 승계정당으로서 그 정체성을 보다 분명히 해야 할 과제를 국힘에 부과한다. (위: 한겨레, 2019.2.14. / 아래: 경향신문, 2019.5.18.)

누가 '5·18'을 흔드는가

눈물 짓는 '오월 어머니' 5·18 광주민주화운동 39주년을 하루 앞둔 17일 광주 운정동 국립 5·18민주묘지를 찾은 유가족 이금순씨가 희생당한 아들의 묘비 앞에서 눈물을 흘리고 있다. 5·18 39주년 기념식은 유족·학생 등 5000여명이 참석, '오월 광주, 정의로운 대한민국'을 주제로 계획된다. 1관련기사 3면 / 광주 | 김창길 기자 cut@kyunghyang.com

커버스토리

'5월 광주'를 소환하는 정치

엄군 영웅 추모행사'를 개최하고 있다. 지씨는 국회 공청회에서도 "전두환은 영웅" "5·18은 북한군이 주도한 게릴라전" 등 기존 주장을 반복했다. 공청회를 주최한 김진태 의원은 영상을 통한 축사에서 "제일 존경하는 지만원 박사님"이라고 했다. 공동주최자인 이종명 의원은 "5·18 사태가 발생하고 나서 5·18 폭동이라고 했는데, 10~20년 후 민주화운동으로 변질됐다"라며 "다시 뒤집을 수 있을 때가 된 거 아니냐"고 말했다. 이어 "사실에 기초해서 첨단과학화된 장비로, 논리적으로 북한군이 개입한 폭동이라는 것을 밝혀내야 한다"고 했다. 이 의원은 같은 당 심재철·이주영·정우택·조경태·박대출·이완영·정종섭 의원을 거명하며 "저한테 굉장히 힘이 돼주고 있다"고 했다. 김순례 의원은 "우리가 방심한 사이 정권을 놓쳤다. 종북좌파들이 판을 치면서 5·18 유공자란 이상한 괴물집단을 만들어내 우리 세금을 축내고 있다"고 주장했다.[40]

나는 예전엔 무능, 부패, 성추문, 논문표절 등과는 달리, 이런 일은 주로 국힘에서만 일어나는 것이라고 생각했다. 한데 지난 대선 때 (뒤에 얘기할) '이재명의 전두환 발언'을 계기로 우려가 추가됐다. 앞으로 상황을 개선하지 않으면 더민당 쪽에서도 '득표' 목적의 파시스트적 발언이 횡행할 수도 있는 것으로 보인다.

어쨌든 왜 이런 준동은 주로 국힘(성향) 지지자들을 대놓고 겨냥하는 것일까? 도무지 이해할 수 없는 일이지만 억지 추론을 해보자. '(자신이 파시스트인지도 모르는) 파시스트들은 보수정당인 국힘을 지지(해야)하는데, 국힘 정체성의 원류라고 믿는 전두환·박정희 등은 옳아야 한다. 그리고 북한 공산주의자들은 악이다. 광주에서 일어난 5·18참사는 변명의 여지가 없다. 이 변명의 여지없는 참사를 변명하기 위해서는 악인 북한 소행이면 된다. 그러므로 5·18은 북한이 저지른 만행이고, 광주에 파병된 전두환 반란군은 영웅이다. 이것이 왜곡변명이 아닌 진실이 되려면 우선 스스로 무슨 일이 있어도 믿어야 한다. 그러니 죽을 때까지 그렇게 믿고 주장할 것이다.' 이런 환각상태인가? 모를 일이지만, 굳이 이와 유사한 정신상태를 연상하자면 나치 괴벨스의 반자전적 소설 속에 보이는 이런 망상밖에 없다. "예수 그리스도는 절대로 유대인이 아니다. 내 주장을 과학적으로 입증할 필요는 없다. 어쨌거나 그게 사실이다!"[41]

이런 일이 있을 때마다 한 가지 뒤따르는 의문은 이런 것이다. 이런 파시스트들의 준동이 있을 때, 다른 국힘 의원이나 당원들은 불편하지 않은 것일까? 말하자면 스스로 정상적인 보수라고 자부하는 국힘 소속 정치인들은 보수와 파시즘을 한 편이라고 생각해 이런 동료 파시스트들의 발언에 전혀 거부감이 없는가? 물론 거부감을 표시하는 동료 정치인들도 있지만, 이런 일이 일어날 수 있는 전체적인 분위기를 말하는 것이다. 이에 대해 한 가지 힌트를 준 인물이 있다. 국힘 원희룡이다.

앞에서 인용했지만 다시 상기하자면, 원희룡은 윤석열의 전두환 발언 논란 속에서 "(윤 후보가) 지금 특정 지역의 당원들의 표가 필요했는지는 모르겠지만 이런 갈등 상황들을 자극해 당장의 정치적인 이익을 추구하는 것은 이미 극복해야 할 구태정치다"라고 그 원인을 추측했다. 원희룡은 "김대중, 김영삼, 전두환 전직 대통령들에게 똑같이 황태, 북어를 가지고 가서 똑같이 세배만 하고 차 한 잔 얻어먹고 나온" 사실로 유명하므로, 누구보다 전두환 우호발언에 대한 은밀한 속사정을 잘 아는 전두환 우호발언 전문가라고 믿는다. 원희룡 발언의 핵심은 전두환 파시즘에 대한 영남의 우호적 편향이 있다는 강한 추측이다. 정말 그럴까? 있다면 얼마나 강하게 있는 것일까? 이 문제에 대해서는 다시 상술하기로 하고, 여기서는 원희룡 발언의 취지를 전제로 해서 말하겠다.

　나는 전두환·박정희의 파시즘이 영남에 어떤 특별한 기반도 없이 횡행했다면 현재 국힘 아니라 어떤 조직이나 세력도 보수와 파시즘이 뒤섞여 불편함조차 못 느끼는 사태는 없을 것이라 본다. 예컨대 영남파시스트 정치인이 하는 말에 영남인들이 뒤섞여 둔감한 반응을 보일 때, 어떤 정상적인 영남 보수정치인이 나서서 영남인들과 그 영남정치인을 비난·비판하려는 생각은 잘 들지 않을 것이다. 그리고 전국적 영향력을 구하는 정치인이라면 어차피 포기하는 지역의 비우호적 반응보다는 추가로 지지세를 결집할 수 있는 지역의 우호적 반응이 더 아쉬울 수도 있다. 한마디로 파시즘과 지역공동체의 결합은 파시즘의 개인적 이질감을 희석하고 악순환할 가능성을 크게 높인다고 생각한다.

　이에 덧붙여 나는 우리나라 파시즘을 악화시키고 있는 중요한 이유 중 하나가 양당제라는 생각도 한다. 물론 이 양당제는 대통령제 정부형태와 밀접한 관련이 있어서 따로 떼어내 말하기는 어렵지만, 어쨌든 파시즘을 경험한 나라에서 지역과 결부된 양당제는 문제를 끊임없이 악화시키는 원인이 될 수도 있다고 본다. 양당제 하에서는 나라의 중첩된 역사적 모순이 두 당으로 수용되어 둘로 나뉘는 게 전혀 이상하지 않다. 다른 당이 먼저 주장한 것을 그대로 따라갈 수도 없고, 그 주장에 필연적으로 뒤따르는 반대 유권자를 놓치는 걸 아까워하다 보면 그렇게 안 되는 게 오히려 이상하다. 우리나라는 상대적으로 짧은 근현대사 기간에 대사건들을 얼마나 많이 압축적으로 경험했는가? 그만큼 많은 모순들이 중첩적으로 쌓이고 쌓였다. 이 모든 모순들을 두 개의 줄로 꿰어 두 편으로만 갈려 싸우다 보면 딱 '주화입마走火入魔'에 걸리기 십상이다.

지금 문제의 핵심이 뭔가? 세상의 모든 대립적인 사안을 두 개의 줄로 꿰어 그중 자신이 선택한 한 줄에 해당하는 족보를 위해서만 싸우게 될 경우, '있는 것을 있는 그대로' 볼 수 있는 능력이 완전히 퇴화하고 만다는 점이다. 이렇게 되면 민주주의의 퇴행은 예정된 것이나 마찬가지다. 합리적 판단이 필요 없다. 내 줄에 꿰인 대상은 나쁜 것은 보이지도 않고, 보지도 말아야 한다. 심지어 전두환 파시즘도 두 개의 줄 중 어느 한쪽에 꿰어져 있다고 보는 것 같다. 그래서 전두환을 지키는 것이 자신들의 정치적 족보를 지키는 것이란 망상을 하며 싸우는 듯하다. 그렇게 자신들이 편드는 정파를 위해 무조건 우기고 이겨야 한다. 참과 거짓, 옳고 그름은 그들의 관심이 아니다. 아니, 정확히 말하면 자신들이 편드는 정파가 정의이므로, 그 수단인 말이 참이든 거짓이든, 옳든 그르든 관심 없다고 생각하는 사태로까지 나아간다. 이른바 '개소리' 천국이 펼쳐지는 것이다.

　이런 문제가 우리나라뿐만은 아니었는지, 프린스턴대학교 철학과 교수 해리 G. 프랭크퍼트는 『개소리에 대하여On Bullshit』란 책을 썼다. 이 흥미로운 책을 조금 정색하고 들여다볼 필요가 있다.[42] 사전적인 의미로 '개소리'는 "아무렇게나 지껄이는 조리 없고 당치 않은 말을 비속하게 이르는 말"인데, 이 책의 저자 해리 G. 프랭크퍼트는 '개소리'의 본질을 이렇게 규정한다.

　　그것은 바로 진리에 대한 관심에 연결되어 있지 않다는 것, 즉 사태의 진상이 실제로 어떠한지에 대한 무관심이다. 이것이 바로 내가 개소리의 본질이라고 보는 것이다.[43]

'진실/거짓'에 대한 무관심, 이것이 없어서는 안 될 개소리의 일차적 특징이다. 그럼 개소리의 관심은 뭘까?

　　정직한 사람의 눈과 거짓말쟁이의 눈은 사실을 향해 있지만, 개소리쟁이는 사실에 전혀 눈길을 주지 않는다. 자신이 하는 개소리를 들키지 않고 잘 헤쳐 나가는 데 있어 사실들이 그의 이익과 관계되지 않는 한, 그는 자신이 말하는 내용들이 현실을 올바르게 묘사하든 그렇지 않든 신경 쓰지 않는다. 그는 그저 자기 목적에 맞도록 그 소재들을 선택하거나 가공해낼 뿐이다.[44]

'사태의 진상에 무관심한 기만적 목적의 진영논리', 즉 사기꾼 식 개소리에만 탐닉할 경우 '정확성correctness'이 아닌 '진정성sincerity'[45]을 내세워 무조건 나(우리)만 잘났다고 이전투구할 수밖에 없다. 즉 '진실/거짓(정확성)이 어떠하든, 우리는 진정성이 있고 상대는 진정성이 없으니(우리는 사기꾼이 아니고 상대는 사기꾼이니), 우리는 선하고 상대는 악하다'는 맹목적이고 공허한 상호비방만이 세상을 지배할 것이라는 의미다. 하지만 인간의 본성상 '고정불변한 확정적 사기꾼/비사기꾼은 없다'는 근거에서, 프랭크퍼트는 이렇게 결론 내린다.

사실이 이런 한, 진정성 그 자체가 개소리다.[46]

정파적인 이전투구에 말려들고 있으면서 자신이 '진정성' 있는 정의 편에 서 있다고 스스로 확신하는 사태가 전사회적으로 확장되면 어떻게 될까? 이런 어지러운 사태 속에서 만약 진정성, 즉 개소리에 지나치게 심취할 경우 그 결과가 무엇일까? 프랭크퍼트에 따르면 이렇게 된다.

말하는 사람의 입맛에 맞는 것 외에는 어떤 것에도 신경을 쓰지 않고 마구 주장하는 개소리 행위에 과도하게 탐닉하다 보면, 사태의 진상에 주의를 기울이는 정상적 습관은 약화되거나 잃어버리게 된다.[47]

말인즉슨, 개소리가 지배하는 세상은 비정상 사회다. 이 비정상 사회 속 개소리쟁이들이 진정한 개소리쟁이들이라면 당연히 현재뿐만 아니라 미래의 '진실/거짓'에 대해서도 전혀 관심이 없을 것이다. 그들을 지배하는 신조는 오직 '아님 말고'다. 이 정신병리학적 현상을 어떻게 치유해야 할까? 그 과실이 언제까지나 달콤하다면 우리는 굳이 치유할 필요 없이 천년만년 개소리를 즐겨도 좋을 것이다. 하지만 과연 '진실/거짓'에 무관심한 정치·경제·사회·문화가 역사 속에서 가혹한 대가를 치르지 않을 방법이 있을까? 나는 (진영을 막론하고) 개소리와 개소리쟁이들이 유례없이 활개 치는 최근의 정치현실이 기막힐 뿐이다.

지금 얘기하는 국힘의 파시즘과 보수라는 주제와는 별개지만 정파적 '개소리'의 소소한(?) 예를 먼저 살펴보겠다. 더민당 김의겸이 폭로(?)한 윤석열, 한동훈, 김앤장 변호사들의 청담동 술자리 거짓말이다. 나는 김의겸이 거짓말 폭로를 했다는 사실보다 거짓말이란 게 들통난 뒤의 반응이 더 놀라웠다. 그는 "윤석열 대통령 등 관련된 분들에게 심심한 유감을 표한다"면서 "다시 그날로 되돌아간다 해도 저는 다시 같은 질문을 하지 않을 수 없다"고 말했다. 그러면서 "앞으로도 국민을 대신해 묻고 따지는 '의무와 책임'을 다하겠다"고 덧붙였다.[48] 김의겸 태도의 특징이 뭔가? 자신의 '가짜질문'이 애초부터 진실/거짓에 관심 없었다는 고백이자, '아님 말고'의 태도다. 한마디로 애초부터 '개소리'●였단 의미다.

● 하지만 『조선일보』가 케이스탯리서치에 의뢰해 실시한 신년 여론조사에 따르면, '윤석열

다시 국힘으로 돌아가, 더 심각하고 서글픈 '개소리' 예를 들여다보자. 국힘(당시 자유한국당) 당대표에까지 출마했던 김진태는 "5·18민주화운동 유공자 명단을 공개하라는 게 망언이냐"면서 "그 얘기밖에 한 게 없는데 왜 제명시키라고 이 난리냐"고 했다. 그러고는 "우리나라가 얼마나 좌편향돼 가고 있느냐. 이럴 때 확실한 보수 우파가 지키는 우파 정당 하나쯤 있어야 하지 않겠느냐. 그래야 균형이 맞는다"고 했다.[49]

김진태 주장대로 5·18 유공자 명단공개 주장은 할 수도 있다. 5·18 유공자인 더민당 설훈도 "국가유공자로 등록된 분들은 당당히 공개하는 게 맞다. 공개해야 한다. 이런 규정을 넣어 개인 신상과 충돌하지 않게끔 하는 장치를 할 필요가 있다"[50]고 말하기도 했다. 문제는 김진태의 경우 "그 얘기밖에 한 게 없는" 것이 아니다. 그는 파시스트 지만원을 "제일 존경하는 지만원 박사님"이라고 하는 사람이다. 그러면서 자신이 "확실한 보수 우파"임을 자랑스러워한다. 파시스트를 존경하는 확실한 보수우파라니?! 이런 인물이 당대표를 꿈꾸는 정당이라니?! 이런 인물의 입에서 명단공개 등의 이슈가 나올 때, 국민이 정상적인 입법자의 합리적 의견이라고 생각하겠는가, 아니면

대통령과 한동훈 장관이 김앤장 변호사 30명과 함께 서울 청담동에서 술자리를 했다는 주장'에 대해 민주당 지지자의 69.6%는 '사실일 것'이라고 했고, '거짓일 것'은 11.5%에 불과했다. 반대로 국민의힘 지지자는 77.9%가 '거짓일 것'이라고 했고, '사실일 것'은 13.9%였다(「'청담동 술자리 믿는 野지지자 70%' 기사에 댓글창도 두쪽 났다」, 인터넷 『조선일보』, 2023년 1월 5일). 사태가 이 지경이라면 김의겸 아닌 정치인 누구라도 '정파적 개소리'에 탐닉할 수밖에 없는 '개소리 천국'이 되는 게 아닐까?

정치선동의 수단쯤으로 들리겠는가? 나는 진실과 거짓을 제멋대로 섞은 '개소리'로 정파적 목적을 향해 돌격하는 김진태를 지배하는 신조가 '아님 말고'라고 확신한다.

나는 민주주의가 '진실/거짓'에 책임지는 환경에서부터 발전한다고 믿는다. '개소리'가 파시즘의 전유물은 아니지만, 특별히 강력한 역사적 전통이 있다. 그러므로 특별히 강력한 주의를 기울여야 한다. 대통령 윤석열 자신은 전두환을 옹호하는 파시즘세력과 그들 분위기에 말려들지 않을 자신이 있을까? 아니, 그 전에 윤석열은 국힘세력에 보수·우파와 파시즘·파시스트가 혼재돼 있다는 문제의식 자체가 있을까? 윤석열은 국방컨벤션센터에서 취임 후 첫 '원외 당협위원장 초청 오찬간담회'를 진행한 자리에서 이런 발언을 했다.

> "자유 민주주의에 공감하면 진보든 좌파든 협치하고 타협할 수 있지만, 북한을 따르는 주사파는 진보도 좌파도 아니다. 적대적 반국가 세력과는 협치가 불가능하다."[51]

주체사상('수령론'을 핵심으로 한다)은 우리 헌법체계 내에서 결코 받아들일 수 없다는 인식 표현으로 들린다. 뭐, 심각하게 말했지만, 대통령으로서 할 수 있는 통상적인 발언이다. 그럼 파시즘은 어떤가? 파시즘은 헌법체계 내에서 허용될 수 있는 것인가? 파시즘은 주체사상보다 덜 위험한가? 그래서 안이하게 생각하는가? 윤석열에게 바라건대, "주사파는 진보도 좌파도 아니다"는 엄격한 시선으로 '파시즘은 보수나 우파인지' 국힘과 주변 지지자들을 한번 살펴보기 바란다. 나는 그가 자유를 강조하는 것만큼 파시즘에 경각심을 갖기 바라고, 주체사상을 부정하는 것만큼 파시즘을 부정했으면 한다. 당연한 바람이지만 특별한 바람처럼 생각되는 건 그의 전두환(의 정치)에 대한 평가를 기억하고 있기 때문이다.

3

국민의힘, 파시즘과 보수·우파의 단절은 가능한가

2022년 대선 국힘후보 윤석열은 전두환 관련 발언으로 상당한 물의를 빚었다. 이런 내용이다.

윤 전 총장은 이날 부산 해운대갑 당원협의회를 방문해 "우리가 전두환 대통령이 군사 쿠데타와 5·18만 빼면, 잘못한 부분이 그런 부분이 있지만, 그야말로 정치를 잘했다고 말하는 분들이 많다"고 했다. 그는 "호남분들도 그런 얘기를 한다"며 "왜 그러냐면 (전문가에게) 맡긴 거다. 군에 있으면서 조직 관리를 해봤기 때문"이라고 했다.[52]

윤석열은 이 발언에 대해 (한심하게도 상당한 시간을 지체한 뒤) 사과를 하긴 했다. 한데 대선에 출마한 인물이 왜 이런 퇴행적 발언으로 물의를 자초했던 것일까? 혹 정치적 득실을 계산해 의도한 것일까? 윤석열은 여론의 뭇매를 맞으면서도 처음엔 자신의 발언 취지를 재차 강조했는데, '여론공방이 있겠지만 전두환 지지층(파시스트들)의 결집으로 이득을 볼 수 있다'고 확신하고 사전에 치밀하게 준비한 발언이었을까? 여러모로 궁금하긴 하다. 그 속셈이 무엇이었든 일단은 논리적 균형감각 없는 좌충우돌이었던 것만은 틀림없다. '악마가 나쁜 짓 빼면 훌륭한 초능력자' '마약이 중독성 빼면 좋은 의약품'이라는 따위와 다를 바 없는 상상적 요설이 정치논리적으로 무슨 의미가 있다고 소동을 벌였는지 이해하기 힘들었다. 이 소동은 많은 이들의 심기를 불편하게 한 채 지나가긴 했지만, 대한민국 이데올로기의 은밀한 속살을 관찰할 수 있었던 좋은 기회이긴 했다.

　그런 의미에서 윤석열 발언과 관련한 당시 여론을 살펴보자. 여론조사를 크게 신뢰하진 않지만, 다른 뾰족한 수도 없으니 참고한다. 다음의 표는 당시 한 여론조사 결과에서 주제와 관련된 부분을 발췌한 것이다. 우선 눈에 띄는 특징은 50대 이상, 영남지역, 농·임·어·축산업 종사, 중졸 이하 학력, 보수, 국힘·기타 정당 지지자층에서 윤석열 발언에 동의하는 비중이 비교적 높다는 점이다. 물론 전두환에 대한 직접 질문은 아니었다. 때론 여론조사란 게 어처구니없을 수도 있는데, 예컨대 '전두환이 5·18 광주학살을 잘했냐'고 묻는 것과 '전두환이 김대중을 죽이지 않았는데 잘했냐'고 묻는 것 모두 여론조사 질문일 수 있다는 게 그렇다. 이때 후자의 질문에 '전두환이 참 잘했다'는 대답이 압도적이라 한들 그 우호적 여론이 전두환 평가에 무슨 의

<표 14> 윤석열 후보 '전두환 발언' 동의 정도

문14. 선생님께서는 윤석열 후보가 '전두환 전 대통령이 12.12 군사쿠데타와 5.18을 빼면 정치는 잘했다고 말하는 분들이 많다'는 발언에 대해 어느 정도 동의하십니까?

BASE:전체	조사완료 사례수(명)	윤석열 후보 '전두환 발언' 동의 정도					종합 결과			가중값 적용 사례수(명)
		전적으로 동의한다	대체로 동의한다	별로 동의하지 않는다	전혀 동의하지 않는다	모름/무응답	동의한다	동의하지 않는다	모름/무응답	
전체	(1003)	9.3	17.8	22.1	46.9	3.8	27.2	69.0	3.8	(1000)
성별										
남성	(503)	12.4	19.4	21.0	44.6	2.6	31.8	65.6	2.6	(497)
여성	(500)	6.4	16.2	23.2	49.2	5.0	22.6	72.4	5.0	(503)
연령별										
18~29	(175)	2.9	15.0	32.2	41.4	8.5	17.8	73.6	8.5	(175)
30대	(149)	2.5	13.9	33.1	48.1	2.5	16.4	81.1	2.5	(151)
40대	(191)	3.6	10.4	18.1	66.8	1.1	14.0	84.9	1.1	(187)
50대	(193)	11.9	18.9	14.9	52.8	1.5	30.8	67.7	1.5	(194)
60대	(164)	19.7	23.5	13.9	37.8	5.2	43.2	51.6	5.2	(161)
70세 이상	(131)	17.5	28.2	22.5	27.2	4.5	45.7	49.8	4.5	(132)
지역별										
서울	(191)	9.5	19.4	27.1	40.3	3.6	28.9	67.4	3.6	(189)
인천/경기	(320)	7.9	18.0	21.0	51.3	1.8	25.8	72.3	1.8	(314)
대전/충청/세종	(104)	6.5	19.4	19.9	49.5	4.6	25.9	69.4	4.6	(108)
광주/전라	(98)	2.0	9.2	14.5	70.2	4.1	11.2	84.7	4.1	(98)
대구/경북	(97)	18.1	18.5	27.3	31.2	4.8	36.7	58.5	4.8	(97)
부산/울산/경남	(149)	14.3	19.7	20.3	40.6	5.1	34.0	60.9	5.1	(151)
강원/제주	(44)	5.8	17.4	25.6	41.9	9.3	23.3	67.4	9.3	(43)
직업별										
농/임/어업	(24)	25.7	28.6	17.1	20.7	7.9	54.3	37.9	7.9	(23)
자영업	(157)	13.5	18.4	21.5	45.4	1.3	31.9	66.9	1.3	(156)
블루칼라	(190)	10.4	15.7	15.6	55.1	3.2	26.1	70.7	3.2	(188)
화이트칼라	(281)	4.4	11.7	23.5	56.5	3.8	16.1	80.0	3.8	(279)
가정주부	(179)	11.7	25.3	20.8	39.7	2.5	37.0	60.5	2.5	(181)
학생	(71)	2.8	12.7	31.2	43.7	9.6	15.5	74.9	9.6	(73)
무직/기타	(101)	11.3	25.8	28.3	28.5	6.0	37.2	56.8	6.0	(100)
학력별										
중졸 이하	(92)	15.1	26.7	17.4	33.9	6.8	41.8	51.3	6.8	(95)
고졸	(259)	10.9	20.0	21.1	43.5	4.5	30.9	64.5	4.5	(258)
대재 이상	(643)	7.7	15.9	23.5	50.0	3.0	23.5	73.5	3.0	(639)
모름/무응답	(9)	22.7	.0	.0	65.9	11.4	22.7	65.9	11.4	(9)
이념성향										
진보	(316)	15.8	29.3	26.1	25.7	3.1	45.1	51.8	3.1	(317)
중도	(386)	6.8	15.5	21.4	51.8	4.3	22.4	73.3	4.3	(381)
보수	(241)	4.9	5.7	20.1	68.5	.8	10.5	88.6	.8	(242)
모름/무응답	(60)	8.4	21.6	13.0	40.7	16.3	30.0	53.7	16.3	(59)
국정운영평가										
긍정	(417)	2.4	7.0	15.4	72.7	2.4	9.4	88.2	2.4	(415)
부정	(544)	15.2	26.1	26.9	28.4	3.4	41.3	55.3	3.4	(543)
모름/무응답	(42)	2.4	17.2	26.2	30.8	23.5	19.6	57.0	23.5	(42)
지지정당별										
더불어민주당	(327)	1.5	6.2	12.7	77.8	1.8	7.7	90.5	1.8	(327)
국민의힘	(367)	20.4	28.9	25.0	20.7	5.0	49.3	45.7	5.0	(367)
정의당	(29)	4.5	18.9	18.3	58.5	.0	23.1	76.9	.0	(48)
열린민주당	(29)	3.5	20.1	45.4	31.0	.0	23.6	76.4	.0	(28)
기타정당	(33)	3.0	6.0	13.5	77.5	.0	9.0	91.0	.0	(13)
없다	(33)	15.9	39.7	15.9	28.6	.0	55.6	44.5	.0	(13)
모름/무응답	(185)	4.2	16.4	32.3	39.7	7.4	20.6	72.0	7.4	(185)

▲ 출처: MBC, ㈜코리아리서치인터내셔널, 『2021년 정치사회현안 여론조사[4차] 분석결과표』, 2021년 10월, 20쪽.
https://www.nesdc.go.kr/files/result/202212/FILE_202110250152286491.pdf.htm.

미가 있겠는가? 윤석열 발언 여론조사도 어쩔 수 없이 그런 식이었는데, '12·12와 5·18 빼면!'이라는 발언과 질문, 그리고 그에 대한 여론을 조사한다는 것 자체가 역사 능멸적이고 작위적일 뿐이다.

　어쨌든, 이 여론조사에서 그나마 내 관심을 끈 것은 자신을 '보수'

라고 생각하는 사람들이 윤석열 발언에 동의한 비율이 상당히 높다 (45.1%)는 점이었다. 심지어 국힘 지지자의 윤석열 발언 동의 비율은 더 높다(49.3%). 한데 이런 유의 여론조사에서 '파시스트'라는 이념성향을 따로 구분했다면 어떤 결과가 나올까? 파시스트와 보수를 구분해 조사한다 해도(현실적으로 우리나라에서 파시스트들이 자신을 보수와 구별해 파시스트라고 대답할 가능성은 극히 낮다), 파시스트 정당이 없는 상태(물론 대놓고 폭력지향 정당이라면 헌법상 설립·활동이 불가능할 것이다)이므로 어차피 그들은 국힘 지지로 포섭돼 동의할 것이다. 우리 정치가 늪에 빠져 있는 근원이다. 더 한심하게는 이념성향을 따로 구분한다 해도 자신을 파시스트가 아닌 보수라고 착각하면서 전두환과 국힘을 맹목적으로 지지할 가능성도 있다.

나는 우리나라에서 전두환파시즘을 파시즘으로 인식조차 못 하고, 게다가 여론조사기관 종사자는 파시즘을 마치 정상적인 이념인 양 그렇게 '보수'에 편입해서 태연히 여론으로 통용하고 있다는 사실이 매우 유감이고, 우려한다. 그나마 적잖게 다행인 건 영남의 윤석열 발언 동의율(대구·경북 36.7%, 부산·울산·경남 34.0%)이 호남(11.2%)에 비해서 상당히 높긴 하지만, 전체 비율로는 이념성향(보수 45.1% 대 진보 10.5%)에서 드러나는 차이보다는 더 낮다는 점이다. 그리고 전국적 차원에서 보더라도 그 성향 차이가 압도적이라고 느낄 정도는 아니다. 이에 대한 내 관점은 다시 후술하겠다.

정리하면 우리나라는 파시즘이라는 정치적 이념성향을 보수와 구분하지 않고, 영남(가계家系) 출신 파시스트 비중이 상대적으로 크다고 추측할 수 있지만, 파시스트는 당연히 전국적으로 폭넓게 산재해 있으며, 대체로 국힘 지지로 자신의 정치성향을 표출하는 것으로 보인다. 이렇게 되면 국힘은 아주 난감한 상황에 빠질 수밖에 없다. 즉 국힘 정치인들은 민주주의에 대한 신념이 확실하지 않으면, 한 표가 아쉬운 선거판에서 언제라도 이해득실 때문에 파시즘의 유혹에 빠질 수도 있다는 의미다. 파시스트의 분포가 지역적으로 영남과 겹치는 부분이 비교적 크다면 더욱 그렇다.

하지만 다행스럽게도, 당시 대선에 출마해 당내에서 경쟁하던 국힘 후보들 모두 윤석열의 발언을 격렬하게 비판했다. 이는 말하자면 국힘이 앞뒤 안 가리고 파시즘의 함정에 쉽게 빠지지는 않을 것이라는 청신호였다. 이런 상황은 윤석열 발언으로 얻은 일종의 역사적 전리품 같은 것이지만, 거기엔 전두환에게 큰절로 세배해 큰 물의를 빚었던 원희룡도 가세했으니 기이한 측면도 있다.

한데 정작 더 이해하기 힘든 논리적 사달은 더민당 대선 후보였던 이재명의 행각에서 벌어졌다. 이재명은 윤석열의 전두환 발언이 나온 후 그를 말과 행동으로 비판했다. 그랬던 이재명이 언제 그랬냐는 듯 시침 떼고 윤석렬 발언의 취지와 하등 다를 바 없는 이런 발언을 한다.

더불어민주당 이재명 대통령 후보는 주말인 11~12일 대구·경북(TK)을 찾아 전두환 전 대통령에 대해 "경제 성과가 있다"고 했다. 이 후보는 박정희 전 대통령을 사흘 연속 언급하며 "매우 눈에 띄는 정치인"이라고 평가했다. 앞서 이 후보는 광주에서 전 전 대통령 비석을 발로 밟고, '전두환이 정치는 잘했다'는 윤석열 국민의힘 대선 후보의 발언에 대해 "학살자 찬양은 결코 용서할 수 없다"고 했었다.[53]

윤석열 발언으로부터 불과 채 두 달도 안 지났으므로, 이재명의 뇌리에 전두환 발언의 심각성이 사라지진 않았을 것이다. 따라서 윤석열보다 더 계산된 발언이었을 가능성이 크다. '히틀러의 경제 성과가 있다'는 식의 발언으로 뭘 어쩌자는 것인가? 대체 왜 이런 발언의 유혹을 떨쳐버리지 못하는 것일까? 어려울 것 없다. 발언으로 잃는 표보다 얻는 표가 많다면 그런 발언쯤 얼마든지 할 것이다.

한데 그 표의 득실을 정확히 계산할 수 있을까? 유권자의 표가 지역적으로 연동돼 있다는 게 힌트가 될 수 있다. 예컨대 호남이 이재명의 전두환 관련 발언을 불쾌하게 생각해도 선택을 바꿀 수 없는 인질상태가 돼 있다면, 그리고 그 발언이 영남에서 호감을 얻을 수 있다면 호남에서의 실보다는 영남에서의 득이 많은 발언일 것이다. 윤석열도 마찬가지다. 어차피 호남에서 더 빠질 표도 거의 없는 상황에서 영남에서 추가로 상당한 표 결집을 기대할 수 있다면 여론의 소란과 상관없이 그런 퇴행적 발언이 나올 가능성은 충분히 있다.

애초엔 5·18로 극에 달했던 영남파시즘·영남패권주의가 정치를 지역으로 갈랐지만, 시간이 지나도 문제는 해결되지 않고 이젠 거꾸로 갈라진 지역이 순전히 이해득실 차원에서 전두환 옹호발언을 가능케 하는 아이러니를 낳고 있다. 물론 영남이든 어디든 파시즘이 아예 발을 못 붙이게만 할 수 있다면 얘기가 달라질 것이다. 하지만 현실은 아직 갈 길이 한참 멀다.

한데 파시즘을 극복할 수 있는 방법이 대체 뭘까? 나에게는 파시즘에 관한 생각을 할 때면 떠오르는 영화가 있다. 베른하르트 슐링크가쓴 『더 리더』 원작의 영화다. 나는 파시즘의 주된 발생원인이 '무지(문맹·저학력)'라고는 생각하지 않는다. 하지만 무지는 파시즘을 지지해 번성케 하는 요인일 수는 있다고 생각한다. 그리고 저학력이라고 해서 모두 무지하다고 볼 수는 없지만, 저학력이 무지의 주원인일수는 있다. 앞에 인용한 여론조사에서도, 중졸 이하 학력의 윤석열 발언 지지비율(41.8%)이 그 이상 학력 대상자보다 상대적으로 높다는점은 유감스러운 일이다. 다른 모든 세상사처럼 (반드시 학교에서가아니라도) 배움은 파시즘을 극복하는 데 중요하다고 본다. 이런 관점을 염두에 두고 『더 리더』[54] 찬찬히 읽어보자.

영화의 주인공 열다섯 살 소년 미하엘은 간염으로 길에서 심한 구토를 하다 서른여섯 살의 여인 한나에게 도움을 받는다. 이렇게 그들의 '불륜'이 시작된다. 이 '불륜'과 관련해 사족 같은 얘기지만, 대중들의 예술에 대한 파편적인 이해가 대중들 스스로 소란스러운 도덕적 자기 검열시대를 만들고 있는 건 아닌지 염려스러울 때가 있다. 베른하르트 슐링크는 "두 사람의 나이 차이를 언급하는 것은 오직 미국에서만 있는 현상이라며, 독일이나 프랑스 등 유럽의 독자들에게서는 한 번도 그와 같은 질문을 들은 적이 없다"[55]고 하소연하기도 했다. 그렇다면 그는 이 '불륜'이라는 은유를 통해 무슨 얘길 하고 싶었던 걸까?

일단 다시 돌아가면, 한나는 정사를 갖기 전마다 마치 의식처럼 미하엘에게 '책'을 읽어달라고 요구한다. 그러다 한나가 갑자기 사라진다. 법대생이 된 미하엘은 놀랍게도 법정에서 전범재판을 받는 한나를 보게 된다. 그 재판이 진행되는 도중, 미하엘은 기가 막힌 사실을 눈치챈다. 그녀는 글을 모르는 문맹이었다. 그녀는 재판에 유리한 그 부끄러운 사실을 끝내 밝히지 않고 무기징역을 선고받는다. 이후 법제사 연구학자가 된 미하엘은 지속해서 카세트테이프에 책을 녹음해 한나에게 전달한다. 한나는 거기에 녹음된 책을 빌려 글자를 해독하고, 여러 피해자가 쓴 책들까지 읽는다. 하지만 사면되던 날 새벽녘, 한나는 목을 매 자살한다.

베른하르트 슐링크는 "미하엘과 한나의 관계를 통해 자신이 진정으로 그리고 싶었던 것은 전쟁 이전 세대와 이후 세대 간의 관계와 세대 차이였다"며, "미하엘과 한나의 관계는 소위 '68세대'라고 불리는 신진 세대와 구세대 간의 관계에 대한 메타포"라고 직접 설명했다.[56] 그렇다면 이 '불륜'이야말로 핵심이다. 이 '불륜'은 '치유'되어야 한다. 어떻게?

미하엘과 한나의 '불륜'이 나치세대와 전후세대의 관계에 대한 은유라면, '문맹'은 인간의 야만(파시즘)에 대한 은유다. 선대先代는 죄를 지었어도 사랑할 수밖에 없지만 '성찰 없이 공공연하게' 사랑해서는 안 되는 관계다. 한나와 미하엘은, 아니 나치세대와 전후세대는 그렇게 함께 사랑하기 위해 '책'을 읽으며 '문맹'을 극복했다.

최근에도 독일 법원이 이름가르트 푸르히너라는 97세 여성에게 유죄(집행유예2년)를 선고했다는 보도[57]가 있었다. 그녀는 18세였던 1943년부터 1945년까지, 유대인과 폴란드인 6만 명 이상이 잔혹하게 살해당한 제노사이드(집단학살) 현장인 폴란드 그단스키 인근의 슈투트호프 수용소에서 나치 친위대 지휘관 비서 겸 타자수로 일했었다. 이것이 독일의 성찰이다. 독일의 이런 성찰이 옳다면 성찰 없는 일본은 '책'을 읽지 않고 정사만을 나누는 한나와 미하엘의 낯부끄러운 불륜일 뿐이다. '문맹＝야만'을 부끄러워하지 않는 전전戰前세대 한나, 그런 그녀를 맹목적으로 사랑하는 전후세대 미하엘, 그런 나라가 일본이라면 그 결과가 대체 무엇이겠는가?

미하엘은 학술회의 참석차 미국에 가는 길에 한나가 유대인 생존자에게 남긴 약간의 유산을 전하러 뉴욕에 간다. 그 유대인은 면죄의 의미를 부여하기 싫다며 그 돈 받는 걸 거부한다. 유대인 생존자는 독일인의 보잘것없는 성찰에 가없는 채찍을 가한 셈이다. 물론 그럴 수 있다. 채찍질 당한 미하엘은 어쩔 수 없이 그녀에게 이런 제안을 한다.

"글을 읽고 쓰는 법을 배우고 싶어 하는 문맹자들을 위해서 쓰면 어떨까요? 그 돈을 전달할 수 있는 비영리 재단이나 연맹 혹은 단체가 분명히 있을 겁니다." (…) "이와 관련된 유대인 단체도 있을까요?"[58]

유대인 문맹＝유대인 야만? 미하엘이 문맹퇴치를 위한 유대인 단체를 묻는 것은 의미심장하다. 과거사 피해자로서 오늘을 살아가는 유대인은 과연 현대사 앞에 죄를 짓고 있는 '문맹'이 없다고 자부할 수 있을까? 독일인이 과거사 피해자 유대인에게 묻는 현재의 뼈아픈 질문이다. 당연히 과거사에 당당한 유대인도 스스로 현대사를 한 번쯤 물러서 바라볼 필요는 있을 것이다. 유대인 생존자는 미하엘에게 한나의 이름으로 유대인 문맹퇴치 단체에 기부하는 데 동의한다. 문맹이 과거뿐만 아니라 현재의 문제이기도 하다면, 그들뿐만 아니라 우리 모두 이 현재의 '문맹' 앞에서 진지해져야 한다.

우선 '눈앞의 문맹'은 차치해놓고, '과거사의 문맹'에 대해 먼저 생각해보자. 나는 영남이 독일처럼 사고하기를 바란다. 왜 전두환과 자신의 지역을 묶어두려는가? 왜 전두환과 단절해 영남을 포함한 전국민이 함께 파시즘을 반대하기가 그렇게 힘든가? 여야를 불문하고, 왜 호남에서는 5·18의 의미를 강조하다, 영남에 가서는 전두환을 옹호하게 만드는가? 무슨 필연적 이유가 있는가? 왜 히틀러를 역사적·이데올로기적으로 단죄해 과거사의 힘든 고통에서 벗어난 독일에서 교훈을 찾지 못하는가? 왜 일본처럼 과거사 범죄행위를 영원히 옹호할 경우 역사적 범죄행위의 고통으로부터 영원히 벗어날 수 없음을 인식 못 하는가?

한편 호남엔 『더 리더』가 암시하는 눈앞의 문맹이 없을까? 유대인의 팔레스타인인에 대한 행위에서 보듯, 역사에 영원한 천사와 악마가 있을까? 왜 윤석열의 전두환 발언에는 그렇게 민감하게 반응하면서, 이재명의 전두환 발언에는 그렇게 둔감한가? 역사의 정의라는 기준이 그렇게 만드는 것인가, 아니면 현재의 정파적 이해관계가 그렇게 만드는 것인가? 국힘정권 타락에는 그토록 민감하면서 더민당정권 타락에는 그토록 둔감한 것이 '문맹' 아니면 뭐가 문맹일까? 5·18이 이 모든 현재의, 그리고 앞으로의 정파적 행위를 영원히 정당하게 만들 수 있는 면죄부라고 믿는가?

  앞에서 말했듯이, 나는 적어도 우리나라에서라면 어떤 개인의 파시즘 성향을 판별할 수 있는 단순명쾌하고 완전한 시금석이 있다고 생각한다. 그건 전두환에 대한 태도다. 자신이 전두환에 호감을 느낀다면, 그 호감의 정도만큼 정확히 그 정도의 파시스트라고 생각하면 된다. 자신은 전두환에 호감이 있지만 파시스트가 아니라고? 오리처럼 걷고, 오리처럼 꽥꽥거리면 그게 바로 오리다. 오리를 별천지의 별것이라고 생각할 이유 전혀 없다. 내가 우리나라의 파시즘·파시스트 존재에 대해 말하는 것이 괜히 불편하다면 이성적으로 냉정하게 사고할 필요가 있다. 전세계에 파시스트가 분포하는데 우리나라라고 왜 파시스트 세력이 없겠는가? 우리나라만 파시즘 청정구역으로 남을 특별한 이유라도 있는가? 심지어 우리나라는 역사시계로 볼 때 파시즘 체제에서 빠져나온 지 그다지 오래되지도 않았다.

  문제는 그 극복이다. 특별히 국힘은 눈앞의 이익에 파묻혀 파시즘의 유혹에 빠져서는 절대 안 된다. 정치인의 언행은 민심의 반영이기도 하지만 민심을 선도하기도 한다. 앞에서 인용한 여론조사에는 절망과 함께 희망도 있다. 전두환파시즘이 영남지역과 연결된 끈은 짐작만큼 압도적이진 않다. 그리고 윤석열 설화舌禍 과정에서 봤듯이, 많은 국민과 마찬가지로 국힘 정치인이라고 모두 파시즘에 무감각한 것만도 아니다. 나는 앞으로 우리 사회가 파시즘을 파시즘으로 규정하고 이념적으로 철저히 구분하는 나라가 됐으면 한다. 다시 한번 강조하지만, 전두환을 따르는 파시스트는 보수도 우파도 아니다. 파시즘과 보수·우파는 원숭이와 인간의 차이만큼이나 큰 차이가 있다. 보수·우파는 자유를 위해 파시즘·파시스트와 싸워야 한다!

제3장

더불어민주당,
민주화 역사의
왜곡과 독점

1

김영삼의 민정당 부정과 노무현의 새천년민주당 부정, 누구의 역사관이 옳은가

돌이켜보건대, 3당통합신당 민자당의 탄생은 당시는 물론 심지어 지금까지도 인식의 혼란을 야기하는 우리나라 민주화 역사의 결정적 키워드 중 하나다. 찬찬히 들여다볼수록 그 사태는 여태 우리 정치현실 속에서 '인지부조화'에 가까운 혼란의 근원이 아닌가 싶을 정도다. 확실한 건 이 사태를 보는 관점에 따라 우리 정치를 보는 관점도 180도 달라질 수 있다는 점이다. 그 어지러운 현상을 정리하면 이렇다.

우선 첫번째, 3당통합신당 당사자라고 할 수 있는 '민자당 승계정당(사실상 인적 주도세력들이 그동안 이름만 바꿔왔을 뿐이다) = 국힘'이 그 의미를 완벽하게 받아들이는 걸 주저하고 있다. 이 책에서 여러 번 강조했고 전두환 스스로도 참담하게 그렇게 말했지만, 민자당은 '민정당(∈전두환 5공'과의 단절적 시원성始原性이 그 핵심이다. 한데 끊임없이 그런 의미를 망각·부정하는 사태가 발생한다. (민자당 승계정당의 바로 그 주저하는 태도 때문이었다고 할 수도 있겠지만, 지금까지 나도 그런 입장이었다.) 예컨대 민자당의 기원을 끝없이 소급(심지어 전두환, 박정희, 이승만으로까지)하려는 정치적·이데올로기적 태도가 그것이다. 논리적으로 말한다면, 그런 태도는 박정희가 "기회 있을 때마다 5·16군사혁명이 4·19학생혁명의 연장이라고 강조"[59]한 것만큼이나 어이없는 정치적·이데올로기적인 망상에 불과하다. 앞에서 충분히 강조했으므로 더 언급할 필요는 없겠다.

두번째는 첫번째 사태와 유사한 측면이 있는데, 현 더민당도 자기 정당의 시원적 기원에 대해 국힘과 마찬가지의 혼란을 겪고 있다. 이 역시 '3당합당'에 대한 이데올로기적 인식의 혼란 때문에 발생하는 것이라고 봐야 한다. 더민당 입장에서는 정치적·이데올로기적으로 자기 정당의 기원을 유구한 역사를 자랑하는 1955년 신익희의 민주당에서 찾고 싶은데, 그 정통성을 이어받고 있던 김영삼의 통일민주당이 '3당합당'을 해버린 것이다. 그럼 '반영남패권주의(∈민주주의)'를 이념적 토대로 갈라섰던 김대중의 평화민주당이 신익희 민주당의 정통성을 잇는 정당으로 되는 것인가? 김대중과 더민당 스스로 그렇게 생각되기를 원한다.

하지만 나는 더민당이 자신의 역사적 기원을 작위적으로 거슬러 올라가 찾고 있다고 생각한다. 김대중의 평화민주당은 '반영남패권주의(∈민주주의)'라는 분명한 정치적 이념을 가지고 김영삼의 통일민주당과 갈라서 출범한 시원적 정당이고, 이후 (노무현의 열린우리당은 김영삼·김대중의 역사적 행적을 양비론적으로 부정하는 '민주대연합'이라는 이데올로기로 독립창당했던 정당이므로 제외하고) 더민당까지 모두 그 승계정당이라고 보는 게 타당하다. 문제는 3당합당에 반대해 김영삼을 추종하지 않고, 나중에 김대중의 평민당에 참여한 영남 정치 세력이다. 그들로서는 (자신들이 기를 쓰고 부정하던) 김대중의 평민당만이 자신들 이념적 계보의 정치적 뿌리일 수밖에 없다는 사실에 논리적 혼란, 심정적 거부감, 그리고 영남정치인으로서의 현실적 불이익을 느끼는 것이다.

이제 세번째 현상은 앞의 두 사태를 해결하는 방식 혹은 역사관에 관한 관점의 충돌이다. 인물 기준으로 말하자면, 첫번째 사태의 진원지엔 김영삼이 있었고, 두번째 사태의 나름 타개책은 노무현이 가지고 있었다. 그래서 이 문제와 관련한 두 사람의 대면과 결론을 이해하면 관련 사태를 모두 정리할 수 있음과 동시에 우리도 (마음을 정리하고) 정치적·이데올로기적으로 앞으로 나갈 수 있다. 실제로 두 사람은 이 문제를 가지고 대면했는가? 그랬다! 그것도 노무현은 자신의 정치생명을 걸고, 거의 '스토커' 수준으로 이 문제에 집착했고, (결론부터 말하자면) 완벽하게 실패했다. 그 경과를 살펴보면 더 참담하다. 이런 사태였다.

노무현은 3당합당 선언 직후부터 김영삼의 '차선책으로서의 민주주의적 의도'를 전면 부정했다. 그는 3당합당을 위한 임시전당대회 하루 전에 열린 '정통야당 민주당 사수 대의원단합대회'에 참석해,

"어제까지 5공청산과 민주화만이 정치안정의 유일한 길이라고 외치던 김 총재가 하루 아침에 이 논리를 바꿨다"면서 3당합당의 필요성이 "오직 있다면 떡고물 나눠먹기 뿐"이라고 주장했다.[60] 그의 관점에서 볼 때, 김영삼의 3당합당은 한마디로 '권력욕을 위한 야합배신'일 뿐이었다. 그리고 노무현은 '그의 관념적 당위와 도저히 맞지 않아 인정할 수 없는 이 현실적 사태'를 그의 관념적 당위와 일치시키기 위해, 즉 잘못된 현실을 되돌려 그의 관념적 당위와 일치시키기 위해 끝까지 노력했다. 과연 그의 인식과 노력은 타당했는가? 실현 불가능한 최선책으로 실현 가능한 차선책을 공격한 부작용은 무엇이었는가?

처음부터 3당합당을 '김영삼의 권력욕을 위한 야합배신'으로 생각한 노무현은 이후 집착에 가까우리만큼 오랫동안 '3당합당 철회 = 민주대연합 복원' 의지를 불태웠다. 그 이데올로기적 경과를 추적하는 건 보다 미시적으로 우리나라 '타협적 민주화'의 뒤안길을 추적하는 것과 같다. 노무현은 자신의 정계개편 구상을 대선 경선 출마 무렵인 2001년 9월 27일(『프레시안』 보도 2001년 10월 4일)에 최초로 표명[61]했다.

내가 민주당의 후보가 되면 국민들에게 정계재개편을 제안할 생각이다. 90년 3당 합당으로 민주 대 반민주의 여야구도가 호남 대 비호남의 지역구도로 확실하게 고착됐다. 이것을 다시 되돌려야 한다. 그러나 복원해야 한다고 해서 과거의 민주세력만 복원해서 되는 것은 아니고 민주세력과 개혁세력들을 모으고, 통합의 정치를 이뤄 나가야 한다고 결단하는 사람들이 함께 나와서 민주당이 중심이 되든, 또는 중심을 어떻게 새롭게 건설하든 말하자면 민주와 개혁의 통합 정당을 만들어 나가야 한다.[62]

그리고 2002년, 민주당 대선 경선을 앞둔 노무현은 이렇게 선언적으로 주장했다.

"민주당을 호남당으로 규정하고 호남당에 반대하는 지역주의에 근거한 반민주당세력이 한나라당입니다. 이걸 해체하고 새로운 판을 짜야 합니다. 90년 3당합당이 우리 정계를 망쳐버린 야합입니다. 이것을 파괴해야 합니다."[63]

노무현의 뜻대로 '정계재개편'이 이뤄지기 위해서는 '3당합당 파괴'를 해야만 한다. 그는 이 명제를 단순한 정치적 수사로 생각했을까, 아니면 실제 의지였을까? 참고로 이때는 3당합당이 일어난 지 무려 12년이 지난 후다. 노무현은 몽상이 아니라 실제 '3당합당 전으로 우리 정치를 복원'하려는 의지가 있었다는 걸 이후 집요하게 행동으로 보여준다.

노무현은 새천년민주당 대선 후보로 확정(2002년 4월 27일)되자마자(2002년 4월 30일) 김영삼을 찾아간다. 이미 예고한 상태였다. '신민주대연합'에 관한 언론의 관심이 집중된 가운데, 노무현은 김영삼

▲ 새천년민주당 대선 후보 노무현이 김영삼을 예방한 장면은 주로 현실적·정략적 표계산으로만 조명되었지만, 여기엔 3당 합당 전으로 우리 정치를 복원하려는 노무현의 '민주대연합'의 지도 깊숙이 자리하고 있었다. 이 집요한 몽상은 후에 적대적인 분당 사태로까지 이어졌다. (동아일보, 2002.5.1.)

에게서 받은 시계를 꺼내 보이며, "다 지나고 보니 제 생각만 맞는 것은 아닌 것 같고, 총재님 생각날 때마다 꺼내서 보고, 요새는 계속 차고 다닙니다"[64]라고 화기애애한 분위기를 띄운다. 노무현은 단독면담 때 무슨 얘기를 주고받았을까? 1시간 30분 동안의 독대 과정에서 오간 구체적인 대화 내용에 관한 질문에 대동한 전 특보 유종필은 엘

리어트의 시 「황무지」로 대답했다.

죽은 땅에서 라일락을 키워내고
추억과 소망을 섞었다.
봄비로 죽은 뿌리를 일깨웠다.[65]

"추억과 소망을 섞었다"고? 하지만 여론은, 특히 호남에서의 여론은 좋지 못했다. 가장 큰 이유는 노무현의 그런 행위가 정략적으로만 비추어졌기 때문이었을 것이다. '이미 12년 전 한나라당 쪽 사람이 된 김영삼에게 새천년민주당의 노무현은 무엇을 기대한다는 것일까'라는 의문이 들 때, 그 답은 '부산·경남 지역에 영향력을 행사하는 김영삼의 표'라고 할 수밖에 없었을 것이다. 물론 당연히 그런 현실적·세속적 의도도 노무현의 의중에 포함돼 있었을 것이다. 실제로 노무현은 (민주대연합을 명분으로) 김영삼에게 측근(한나라당 의원 박종웅)을 새천년민주당 부산시장 후보로 내세우자고 일종의 거래를 시도했다.

이런 사태를 나쁘게 평가하자면 정당의 구분을 넘나드는 지역주의적 난장판이었는데, 노무현은 "한나라당은 수절을 지켜야 할 만큼 정통성과 순수성이 있는 정당이 아니다"[66]고 쉽게 합리화했다. 말하자면 김영삼처럼 정통성을 갖춘 통일민주당에서 정통성 없는 한나라당으로 가는 건 '야합배신'이지만, (자신의 민주대연합 요구에 의해) 박종웅처럼 거꾸로 한나라당에서 나오는 건 상관없다는 얘기다. '민주대연합'은 정의이므로 탈당으로 회개하면 된다? 좋다. 그 신념이 관철되는지 계속 추적해보자.

어쨌든 노무현은 그렇게 나름의 당위적 이상과 현실적 정략을 뒤섞어가면서 대통령이라는 최고권력까지 손에 넣었다. 노무현은 대통령이 된 이후에도 '민주대연합'이라는 생각을 계속 가지고 있었을까? 놀랍게도, 그랬다. 대통령이 된 노무현은 앞에서 자세히 설명한 대로 2003년 기어이 열린우리당을 창당한다. 새천년민주당 후보로 대통령이 된 자신이 스스로 자신의 당을 부정한 것이다. 왜? '민주대연합'이 자신의 이상인데, 김대중의 새천년민주당은 1987년 분열한 원죄가 있는 당이며, '지역주의 부패 호남당'이라는 낙인이 찍혀 있다고 봤기 때문이다. 그의 오래된 생각이었다.

하지만 새천년민주당이 호남당이든 달나라당이든, 민주적 정통성·정당성 측면에서 역사적으로 무슨 잘못이 있었는가? 설령 '반독재 세력의 분열'이라는 정치적 비판은 할 수 있다고 해도, 그런 주장을 독선적으로 강변하는 건 헌법상 '정당설립의 자유'를 위협하는 영남패권주의 이데올로기에 불과하다. 그러거나 말거나, 노무현은 민주대연합이라는 자신의 관념적 이상을 현실화하기 위해 새천년민주당과 호남을 향해 '니들도 잘못했으니 법통을 단절해야 한다'는 양비론적 인식과 언행을 과시했다. 이는 영남패권주의·영남파시즘 피해자에 대한 전형적인 2차가해였다.

물론 새천년민주당만 부정한다고 자신의 이상이 실현되는 것은 아니었다. 반쪽짜리 이상 실현이었을 것이다. 하지만 당장 한나라당을 어떻게 할 수도 없는 노릇이고, 우선 자신의 소속정당인 새천년민주당을 상대로 망상적 이상 실현을 시도한 것이다. 다음은 노무현이 새천년민주당을 탈당해 열린우리당에 입당하기 직전에 했던 무책임한 발언이다.

> 저는 이와 같은 것이 보기에 따라 호남을 기반으로 했던 민주당만 먼저 분열되고 한나라당은 당당하게 저렇게 서 있으면 호남만 분열되고 오히려 고립되는 것 아니냐라는 불안을 많은 사람들이 가지겠지만 그러나 저는 그런 과정을 통해서 지역, 말하자면 증오와 분노를 부추기는 방식으로 자기 당의 결속을 유지해 왔던 그런 정치질서의 총체적 붕괴가 일어나리라고 생각한다.[67]

노무현이 꿈꿔왔던 망상대로 "그런 정치질서의 총체적 붕괴"가 댐 무너지듯 경천동지하며 일어났을까? 턱도 없는 소리였다. 그럼 억지 부리듯 또다시 인위적 작업을 시도할 수밖에 없었을 것이다. 노무현은 2004년이 되자 한나라당 출신 전 경남지사 김혁규의 총리지명 검토배경을 설명하면서 '민주대연합' 복원에 대한 자신의 오래된 이상을 다시 꺼내든다. 현실을 거슬러 올라가려는 노무현의 관념적 이상은 그렇게 집요하게 계속된다. 이에 대한 미디어 보도를 그대로 인용한다.

> 노 대통령은 이날 열린우리당 17대 국회의원 당선자와 전·현직 지도

부 등 190명을 청와대로 초청, 만찬을 함께 한 자리에서 "민주대연합은 90년 3당합당 당시 붕괴된 민주전선을 복원하기 위한 것"이라고 말했다. (…) 노 대통령이 "(민주대연합은) 지금 가능성이 없어졌지만 90년 3당 합당 정신을 파괴하고 할 수만 있다면 복원하는 것이 좋겠다. 그렇게 하는 것이 한나라당 민주계가 과거의 과오를 씻고 우리 정치를 정상적인 상태로 복원하는 도리라고 생각한다"고 말한 것이 이를 뒷받침하는 대목이다.[68]

노무현의 관념적 이상에 관한 많은 정보가 들어 있다. 다시 한번 강조하지만, 이때는 이제 '3당합당'으로부터 14년이 흐른 시기다. 노무현도 이제는 그 세월의 무게를 느낀 듯하다. 그는 "지금 가능성이 없어졌지만"이라고 말했다. 그렇지만 꿈까지 포기할 수는 없었는지, "90년 3당 합당 정신을 파괴하고 할 수만 있다면 복원하는 것이 좋겠다"고 소망했다. (한나라당의 반대에 부딪혀 결국 총리임명이 좌초됐지만) 박종웅에 이어 이번엔 김혁규가 그 씨앗이 될 수 있다고 생각했을까? "봄비로 죽은 뿌리를 일깨"우듯?

또한 위 인용문엔 "한나라당 민주계가 과오를 씻고 우리 정치를 정상적인 상태로 복원"해야 한다는 강력한 주장이 있다. 노무현이 보기에 한나라당 민주계는 과거의 잘못을 돌이켜 반민주적인 한나라당 민정계와의 싸움을 위해 당장이라도 '민주전선'을 회복해야만 하는 정의로운 사명이 있었다. 노무현의 시계는 대통령이 된 이후에도 여전히 1990년에 멈춰 있었던 것이다. 시계 얘기가 나온 김에 쓸데없는 농담을 덧붙이자면, 앞서 언급한 김영삼과의 만남에서 김영삼은 노무현에게 오직 그만이 해줄 수 있는 이런 '초딩 수준의 표현으로 단순하고도 중요한' 조언을 해줬다.

> **노무현** "(자신의 손목시계를 가리키며) 이 시계 기억나실 겁니다. (13년 전) 일본 도이 당수를 만나러 가셨을 때 제가 수행을 못했는데 다녀오시면서 제게 사다주신 겁니다. (…) 시계가 아주 정확합니다."
> **YS** "(흐뭇한 표정으로 시계를 바라보며) 시계는 정확해야지, 정확한 게 중요한 겁니다."[69]

노무현은 자신의 시계가 정확하게 가고 있다고만 생각했지, 1990년에 멈춰 빙빙 돌고 있다는 사실은 몰랐을 것이다. 그렇게 1990년에 멈춰 있던 노무현의 시계가 뒤늦게, 하지만 이번에는 제멋대로, 작동하기 시작한 것일까? 2005년에, 노무현은 뜬금없이 한나라당과의 '대연정'을 제안한다. 그제야 그는 '민주대연합＝3당합당 정신 파괴와 민주전선 복원'의 관념적 이상을 포기했을까? 그런 듯하다. 그 꿈을 포기했느냐의 여부는 그가 한나라당의 존재를 인정하느냐에 달려 있다. (나는 법리적으로 불가하다고 보지만, 현행 헌법을 토대로 내각제식으로 운영하는) 대연정을 하기 위해서는 노무현은 우선 한나라당의 존재, 즉 민주적 정통성·정당성을 인정해야만 했다. 그는 이렇게 말했다.

"〔한나라〕당의 역사성과 정통성에 대한 인식의 차이는 대타협의 결단으로 극복하자는 것입니다."[70]

2006년, 다시 시간이 흘러 이제 다음 대통령선거를 위한 후보들의 경쟁이 시작되고 있을 때, 노무현은 아예 한나라당의 지위를 격상시켜 민주주의 역사 속에 최종적으로 이렇게 자리매김해줬다.

"정치가 제대로 된다면 〔지역주의 부패정당이라며 새천년민주당과의 법통을 끊고 새로 창당한 '열린우리당'과 자신이 정의롭다는 명분으로 삼던 투쟁대상 '한나라당'의 –필자 주〕 양대산맥이 계속 유지돼 가야 한다."[71]

그렇다면 노무현은 그동안(무려 15년간이다!) 그 대소동을 일으켜오며 도대체 무슨 일을 해왔단 말인가? 이쯤 되면 누구라도 기진하고 허탈한 심정으로 과거를 회고할 수밖에 없다. 노무현은 3당합당을 '권력욕을 위한 야합배신'이라고 그렇게 김영삼을 비난했지만, 김영삼은 3당합당을 통해 '전두환 5공과의 단절적 민주화'에 결정적으로 기여했다.

노무현은 멀쩡한 김대중의 정계은퇴를 그렇게 집요하게 요구해 호남의 억장을 무너지게 하더니, 자신이 부정한 김대중의 새정치국민회의에 입당해 호남의 절대적인 지지로 대통령이 된다. 그러고도 기어이 '지역주의 부패정당'이라며 새천년민주당 해산 시도와 열린우리당 창당을 하는데, 이는 나중에 문재인이 대신 사과●한다. 대통령이 된 이후에도 이른바 '민주대연합'이라는 관념적 이상에 빠져 과거를 되돌리려고 시도하고, 세속적으로는 영남지원에 따른 영남지지"[72]를 간절하게 원했다. 그러고도 머릿속엔 그런 '영남패권주의적 행태'를 '자신의 이상 = 지역주의 타파 = 민주대연합'에 도움이 되는 수단이라고 계속 합리화●●했다.

그러다 대통령 임기가 다해갈 무렵, 노무현은 뜬금없이 한나라당과의 대연정을 제안하며, 스스로도 이해 못 할 혼란에 빠진다. 그런 후엔 그렇게 호남을 비하(노무현 논리에 따르면, 그동안 호남은 지역주의 부패정당인 새천년민주당과 그 당의 대통령 후보였던 노무현 자신을 그렇게 열심히 일방적으로 지지했던 셈이다)하고, 정치적 에너지를 낭비하며 억지로 창당한 열린우리당과 "수절을 지켜야 할 만큼 정통성과 순수성이 있는 정당이 아니다"며 대놓고 부정했던 '3당합당'의 승계정당인 한나라당이 '양대산맥'으로 계속 유지돼 가야 이 나라 정치가

● 문재인은 "제가 관여했던 일은 아니지만 그 일(민주당과 열린우리당의 분당)이 참여정부의 큰 과오였다고 생각합니다. 호남에 상처를 안겨주고 참여정부의 개혁역량을 크게 떨어뜨렸습니다. 지금도 그 상처가 우리 속에 남아있다는 것을 느낍니다. 제가 사과드리겠습니다"라고 대한민국이 아닌 '호남'에 대신 사과했다. 「"참여정부 과오 사과"…호남에 고개 숙인 문재인」, 『오마이뉴스』, 2012년 9월 27(최종 업데이트 28)일.

●● 노무현정부 홍보수석비서관을 지낸 조기숙은 "노무현 대통령은 영남의 지역주의를 깨기 위해 영남 인재에게 많은 기회를 준 것이 사실이다. 인사 문제로 내가 TV토론을 나갈 때에도 그런 사실 자체를 부인하지는 말라고 당부한 적이 있다. 다만 그 목적이 영남지역주의를 깨기 위한 것이니 호남 유권자들도 이해해줄 것으로 생각했던 것이다"라고 증언한 바 있다. 「안철수 캠프, '친노 왕따·호남 왕따' 방어자 돼야」, 『오마이뉴스』, 2012년 10월 8일.

제대로 되는 것이라고 확언했다. 노무현은 결과적으로 나라의 정치를 자신의 관념적 놀이터로 만들고, 정치인으로서의 자기 정체성을 파렴치하게 스스로 부정해버렸다.

다행히 노무현의 '퇴행적!' 소망은 이루어지지 않았다. 열린우리당은 우여곡절 끝에 정치적·이데올로기적으로 소멸했다. 아이러니한 결과만 놓고 말한다면, 노무현의 정치는 김대중의 평민당을 승계하는 새천년민주당의 민주적 정통성·정당성을 부정하고, 3당합당의 산물인 민자당을 승계하는 한나라당의 민주적 정통성·정당성을 인정하기 위한 정치였다! 물론 나도 이제 와서 민자당 승계정당의 정통성·정당성을 인정해야 한다고 주장하고 있으니, 노무현의 한나라당 인정에 대해선 비난할 계제는 아니다.

하지만 노무현에겐 여전히 씻을 수 없는 역사적 잘못이 있다. 노무현의 새천년민주당 부정이다. 즉 노무현은 '민주대연합'이라는 관념적 이상에 빠져 줄기차게 '양비론'을 주창하다가, 호남과 새천년민주당 '만!' 부정하는 영남패권주의적 행태로 끝난 것이다. 내가 노무현을 역사적으로 '양비론 영남패권주의자'라고 규정하는 이유다. 노무현은 자신을 대통령으로 당선시켜준 '반영남패권주의∈민주주의' 이념의 김대중 새천년민주당이 아니라 (자신이 여든 야든, 어디에 서 있었든) 영남파시즘의 전두환 민정당을 부정했어야 했다. 김영삼이 한 일이 바로 그것이었다.

정리하면, 김영삼은 노무현으로부터 3당합당의 필요성이 "오직 있다면 떡고물 나눠먹기 뿐"(= '민주화의 야합배신자')이라고 비난받았지만, 3당합당을 할 때 이미 자신의 '민주화 완결' 계획이 있었다고 봐야 한다. 그가 대통령 취임 11일 만에 범죄조직 하나회 척결을 시작해, 석 달 만에 장군 18명을 숙청[73]해버린 강단을 보면 그렇다. IMF 구제금융 사태를 초래한 원죄 때문에 어쩔 수 없이 그에 대한 평가가 야박할 수밖에 없지만, 적어도 그가 이 땅의 민주주의를 위해 달성한 업적은 후하게 평가해도 좋다고 믿는다. 만약 김영삼의 3당합당이 없었다면, 민정당이 타도되기는커녕 우리는 지금도 민정당의 존재와 위세, 그리고 이데올로기적 의미 때문에 괴로워하고 있을지도 모른다. 김영삼 없이 우리나라 '타협적 민주화'의 성공을 얘기하는 건 불가능하다.

반면 노무현은 (결국 엉망진창의 혼란에 빠졌지만) 거의 끝까지 3당합당이 잘못됐다고 믿었다. 그래서 그것을 복원하는 것이 올곧은 자신의 정치적·역사적 사명이라고 믿었다. 노무현은 김영삼을 찾아가 "민주세력 통합과 동서화합의 원칙을 말씀드렸고 김전 대통령은 '그래야지'라며 동의했다"[74]고 전했었다. '원칙에 대한 동의'가 김영삼 자신의 잘못을 인정한다는 동의였을까? 민주대연합을 상징적 수준에서 감행하더라도 김대중과 김영삼이 참여하는 정계개편 수준이어야 하는데, 김영삼으로서는 (민주대연합의 논리를 이해했다면) 노무현에게서 마치 자신의 잘못을 인정하는 고해성사를 하라는 느낌을 받았으리라 본다. 김대중이라고 이데올로기적으로 무사했을까? 노무현의 민주대연합이 옳다면 김대중의 반영패 명분의 분열(평민당)도 문제될 수밖에 없다. 실제로 노무현은 김대중의 새천년민주당을 열린우리당으로 부정했다. 어쨌든 김영삼은 3당합당을 하고 12년이나 지난 그때, 자신이 대통령으로서 이룬 '단절적 5공청산 민주화 성과'를 하찮게 만들고, 자신의 과거 행적을 욕보이는 그런 요청을 받는다는 사실에 생각할수록 무척 허망했을 것이다. 김영삼은 노무현의 '민주대연합' 요청을 거부했다.

우리는 내일을 위해 지난 1987년~1997년 사이의 '타협적 민주화' 과정의 뒤안길을 반드시 냉정하게 살펴봐야 한다. 그런 의미에서 노무현이든 독자든 한이 남으면 안 되니, 끝까지 한번 상상해보자. 역사를 되돌려 어떻게든 노무현의 이상대로 고군분투해 민주대연합 복원을 마침내 이루어냈다 치자. 그것으로 상황 끝인가? 아니다. 그럼 자연스레 '남은 민자당 세력 = 민정당 잔당'이 등장할 수밖에 없다. 즉 노무현이 민주대연합을 복원시켰다는 말은 아이러니하지만 동시에 민정당도 복원시켰다는 의미다. 그렇게 되면 그 복원된 민정당, 즉 그 복원된 민정당을 지지하는 (예컨대 대구·경북지역) 세력이 간단히 물러났을까? 만약 그들을 쉽게 제압할 수 없다면, 다시 '전두환과 함께 복원된 민정당'이라는 괴물은 누가, 언제, 어떻게 청산해야 한단 말인가?

1987년에도 불가능했던 일인데, 그리고 김영삼이 온갖 비난을 받으며 1990년에 '3당통합신당 = 민자당'으로 간신히 타협적으로 해결했던 일인데, 2005년 이후에 노무현의 뜻대로 옛 '민주/반민주' 전선을 무슨 문화재나 되는 것처럼 원상복구해 다시 싸워 이겼어야 한다고? 그렇게 김영삼·김대중에 의해 서로 나쁜 길로 갈라졌지만, 마침내 노무현에 의해 올바로 복원된 착한 민주대연합당이 동시에 함께 복원된 나쁜 전두환 민정당을 새삼스레 소멸시키고, 민주적 정통성·정당성에 문제없는 다른 이념의 정당(들)을 정립해 대한민국의 정상적인 복수정당제를 완성한다는 자폐적 몽상이 그렇게 쉽게 제멋대로 가능하단 말인가? 그 역사를 이미 겪고도 그렇다고?

만약 그게 불가능하다면, 노무현의 정통성·정당성을 갖춘 복원 민주대연합당 성취는 곧 정통성·정당성 없는 복원 민정당과의 '양대 산맥' 체제를 다시 복원시키는 것과 같다. 그리고 이는 김영삼에 의한 차선의 역사 진전을 오히려 다시 최악으로 퇴행시키는 것이다. 그렇게 되면 우리는 복원 민정당의 민주적 정통성·정당성 부재 문제가 영구화된 '적대적 공생 체제'의 영구화를 지켜보게 됐을 것이다. 그럼 이제 노무현이 아닌 우리가 대답해보자. 이런 사태가 상상돼도 여전히 김영삼의 '3당합당에 의한 민정당 청산＝타협적 민주화'라는 역사 진전이 그저 아쉽고, 원망스럽고, 비난만 하고 싶은 '신성한 민주화 역사의 굴욕적 궤도이탈'로만 생각되는가?

김영삼과 노무현의 역사적 행위를 가르는 치명적으로 중요한 차이가 뭘까? 김영삼은 김대중과 각자의 지역적 지지기반 위에서 치열하게 경쟁했지만 김대중의 정치적 정체성을 부정하진 않았다. 대신 김영삼은 역사적 정통성·정당성이 없는 전두환의 반민주적 민정당을 역사적으로 부정하며 자신이 계획한 정치적 목표(민주화 완결)를 이뤘다.

반면 노무현은 역사적 정통성·정당성에 아무 문제없는, 심지어 자신을 어렵게 대통령으로까지 만들어준 김대중의 새천년민주당을 위선적으로 부정했다.* 그리고 자신이 품었던 이데올로기적 자가당착, 즉 '양비론 영남패권주의'를 성취했다. 한마디로 김영삼은 비난을 받으면서 옳은 일을 했지만, 노무현은 상찬을 받으면서 옳지 않은 일을 했다.

역사 결과적으로, 김영삼의 3당통합신당행을 거절했던 영남비주류 정치인들의 자기정당화 생존전략인 양비론은 결국 새천년민주당의 부정으로 '만!' 이어졌으며, 이 위선적인 양비론당인 노무현의 열린우리당은 마침내 '양비론 영남패권주의'라는 자가당착 본색을 드러내고 파탄했다. 그럼에도 불구하고 여태껏 '타협적 민주화'의 마무리에 기여한 김영삼의 3당통합신당 민자당 정립의지는 역사적 폄훼를 당하는 반면 영남패권주의·영남파시즘 역사의 진실을 오염시킨 노무현의 열린우리당 이데올로기는 여전히 정의의 겉모습으로 사람들을 유혹하며 유령처럼 배회하고 있다. 감성이 지배하는 세상에서 이성으로는 받아들이기 힘든 김영삼과 노무현의 운명이다. 이 오염된 진실의 이데올로기적 가스라이팅(= '김영삼은 민주화의 야합배신자이고, 노무현은 반지역주의∈민주주의의 수호자이다')에서 벗어나, 민주화 역

• 호남은 노무현의 새천년민주당 해산 시도와 김대중정부의 대북송금 특검으로 상당한 불만이 있는 듯했지만, 노무현정부에 대한 일종의 권리행사처럼 열린우리당을 지지했다. 하지만 노무현의 한나라당과의 대연정 제안 이후 급격하게 지지율이 낮아졌고, 열린우리당 몰락의 계기가 됐다. 김대중은 뒤늦게 2006년이 돼서야 "그것(분당)에 여당의 비극이 있다고 생각한다"(「DJ "여당의 비극은 分黨서 비롯…국민 뜻 저버려"」, 인터넷『경향신문』, 2006년 10월 9일)고 발언했다. 그리고 (전술했듯이) 2012년 문재인은 이 사태에 대해 대한민국이 아닌 '호남'에 노무현 대신 사과했다.

사의 정당성을 왜곡·독점하려는 노문파세력의 발호를 제압해야 한다. 이는 이럴 수도 있고 저럴 수도 있는 정치의 문제가 아니라 반드시 그렇게 해야만 하는 정의의 문제다. 불공평한 인간사를 심판하는 공평한 역사의 전복을 바란다.

2

더불어민주당 '운동권'의 '행방불명된 이념'과 민주화 논공행상의 독선적 독점

더민당 안팎에 포진해 정치 '제도권' 기득세력이 된 이른바 '운동권'의 정체성은 뭘까? 과거 전두환 독재시절, 헌법적 민주주의를 원했던 저항세력? 사회주의·공산주의 혁명을 원했던 혁명가집단? 과거엔 사회주의·공산주의 혁명을 원했지만, 이젠 자본주의적 민주주의를 원하는 전향세력? 과거에 무슨 이념을 지향했든 정치이념은 그때그때 다른 장식으로만 생각하는 출세주의자? 그것도 아니라면 공직자의 과거·현재 이념을 국민이 알고자 하는 것을 극혐하는 신비주의자? 다른 경우의 수가 또 있는가? 그럴 리는 없겠지만, 혹시 그때나 지금이나 열렬한 사회주의·공산주의자로서 전략적으로 자신의 이념을 감추고 사는 진정한 사회주의·공산주의 혁명가? 도대체 뭘까?

나는 왜 수십 년도 더 지난 옛일인 그것이 알고 싶은가? 사실 지금 껏 나를 포함해 보통 국민들은 그것을 별로 알고 싶어 하지 않았다. 그저 그들은 주로 대학생(출신) 신분으로 우리나라 민주화를 위해 돌 멩이와 화염병을 들고 앞장서 싸웠고 많은 희생을 당했던 민주투사 였다고 기억하는 것으로 충분했다. 학술자료 수집 목적이 아니라면, 그들의 이념이 무엇이었든 민주화에 기여한 건 틀림없는 사실인데, 굳이 그들의 과거 이념을 꼬치꼬치 확인해 '민주화와 운동권 이념의 상관관계' 자료를 어디에 쓰겠는가? 근데 이제 수십 년도 더 지난 그 옛일을 확인해 쓸 일이 생겼다. 우리 국민은 이제 굳이, 아니 반드시 그들의 이념을 확인해야 한다. 이 문제는 이제 옛일이 아니라 현재의 문제가 됐기 때문이다.

과거 운동권의 이념문제가 왜 현재의 문제가 됐는가? 그들 과거 운 동권이 제도권 정치 기득세력이 돼, 오직 자신들만이 민주화에 기여 했고, 따라서 민주화의 역사적 정의를 독점할 자격이 있는 것처럼 역 사와 정의를 왜곡하기 때문이다. 빙산의 일각이지만, 예컨대 문재인 정권 청와대 비서실장(1989년 전 전대협 의장) 임종석은 자유한국당 (현 국힘) 의원 전희경이 국정감사에서 트럼프 방한과 관련 전대협 출 신 청와대 비서진들의 이름을 열거하며 반미(주사파) 이념적 성향을 의심하자, 이런 태도를 보였다.

이전까지 차분하게 답변했던 임 실장은 이례적으로 발끈했다. 군은 표 정의 임 실장은 "5공, 6공 때 정치군인이 광주를 짓밟고 민주주의를 유린할 때 의원님이 어떻게 살았는지는 모른다"면서 "지금 언급한 대부분의 사람들이 인생을 걸고 삶을 걸고 민주주의를 위해 노력했는데 의원님께서 그렇게 말할 정도로 부끄럽게 살지 않았다"고 받아쳤다.[75]

참고로 전희경은 (나무위키 기준) 1975년 10월생이다. 임종석이 '그때(광주학살 때) 너는 뭘 했냐'고 면박을 주기에는 만4살밖에 안 된 너무 어린 나이다. '그때 너는 뭘 했냐'는 호통이 권력자의 오염된 이력을 따지려고 나온 소리가 아니라, 권력에 취해 세월 흐르는 걸 까마득히 잊고 사는 운동권 정치인이 자신의 권력을 지키기 위해 모두에게 휘두르는 습관적 만능 치트키가 돼버린 것이다. 게다가 "6공 때 정치군인"? 지금도 6공인데? 그럼 전대협 의장 때나 대통령 비서실장 때나, 1989년 전대협 의장으로서 1987년 6공헌법 이념과는 다른 혁명적 민주주의 이데올로기를 신봉하기 때문에 6·10항쟁으로 얻어낸 6공헌법 체제를 인정 못 한단 얘기인가?

뭐, "6공 때 정치군인"이라는 말은 '노태우정권'에 대한 전대협의 투쟁 추억 때문에 습관적으로 나온 말이라고 치자. 어쨌든 '그때 너는 뭘 했냐'고 국민 모두에게 따지고 싶다면, 합법적 선거투쟁으로 직선제 6공헌법을 쟁취한 국민도 그들에게 '민주화의 정체'에 대해 진지하게 따질 수밖에 없다. '그때 너는 무슨 생각이었나? 혼자서 안 부끄럽거나 말거나, 그때 너의 인생을 건 민주주의는 우리 헌법의 민주주의와 같은 민주주의였나?' 이렇게 되면 5공청산을 위한 당시의 이념문제는 사소한 문제가 아니다. 선조가 원균을 굳이 일등공신으로 만들려고 온갖 억지를 부린 게 맞는지 안 맞는지 따져야 하는 것만큼이나 중요한 역사적 문제다.

한 가지 더, 이 문제를 군이 따지게 만든 건 국민이 아니라 그들 운동권이란 사실부터 분명히 해야겠다. 만약 국민이 먼저 나서서 이런 문제를 따졌다면 여태 그들 운동권의 정체성이 뭔지 궁금할 일도 없을 것이다. 그들 운동권도 '이제는 그때 생각(!)을 말할 수 있다'고 성찰해야 했지만 그렇게 하지 않았다. 그들이 먼저 시작한 논공행상의 왜곡과 독점이므로, 잘못된 계산서를 바로잡기 위해 어쩔 수 없이 철저히 따져볼 수밖에 없다.

나는 여기서 내 나름으로 운동권의 계보를 추적해가며 그들의 이념적 실체를 확인하려는 게 아니다. 옛 '운동권'의 이념자료, 즉 이념적 실체는 국가적 차원(민주화운동기념사업회)에서 이미 공식적으로 상당히 잘 수집·정리·보존하고 있어*, 각 개인이 애쓰지 않더라도 편리하게 참고할 수 있다. 여기서 내 관심은 그 당시의 이념적 실체가 갖는 현시대의 정치적 의미다. 이를 위해 우선 내 개인적인 나름의 이해를 바탕으로, 당시 우리나라 민주화 혹은 혁명운동사를 알기 쉽게 정리해보겠다.

우리나라 민주화운동은 5·18이 분수령이었으며, 그 전후로 크게 나눌 수 있다. 왜 5·18이 분수령이 됐는지는 후술하겠다. 5·18을 포

---

* 민주화운동기념사업회 사료관은 민주화운동기념사업회법 제6조 제2호 "민주화운동의 역사를 정리하기 위한 사료의 수집, 보존, 전산화, 관리, 전시, 홍보, 조사 및 연구"에 근거하여 한국 민주화운동 사료를 수집, 정리, 보존하고 있다. https://archives.kdemo.or.kr/main.

함한 그 이전의 운동은 대체로 민주헌법 실현을 목표로 하는 저항적 민주화운동이었다. 이런 방식의 대규모 시위로는 1980년 5월 15일 직선제 개헌을 위한 서울역 앞 시위가 마지막이었다. 5·18 이후, 정계에서 추방당한 재야 제도권은 1984년 김영삼·김대중 중심으로 민추협을 결성해 1985년 2월 총선으로 균열을 낸다. 국민에 의한 이 '제도권' 균열이 사회적으로 '운동권'의 활동영역을 더 확대하고, 우리나라 민주화의 물꼬를 튼 결정적 계기였다. 한데 전두환의 5·18 광주학살을 경험한 이후엔 운동권의 목표와 방식이 이미 다른 차원으로 바뀌고 있었다. 그 변화된 운동의 존재감을 알린 대중적 사건이 1985년 5월의 서울 미문화원 점거농성 사건이다. 이후엔 사회주의·공산주의 혁명을 목표로 하는 직업혁명가 수준의 조직이 적극적으로 활동하기도 한다. 운동권은 종국적으로 '반미민족운동을 우선하는 북한 주체사상파(이하 주사파) = 속칭 NL^National Liberation(민족해방)계열'과 '계급운동을 우선하는 마르크스·레닌주의 = 속칭 PD^People's Democracy(민중민주)계열'로 고착화하지만, 대체로 NL계열이 주도세력이 된다.● 1987년 대선을 앞두고는, 제도권·운동권과 함께 일반 국

───────────────

● 운동권의 이념적 실체에 관한 단적인 자료만 인용한다. NL계열 강철(김영환)은 "주체사상을 중심으로 조직적 단결을 이루는 것만이 기존의 우리의 잘못을 극복하고 종파주의를 비롯한 제반 편향을 물리칠 수 있는 유일한 길인 것이다"(강철, 「노동자 조직 건설과 운영의 4가지 원칙」, 『강철 시리즈』(https://archives.kdemo.or.kr/isad/view/00106708), 1986, (이미지)14쪽)라면서 주체사상을 보급하기 시작했고, PD계열 제헌의회파는 "신민당으로 대변되는 리버럴 비지(부르주아)는 개헌에 정치적 승부를 건다. (…) 혁명적 피티(프롤레타리아)에 의해 지도되는 민중은 "개헌"이 아니라 "재(제)헌"을 요구한다"(미상(제헌의회파), 「혁명운동의 기

민이 대대적으로 합세해 6·10항쟁을 시작했고, 대통령직선제 개헌 등을 수용하는 노태우의 6·29선언을 쟁취한다. 이후 그간의 민주화 염원을 제도권 중심으로 타협해 개헌안을 만들고 국민이 추인하는 과정을 거친다. 간단하게 정리하면 그랬다.

여기서 한 가지 의문, 그런데 국민은 그들 운동권이 무슨 이념으로 무장해 운동하는지 관심이 없었을까? 우선은 상세하게 몰랐을 수도 있고, 설령 조금 안다고 해도 그들의 이념보다는 대학생(출신)이라는 신분을 우선 고려해 크게 염려하지 않았을 수도 있다. 물론 (크게 부풀려) 염려했던 인사들도 있었지만, 일반 국민의 관점에서는 그들 학생 운동권이 좌경화됐다 한들, 그 이념을 실현하는 건 사실상 불가능하다고 생각해 그만큼 국민적 염려도 작지 않았나 추측한다. 즉 운동권 학생들의 이념 때문에 사회주의·공산주의 혁명이 일어날 것을 걱정하기보다는, 인생과 목숨을 걸고 '민주화운동'에 도움을 주고 있다는 우호적 관념이 더 강했을 것으로 추측한다. 한마디로 국민이 운동권

수를 제헌의회소집으로」(https://archives.kdemo.or.kr/isad/view/00200542), 1986, (이미지)3~4쪽)며 프롤레타리아혁명을 추구했다. 내 개인적 시각으로는 옛 운동권은 정권 차원이 아니라도 여전히 사회 곳곳에서 상당한 기득세력을 형성하고 있는 것으로 보이는데(물론 종종 시대착오적 현상이 보도되곤 하지만, 그들이 모두 현재도 과거 운동권이념으로 활동하는 것으로 생각한다는 의미는 아니다), 문재인정권에 포진했던 운동권세력에 관하여는 「NL(민족해방)계 출신 요직 장악 PD(민중민주)계 출신이 보완」, 인터넷『신동아』, 2017년 12월 3일에 정리돼 있다. 이와 별개로 자본주의 비판이론으로서의 마르크스주의가 공산사회 건설이론으로서의 주체사상으로 전환할 수밖에 없는 논리필연적 이유에 대하여는 김욱, 『주체사상을 통한 마르크스적 자유와 평등실현의 법리와 문제점』 박사학위논문, 연세대학교 대학원, 1994를 참조 바란다.

이데올로기를 심각하게 느꼈다면 아무리 전두환이 눈앞에 있어도 운동권을 사회주의·공산주의 혁명을 위한 직업혁명가가 아닌 '이웃집 학생'처럼 인식하진 않았을 것이다.

사실 운동권이 아무리 이데올로기를 앞세워 우리나라가 (미국)식민지반봉건사회·신(미국)식민지국가독점자본주의이고, 종속경제라며 체제를 이념에 짜맞춰 강조해도 이미 대한민국은 공산주의 체제 북한과 전쟁까지 겪었고, 시대는 해방 직후의 사회구조를 넘어선 지 오래였다. 1980년대 당시엔 그렇게 ('고전'적으로) 생각해볼 약간의 여지가 있었을지도 모르지만, 이제 와선 그 시각의 옳고 그름을 굳이 반론하며 다툴 필요도 없는 상황이 됐다. 2023년의 한국경제 속에서 살아가는 누구라도 당시 문건을 찾아 시간여행을 해보면 안다. 열정에 가득찬 운동권의 경제분석과 미래예측이란 것이 '한국경제가 이러이러한데 어떻게 혁명해야 할까'라는 분석이라기보다는 '혁명을 해야 하므로 한국 사회구성체는 반드시 이래야 한다'고 확신하는 '혁명적 관념론'이라는 생각밖에 들지 않을 것이다. 오죽했겠는가?

그럼 이제 분명한 사실부터 확인·정리해보자. 결국 민주화는 어떻게 이루어졌는가? 운동권의 사회주의·공산주의 혁명이 아닌, 제도권 정치인들의 주도적 타협으로 자본주의적 민주주의를 정상화하는 개헌과 국민의 선거참여로 이루어졌다. 즉 민주화는 계급혁명이나 (소비에트식) 제헌의회는커녕 '직선제로 독재타도' 구호에도 미치지 못하는 반민주기득세력과의 길고 지루한 타협과정을 통해, 심지어 '우리가 뭔가를 하기는 했는데 그게 정말 5공청산(민주화)이었나'라고 의심하는 지경 속에서 이루어졌다.

그렇다면 우리의 현 관심사인 아주 난해한 역사적 질문만 남았다. 이후 운동권 이념은 어떻게 됐는가? 이념 중심의 논리로만 말한다면 운동권은 '당연히' 자신들의 이념을 관철·실현하기 위해 부르주아 민주 체제의 정권을 상대로 계속 일관되게 투쟁하거나, 아니면 이념 실패를 인정하고 그나마 부르주아 민주화에 도움을 준 것에 만족하며 각자 자신들의 인생을 살아야 한다. 한데 두 가지 길 모두 아니었다. 그들 중 많은 수는 기존 정치제도권 안팎으로 흩어져 정치적 삶을 모색하고, 심지어 집권세력까지 됐다. 물론 (운동권의 사회주의·공산주의 혁명을 지지했던 국민이 있다면 달리 말하겠지만) 운동권이 부르주아 민주화 이후에, 제도권의 길을 걸었다고 해서 그 자체를 잘못이라고 할 순 없다. 하지만 이 경우 당연히 물을 수밖에 없지 않은가? 제도권에 들어온 그들 운동권의 이념은 대체 어디로 갔는가? 대한민국 국민 아무도 모른다. 행방불명됐다!

이념이 행방불명이라고 할 수밖에 없는 이유는 대통령비서진이나 국민의 대표인 국회의원, 심지어 북한과의 관계를 다룰 장관직을 수행하면서도 그들 운동권은 예전에 확신에 가득찼던 이념의 소재를 묻는 것을 혐오하며 필요한 대답을 회피하기 때문이다. 임종석 사례에서 보듯, 자신들이 몸담았던 조직(예컨대 전대협)의 지도이념을 상세히 밝히기도 싫고, 심지어 추궁하지도 말라는 태도다. 통일부장관 후보자로서 국회 인사청문회에 임한 전대협(1987년 8월 19일 출범) 초대 의장이었던 이인영은 "그 당시에도 주체사상 신봉자는 아니었

'사상전향' 묻자 발끈한 이인영 "태의원, 남쪽 민주주의 이해 떨어져"

(미래통합당 태영호)

통일부 장관 청문회 색깔론 공방
"아직도 주체사상 신봉하나" 질문에
총·운동권때도 지금도 아니다"

"이승만 정부 괴뢰정권인가" 묻자
"김구가 國父 돼야야" 답하기도

"특사로 평양 방문 추진 안할 것"
북핵문제 導돌부 직접개입 의지

▲ 운동권 출신 인사들이 이를테면 '과거 전두환 시대에 사회주의·공산주의 이념에 경도된 혁명운동을 한 적이 있지만, 민주화 이후엔 NL이니 PD니 하는 이념이 이젠 모두 부질없는 일이 됐다. 지금은 우리 헌법이념에 충실하다'는 정도의 해명도 해줄 수 없다면, 거기엔 '민주화 논공행상'이란 문제가 도사리고 있기 때문 아닐까. (동아일보, 2020.7.24.)

고 지금도 아니다"[76]고 했다. 하지만 '민주화운동기념사업회 사료관 오픈아카이브'에는 '저자 이인영'으로 돼 있는 다음과 같은 내용의 문건이 버젓이 수집·정리돼 있다.

역량에 대한 평가의 문제는 곧 '혁명의 주체'에 대한 바른 관점을 전제로 하지 않으면 안 된다. 혁명의 주체는 "수령-당-대중"의 삼위일체된 힘이다.[77]

'수령(!)'과의 삼위일체된 힘에 의한 혁명? 이인영은 이 '전대협 문건'에 대해 "제가 작성한 거 아닌 것으로 기억"한다면서, "제가 읽은 내용일 수는 있습니다만 이 생각을 동의한다 이렇게 말씀드릴 수는 없습니다"라고 어이없는 답변을 했다.[78] 전대협 의장이 누군가 작성해준 '결정적 핵심에 동의할 수 없는 선전·선동문'이나 읽어대는 허수아비였단 말인가? 만약 어떤 대통령이 자신이 직접 작성한 연설문이 아니(고, 최순실이든 비서진이든 외부 누군가든 대신 작성해준 것이)라면서, 동의하지도 않는 내용을 읽기만 했다고 고백한다면 그게 나라인가? 이인영의 태도로 유추해보면, 전대협이라는 조직이 이후로도 어떤 이데올로기에 의해, 어떤 식으로 이끌려 나갔는지 충분히 짐작하고도 남는 일일 것이다. 세상이 다 아는 그들 '계급혁명 운동권의 반헌법이념적 민주화투쟁' 공로를 입증하기 위해 이제 와 시시콜콜 다른 문건이 또 필요할까? 물론 겉보기엔 신앙생활에 열심이던 목사나 승려도 나중에 '사실 자신은 신심이 없었다'고 고백할 수 있으니, 그 신비한 자신만의 마음상태를 누가 알겠는가? 그럼 다음 문답에 숨어 있는 수수께끼 같은 진실이 뭘까 한번 상상해보자.

　　[이인영 / 통일부 장관 후보자] 전대협 의장인 제가 매일 아침에 김일성 사진을 놓고 거기에서 충성맹세를 하고 주체사상을 신봉했다, 그런 기억이 전혀 없습니다.
　　[태영호 / 미래통합당 의원] 그건 북한이 조작한 가짜뉴스다 이거죠?
　　[이인영 / 통일부 장관 후보자] 과장된 이야기다 이렇게 봅니다.[79]

　치매가 아닌 제정신 가진 대한민국 국민이라면 자신의 일생 중에 "김일성 사진을 놓고 거기에서 충성맹세를 하고 주체사상을 신봉"했냐, 안 했냐의 문제를 가지고 "기억"이 나고 안 나고 하는 식으로 대답할 사람이 또 있을까? "가짜뉴스"도 아니고 "과장된 이야기"라고?
그는, 운동권은 대체 뭣 때문에 자신(들)의 과거 삶을, 심지어 죽음까지 지배했던 이념(의 변화)에 그렇게 당당하지 못한 걸까? 물론 경우에 따라서는 운동권의 과거 이념문제는 별일 아닐 수도 있다. 예컨대이제는 제도권 정치인이 된 그들이 이런 정도의 말을 한다면 그렇다. '과거 전두환 시대에 사회주의·공산주의 이념에 경도된 혁명운동을한 적이 있지만, 민주화 이후엔 NL이니 PD니 하는 이념이 이젠 모두부질없는 과거 일이 됐다. 지금은 우리 헌법이념에 충실하다.' 사죄도아니고 이런 정도의 해명은 국민에게 해줄 수 있는 것 아닌가? 나를포함해 많은 국민도 그런 해명을 충분히 이해할 수 있을 것이다. 심지어 나는 그 해명에 다음처럼 친절한 옹호논리를 덧붙여줄 수도 있다.

　세상 모든 일엔 원인이 있다. 운동권이 이념적으로 사회주의·공산주의에 경도됐다면 당시 사회적 환경에 그럴 만한 원인이 있었을 것이다. 그런 이념적 경향이 왜 5·18을 기점으로 나타나게 됐을까? 생각해보라. 전두환은 광주에서 양민을 학살하고 무자비한 영남파시즘정권을 세웠는데, 그에 저항하는 세력이 종교조직처럼 "오른뺨을 치거든 왼뺨마저 돌려 대"[80]듯이 (이미 무용지물이 된) 합법·선거·평화투쟁을 하자고 조직을 설득할 수는 없지 않은가? 미국이 우리나라의민주화에 무슨 큰 관심이 있는 것도 아니란 사실이 드러났을 때 세상천지 누구에게, 무엇을 기대할 수 있었겠는가? 민주화 이후 세대라면믿기 힘들겠지만, 김일성정권보다 전두환정권이 더 무자비하게 보일정도의 시대였다. 말하자면 운동권이 전두환 시대에 그런 이념을 갖게 됐다고 해서 화들짝 놀랄 기이한 일도 아니었다. 그런 시대를 건너온 오늘날, 밑도 끝도 없이 모든 시대적 상황을 삭제하고 당시 운동권의 이념만을 끄집어내 '왜 그런 좌익혁명 이념을 가졌었냐'고 따져 묻는다면 파시스트 전두환이 저승에서 웃을 일이다.

한데 문제는 민주화 이후다. 정치인은 국민 삶을 위한 이상·이념·정책 실현에 종사하는 사람이다. 그 신념을 명확히 하면 할수록 좋다. 더군다나 과거의 일이고, 심지어 민주화에 기여했던 운동권 시절의 이념이다. 나는 자신의 신념을 명확히 표명하지 않는 운동권 정치인 태도의 이면에는 나름의 곤란한 이유가 있다고 생각한다. 세상 모든 일엔 원인이 있을 수밖에 없으니, 그 이유도 있을 것이다. 나는 운동권이 자신의 과거 이념을 명확히 하지 않는 가장 큰 이유는 그것이 단순히 지난 과거 문제로 그치지 않고, 현재의 정치적 지위와 역사적 평가, 즉 민주화 논공행상論功行賞과 관련 있다고 본다.

나는 이 책에서 우리나라 민주화가 오랜 시간이 걸린 '타협적 민주화'였음을 계속 강조했다. 그리고 그 내용은 모두가 잘 알고 있듯이 우리나라의 일관된 민주주의 헌법이념을 정상화한 민주화였다. 당연히 그 주역은 일반 국민이었고, 그 수단은 합법적 투표행위였다. 즉 민주화를 하느냐 마느냐, 어떻게 하느냐의 모든 열쇠는 전적으로 '운동권'이 아닌 '제도권과 그들을 뒷받침하는 국민'이 쥐고 있었다. 따라서 민주화에 논공행상해야 할 주역이 있다면 그건 다름 아닌 '전체로서의 국민'이다. 운동권은 민주화의 길을 여는 데 도움을 준 건 사실이지만, 엄격히 말해 그렇게 이뤄진 '민주화의 실체적 내용'과 관련해서 '운동권이념'은 무슨 역할을 했기는커녕 적대적 동상이몽이 전부였다.

군이 이런 기억까지 끄집어내 상기하는 게 불편하지만, 역사 속에서 부르주아혁명이든 프롤레타리아혁명이든 혁명 주도세력과 다른 이념을 가진 주변세력은 숙청되거나 쓸쓸히 역사의 뒤안길로 사라졌다. 그것이 혁명의 자연스러운 순리다. 한데 우리나라 운동권은 제도권과 국민이 쟁취한 민주화의 실체적 내용과 관련해 볼 땐 무슨 역할을 했기는커녕 사실상 딴 세력이었음에도 불구하고, 국민의 이해 속에 (특히 노무현 탄핵소추 이후 총선에서) 대대적으로 제도권에 들어왔다. 그러더니 숟가락을 얹는 정도가 아니라, 심지어 장기간의 집권경험까지 한 뒤, 이젠 정치적 기득세력이 됐다. 역사적으로 희귀한 아이러니다.

역사적 아이러니는 거기서 그치지 않았다. 내가 이 책에서 진지하게 문제제기해야 할 만큼 심각한 일이 있다. 그건 민주화 역사의 정의를 독점하려는 사태다. 그리고 그런 관념에서 파생되어 나오는 안하무인 태도다. 단순히 그들이 정치 제도권 일자리를 장악하고, 제도권 정치인으로서 익숙한 타락을 보인 정도라면 그러려니 할 수도 있다. 동서고금을 막론하고 흔히 볼 수 있는 풍경이니 그렇다. (앞에서 구체적으로 언급했듯이) 내가 주목하는 가장 심각한 사태는 자신들이 무슨 왕후장상이나 되는 것처럼 공동체 규범보다 우위에 서려는 야비한 태도다. 보통 사람의 경우 무슨 비리나 잘못이 발각된 경우에 사죄가 먼저고, 그 다음이 변명일 것이다. 하지만 운동권(지지세력)의 태도는 보통 사람과는 다르다. 자신들의 규범위반에 당당하다. 심지어는 규범을 위반했다 한들 그게 무슨 대수냐는 식이다. 전두환 독재와 싸우는데 불법 화염병 투척이 무슨 대수냐는 식의 태도가 연상될 정도다.

도대체 왜 이런 해괴한 현상이 나타난 것일까? 운동권(지지세력)의 자아도취 망상에 그 원인이 있다. 그들은 자신들이 민주화 역사의 모든 정의를 독점할 만한 자격이 있다고 생각한다. 지금 내가 말하듯, 국민이 '타협적 민주화' 역사의 주역이고, 자신들은 사회주의·공산주의 이데올로기로 혁명을 꿈꿨지만, 그 운동이 민주화의 길을 여는 데 결과적으로 도움을 주었을 뿐, 자신들이 이루고자 한 현실 혁명에는 실패했으므로, 이념적으로 저항적 민주화 역사의 주변세력이었다는 사실은 추호도 상기(인정)하지 않는다. 하지만 결과적으로 그것은 분명한 사실이다. 그러므로 그들의 역사적 자아도취를 깨는 방법은 하나뿐이다. 이데올로기적으로 성형미인처럼 변해버린 그들의 과거와 현재의 두뇌 차이를 온 세상이 상기해 그들을 각성시키고, 결과적으로 사회주의·공산주의 혁명을 위해 활약했던 운동권이 '제도권의 민주화에 기여한 실체적 내용은 아무것도 없다'는 것을 국민이 그들에게 분명히 주지·경고하는 것이다.

이제 운동권의 과거 이념이 현재의 그들에게 무슨 의미가 있는지 이해할 수 있을 것이다. 만약 국민이 과거 이념을 분명히 하라고 하면 자신들이 기여한 '민주화의 실체적 내용'이 전혀 없음을 인정할 수밖에 없고, 그러면 당연히 오직 자신들만이 민주화 역사의 정의를 독점할 자격이 있다는 식의 망상적 태도가 비판받을 수밖에 없을 것이다. 자신들이 '민주화의 실체적 내용'에 기여한 건 전혀 없지만, 민주화 투사로서 모든 역사적 정의로움을 독차지하고 싶은 마음, 그래서 현실정치인으로서 '적대적 공생' 파트너인 국힘세력을 정의의 사도처럼 존재만으로도 제압해 가능한 장기적으로 권력 기득세력이 되고 싶은 마음, 그런 속물적 욕망이 자신들의 과거 이념을 굳이 명명백백히 국민에게 내놓고 거론하고 싶지 않은 이유다. 그렇게 그들 운동권은 역사상 유례를 찾기 힘든 이데올로기적 신비로움을 간직한 채 묻지도 따지지도 말고 자신들을 그저 민주화 역사의 정의로운 투사로만 인정하라는 정체불명의 진상 정치인들이 된 것이다.

이런 맥락에서 볼 때, 대통령 윤석열이 (앞에서 인용한 대로) "북한을 따르는 주사파는 진보도 좌파도 아니다"며 더민당 운동권 정치인을 염두에 둔 선언적 발언을 한 것을 단순히 국힘 대통령이 과거 이데올로기를 끄집어내 색깔론 공격을 하는 시대착오적 정치공세라고만 할 수 없다. 이런 사태는 운동권 출신 제도권 정치인의 과거에 대한 현재의 태도, 즉 과거를 분명히 하지 않은 채 현재의 역사적 평가(공로)만을 독점하려는 태도 때문에 발생하는 문제다. 운동권은 민주화 공로를 독차지하려 끊임없이 과거(경력)를 현재화하면서, 다른 한편으론 그 독차지한 유공자 신분을 활용해 과거 이념을 신비화한 채 국힘세력을 상대로 끊임없이 현재를 과거화해 싸우고자 한다. 그들의 이런 태도에서, 속물이 된 돈키호테 말고 무슨 다른 모습을 볼 수 있는가?

거듭 말하지만, 나는 지금 그들 운동권의 이념을 이유로 민주화에 기여한 공이 전혀 없다고 주장하는 것이 아니다. 독립운동이든 민주화운동이든, 이념에 상관없이 독립과 민주화에 기여했다면 '정확히 그만큼' 공로를 인정해야 하는 건 당연하다. 내가 지금 문제 삼고 있는 건 운동권 스스로의 민주화 공로에 대한 망상적 논공행상이다. 그 왜곡을 바로잡으려는 것뿐이다. 그들 '계급혁명 운동권의 반헌법이넘적 민주화투쟁'을 감안하면, 국민이 그들에게 해준 유공자 대우는 이미 차고 넘친다. 그것도 부족해 '그때 너는 무슨 생각이었냐'고 묻는 것조차 삼가는 진짜 민주화 주역인 '국민' 앞에서 '그때 너는 뭘 했냐'며 어처구니없는 거드름을 피우면 안 된다. 이는 '타협적 민주화'의 진짜 주체인 '국민의 헌법개정권력 실현'에 불복하는 '계급혁명 운동권'의 불온한 도발로 들릴 수 있다. 그래도 좋은가?!

3

'반영남패권주의⇐민주화' 후유증과 더불어민주당의 호남 가스라이팅 고착화

우리나라에서 지역정당은 언제 등장해서 언제 고착됐을까? 이 질문은 이렇게 바꿔도 된다. 우리나라에서 영남패권주의는 언제 등장해서 언제 고착됐을까? 사실 영남패권주의와 지역정당 체제가 완전한 비례관계를 보이는 건 아니다. 하지만 밀접한 관계가 있음은 부인할 수 없다. 여기서 어떤 점 때문에 밀접한 관계가 있다고 말하는 것이며, 어떤 점 때문에 완전한 비례관계는 아니라고 하는가? 우선 선거통계부터 살펴보자. 다음은 1961년 박정희 쿠데타 이후부터 1972년 10월 유신 전까지 대선에서의 박정희에 대한 영호남 지역별 지지율 통계다. 이하 당시 부정선거 상황은 고려하지 않고 통계상 수치만 가지고 얘기하겠다. 부정선거 상황을 고려하면, 실제 갈등은 드러난 통계수치보다 훨씬 더 강렬

〈표1〉 영호남 지역의 박정희 후보에 대한 투표성향

(단위는 %)

	1963년 5대 대선	1967년 6대 대선	1971년 7대 대선
경북	50.6	60.7	72.7
부산	45.6	62.0	54.5
경남	56.9	65.6	70.8
전남	52.5	42.0	32.1
전북	44.1	39.7	33.9

※출처: 『선거 및 국민투표 통계집』(중앙선거관리위원회, 1996).

하게 전개됐다고 봐야 할 것이다.

쿠데타 이후 박정희의 첫 선거에서 호남은 윤보선보다 박정희를 더 지지했지만, 집권기간이 길어질수록 호남의 투표성향이 변하고 있다. 이는 영남패권주의(약칭 영패)의 강화에 따른 비례관계라고 볼 수 있다. 이 투표성향의 변화는 1971년 대선에서 김대중이 신민당 후보로 나오기 전부터 이미 시작됐다. 어이없게도 영남패권주의자들은 1971년 대선에서의 김대중 득표율을 악용해 심각한 이데올로기적 왜곡을 시도하기도 했었다. 즉 '지역감정은 김대중의 등장 때문이다'는 선전·선동이 그것이다. 김대중이 없었으면 '영패'도 없었다고? 전형적인 2차가해 논리였다. 어떤 강도피해자가 체념하고 살다 좋은 변호사를 만나 법정투쟁을 시작했더니 강도측 변호사가 '강도피해자 변호사가 없었으면 세상이 조용해져 강도가 없어졌을 것'이라고 비난하는 황당한 상황과 같다.

그런데 1980년대 선거에선 의외의 결과가 또 나타난다. 1980년대

〈표2〉 영호남 지역의 민정당 후보 당선인 통계

(당선인 수/전체 정원)

	1981년 총선	1985년 총선
부산	6/12	3/12
대구	-	2/6
경북	13/26	10/20
경남	10/20	10/20
전북	7/14	7/14
전남	10/22	11/22

※출처: 중앙선거관리위원회, http://info.nec.go.kr/electioninfo/electionInfo_report.xhtml.

전두환 공포시대 선거통계가 무슨 의미가 있냐는 반론도 가능하겠지만, 그런 상황을 염두에 두고라도 생각해볼 사항이 있다. 전두환파시즘 시대인 1981, 1985년에 치러진 두 번 총선에서의 영호남 민정당 지역구 당선인 통계다.

얼핏 보면, 정치인들의 참정권이 극도로 억압·배제된 상황이지만 전두환에 대한 반감이 의외로 선거결과에 적게 반영됐다고 생각할 수 있다. 왜 전두환 집권 초반부터 정권에 대한 반발이 거세게 선거결과로 나타나지 않았을까? 심지어 학살을 당한 광주·호남도 대동소이하다. 우리는 어떤 부당한 권력에 대한 투쟁이 자연발생적으로 그 권력의 만행과 정비례해서 나타날 것이라는 편견을 가지면 안 된다. 투쟁은 권력의 만행을 조건으로 하지만, 만행이 있다고 해도 언제나 정비례해서 투쟁의 강도가 결정되는 건 아니다. 투쟁의 조건·계기·리더·조직·이념, 장기적인 합법투쟁일 경우 제도의 변화 등등 기반조건이 갖추어지지 않은 상태에서 언제, 어디서라도 저항이 쉽게 가능하다고 생각하면 안 된다.

그렇다면 여기서 주목할 만한 논리적 반전 사태를 상정할 수도 있을 것이다. 이런 것이다. 권력의 만행 때문에 저항투쟁이 강화된 경우, 권력의 만행이 잦아들면 그 만행을 응징하는 투쟁도 정비례해서 잦아들까? 당연히 그렇지는 않을 것이다. 투쟁의 강화가 권력의 만행에 정비례하지 않는다면 투쟁의 약화도 권력의 순화에 정비례하지 않을 것이다. 그러므로 권력의 만행이 강화될 때 저항투쟁의 결집을 위한 제도적 혁신을 성취할 수 없음을 안타까워하는 것만큼이나, 권력의 순화가 강화될 때 저항투쟁의 관성으로 정상적인 제도로의 원상 복구를 이루지 못하는 것 또한 안타까워해야 한다.

근래 나의 주된 관심은 반영남패권주의 저항투쟁이라기보다는 그 후유증이다. 영패에 대한 나의 관심이 많이 줄어든 것은 영패가 완전히 사라졌기 때문이 아니다. 영패는 약화되긴 했지만, 여전히 존재하며 잠재해 있다. 하지만 희망 섞인 예측을 하자면, 영패는 반민주적 행태이고, 이는 다른 모든 반민주적 행태와 마찬가지로 민주주의의 진전과 함께 어차피 약화될 수밖에 없다. 그렇지 않다면 민주주의의 진전이라고 할 수 없잖은가? 오히려 대비해야 할 문제는 반영패 투쟁을 전제로 하여 우리 정치문화를 지배하고 있는 사태와 관련된 출구전략이다. 보기에 따라서는 우리가 벌써 반영패 투쟁의 출구전략을 걱정해야 할 나라냐는 의구심이 들 수 있겠지만 충분히 걱정해야 할 시기가 도래했다고 본다. 그 후유증이 심각하기 때문이다.

주제곡이 유명한 추억 속의 옛 영화 〈금지된 장난〉을 통해 우리가 직면한 이 현실적 문제를 상상해보자. 옛 영화지만, 우리의 삶은 그 옛 영화가 보여주던 삶의 모순에 여전히 반복적으로 직면해 고통을 겪기도 한다. 영화가 좋은 점은 직접 눈에 보이지 않는 우리의 현실도 영화가 우리의 모습을 대상화해주면 훨씬 눈에 잘 보이는 마력을 발산하기 때문이다. '거짓을 통해 진실을 추구하는 힘', 그것이 바로 (영화)예술의 힘이다. 영화는 대략 이런 줄거리다.

1940년 6월, 어린 소녀 폴레트는 파리에서의 피란길에 공습으로 부모를 잃는다. 그녀는 강물에 던져진 죽은 강아지를 찾아 안고 헤매던 중, 근처 농가의 소년 미셸을 만난다. 미셸은 고아가 된 폴레트를 불쌍하게 생각해 자기 집으로 데려와 함께 살게 된다. 그곳은 전쟁보다는 이웃과의 불화가 더 문제를 일으키는 별천지 같은 한적하고 외진 농촌이었다. 미셸은 폴레트와 함께 죽은 강아지를 물레방앗간에 묻어준 뒤 무덤에 십자가를 세워준다. 폴레트는 살아 있던 생명체가 죽으면 그렇게 묻어주고 십자가를 세워주는 것이란 걸 알게 된다.

그런데 이 아무렇지도 않은 익숙하고 의례적인 선의가 전도되는 게 이 영화의 핵심이다. 미셸은 아름다운 십자가를 좋아하는 폴레트를 만족시켜주기 위해 죽은 동물을 모아 무덤을 만들고 아름다운 십자가를 세워주려 한다. 미셸은 죽은 형 영구 마차의 십자가를 훔치고, 교회 제단에 놓인 아름다운 십자가까지 탐낸다. 급기야 한밤중에 폴레트와 함께 공동묘지에까지 가서 죽은 형의 십자가를 포함해 손수레에 한가득 십자가들을 뽑아 물레방앗간에 옮기기도 한다.

처음엔 십자가를 모으는 게 문제였지만, 사실 그보다 더 큰 문제가 있었다. 십자가는 어찌어찌 훔치기도 하면서 마련할 수 있었지만, 무덤에 묻을 주검은 어떻게 해야 하는가? 십자가가 한두 개도 아니었다. 미셸은 부엉이 둥지의 죽은 쥐 등 온갖 사체를 모아야 했고, 부족한 사체는 만들 수밖에 없었다. 그렇게 이웃집 병아리를 죽이기까지 한다. 엎드려 사체를 위한 명패를 만드는 미셸과 폴레트 옆에 바퀴벌레가 지나간다. 미셸은 비행기 소리를 내며 폭탄투척 하듯 펜으로 바퀴벌레를 찔러 죽인다. 폴레트가 울먹이며 항의하고, 미셸은 변명하듯 말한다.

> **폴레트** "죽이지 마, 죽이지 말란 말이야."
> **미셸** "우리 무덤을 만들기 위해선 죽어야 하는데…."

어떻게든 미셸은 물레방앗간에 너무나 아름다운 동물들을 위한 공동묘지를 만들었다. 미셸은 높은 데 앉아 사과를 한 입 베어 물고 창조주처럼 만족스럽게 감상한다. 이제 폴레트를 데려와 보여주기만 하면 된다. 그 직후 어느 날, 경찰이 적십자에 연락해 전쟁고아원으로 폴레트를 넘겨주기 위해 조사를 나온다. 미셸 아버지는 십자가가 어디 있는지 말하면 폴레트를 그들에게 넘기지 않겠다고 미셸과 약속하지만, 약속을 어기고 폴레트를 조사반에 넘긴다. 미셸은 폴레트를 위해 아름답게 만들어 놓았던 물레방앗간의 묘지에 달려가 분노하며 십자가들을 뽑아 하천에 냅다 던져버린다.

마지막 장면에서, 적십자사 수녀는 혼잡한 정류장 대합실 한쪽에서 폴레트 목에 전쟁고아 명패를 걸어주고, 잠시 앉아 있게 한다. 그때 어디선가 '미셸'이라고 부르는 소리가 나고, 폴레트는 홀리듯 자리에서 일어나 울먹이며 미셸과 엄마를 찾아 부른다. 그렇게 폴레트는 군중 속으로 섞여 들어가 사라진다.

애초에 우리가 종교든, 자본이든, 권력이든, 이데올로기든 그것들을 만들어내는 이유는 우리에게 필요해서였다. 나쁜 이유가 아니었다. 하지만 그것들은 창조된 이후부터 우리의 손을 떠나 스스로 동력을 가진 것처럼 자체의 논리로 움직이기 시작한다. 그러다 전도된 권력으로 등장해 우리 앞에 선다. 우리가 창조한 힘이 우리를 지배하는 사태가 발생하는 것이다. 이런 현상을 철학적으로는 '소외'라고 부른다. 우리는 종교, 자본, 권력, 이데올로기로부터 소외되는 것이다. 우리가 창조했지만 우리를 지배하는, 즉 우리를 소외시키는 대상이 어디 그뿐이겠는가? 사랑도 미움도 정치인에 대한 광적인 지지도 처음엔 우리가 우리의 뜻에 따라 시작하지만, 지나치면 그런 감정들이 마치 우리를 지배하는 것처럼 어느새 우리는 그런 감정들의 노예가 될 수 있다.

영화 〈금지된 장난〉은 그 아이러니한 소외 과정을 동심을 통해 순수하게 보여준다. 애초에 묘지의 십자가는 죽은 자를 위한 추모기념물일 뿐이었다. 한데 미셸과 폴레트에게 십자가는 그 자체로 독립적인 아름다운 실체로 부각됐다. 그러다 거꾸로 그 아름다운 십자가를 위한 주검이 필요해졌다. 본말이 전도된 소외현상이다. 급기야 두 소년 소녀는 추모 수단에 불과하던 십자가에 거꾸로 지배받는 상태가 돼버렸다. 〈금지된 장난〉의 종교(십자가) 모티브는 반드시 종교가 아닌 하나의 은유로 생각해도 좋을 것이다.

　그런데 우리가 필요해서 만든 자본, 권력, 이데올로기, 심지어 정치인에 대한 광적인 지지가 거꾸로 그 자체의 동력을 가진 것처럼 우리를 지배한다면 우리는 이로부터 어떻게 빠져나올 수 있을까? 미셸은 분노하며 십자가를 뽑아 물레방앗간 옆 하천에 냅다 던져버리는 것으로 빠져나왔다. 그렇게 우리도 세상의 종말을 맞이한 것처럼 종교, 자본, 권력, 이데올로기를 하천에 던져버리는 것으로 모든 것을 끝내야 하는가? 그럴 수가 없다. 뭔가 탈출구를 찾아야 한다.

　사태를 좀 더 확장해서 생각해보자. 영남은 패권을 유지하기 위해, 그리고 호남은 패권에 저항하기 위해 일당지배 체제를 유지했다. 옳고 그름을 떠나 이런 체제는 각각의 의지에 따라 완성됐다. 한데 만약 영남이 계속해서 패권 행사를 할 수 없는 상황이 되거나 호남이 굳이 패권에 저항하지 않아도 되는 민주 체제가 발전할 경우 그 일당지배 체제는 쉽게 사라지게 될까? 쉽게 사라지지 않을 수 있다. 앞에서 말했듯, 전두환이 광주에서 학살을 자행했어도 당장은 지역적 저항정당이 없을 수 있듯이, 영패가 약화돼도 지역정당은 오히려 유지 강화될 수도 있다. 이런 현상은 지역정당 그 자체가 지역의 의지에 종속되는 것이 아니라 오히려 그 지역의지를 지배하는 사태로부터 비롯한다. 말하자면 앞에서 얘기했던 지역적 일당지배 권력으로부터의 소외현상이다. 이 소외가 심각해지면 미셸과 폴레트가 십자가라는 추모 수단에 지배받듯이, 지역민(유권자)은 오히려 정당이라는 권력 수단에 지배받고, 가스라이팅당하며, 정치권력자들의 인질 상태로 살아가게 된다.

개인적으로 지금까지 나는 우리나라 정치에서 영남패권주의에 의한 타락 현상을 말하는 데 집중해왔다. 이제 여기서 나는 그보다는 그 후유증에 대해 강조하고 있다. 영남패권주의에 의한 정치 타락이 끝나지도 않았는데 그 후유증을 걱정하느냐는 말을 할 수도 있지만, 약물 후유증도 치료가 끝난 다음에 발생하는 게 아니라 치료와 동시에 발생한다. 병세가 심각하면 후유증 걱정이 있는 치료약물이라도 우선 사용해보는 위험을 감수할 수 있다. 하지만 지금 우리 상태는 많이 호전된 환자와 같아 위험을 감수하기보다는 후유증을 동시에, 어쩌면 후유증을 더 먼저 걱정하고 대비하는 것이 필요한 때가 됐다고 본다.

우리나라의 반영패 투쟁 후유증은 크게 세 가지 정도로 요약할 수 있다. 반영패 투쟁 후유증이라 했으므로 주로 호남 관점에서 요약하겠다. 물론 영남패권주의적 탐욕의 결과 초래된 영남 관점에서의 후유증도 민주주의와 관련해 유사한 문제를 일으키므로, 그런 사안에 대해서는 민주주의라는 근원적 관점·논리로 유사하게 비판 가능할 것이다.

우선 첫번째는 지역적 일당지배 체제다. 호남인으로서는 엄혹했던 시절의 저항을 위해 불가피하게 발전시킨 체제였지만, 이젠 그 유일 정당인 더민당이 오히려 거꾸로 호남인을 가스라이팅하며 지배하는 사태로 전도됐다. 말하자면 호남이 더민당으로부터 소외당하는 사태가 벌어진 것이다. 그 탈출구를 반드시 찾아야 한다. 일당지배 체제는 민주주의의 사활이 걸린 문제이며, 더민당을 통해서만 정치활동을 하는 호남인의 전략적 대선출마 배제론은 인권문제다. 나는 앞에서 역사적·정치적으로 국힘을 배제할 시원적 정통성·정당성 문제가 존재하지 않는다고 주장했다. 따라서 국힘이 자신들의 역사적 정통성·정당성을 회복했다고 평가할 정도로 제정신을 차리면 국힘을 통해서든, 그게 아니라면 제3당을 통해서든 호남은 더민당 일당지배 체제를 반드시 지양해야 한다.

두번째 후유증은 '적대적 공생' 이데올로기다. 애초에 민주화⊐반 영남패권주의 저항 초기에는 정치적 대립이 적대적이긴 했지만 공생으로 볼 수는 없었다. 하지만 그 기간이 장기화되고 상대를 소멸시킬 수 없는 상황이 되자 이제 적대는 형식으로만 남고 내용은 공생할 수밖에 없는 상태로 바뀌었다. 정치꾼들은 이런 비정상적 안정화 상태를 악용해 소멸시킬 수 없는 상대를 소멸시킬 수 있는 것처럼 대중들에게 이데올로기적 세뇌를 시킴으로써 정치를 사이비종교화하고, 심지어 돈벌이 플랫폼으로 활용한다. 당연히 이런 가스라이팅이 통하는 건 지역적 일당지배 체제와 깊게 연동돼 있기 때문이기도 하다. 벗어나야 한다.

세번째는 공동체 규범 와해현상이다. 물론 이것도 독자적인 후유증이 아니라 첫번째, 두번째와 연동된 사태다. 오직 자신들 정파만이 정의라고 생각하게 하고 밑도 끝도 없이 상대를 악마화해서 이 나라의 공동체 규범을 와해시키는 결과를 낳는 게 세번째 후유증이다. 국어 사전이 아니라면 역사사전에라도 반드시 올라야 할 '내로남불 가스라이팅'이다. 다음 사례를 보면 이 후유증을 자세히 설명할 필요도 없을 것 같다.

지난 22일 국회 본청 예결위원회 회의장에서 열린 더불어민주당의 비공개 의원총회에서는 한 편의 시詩가 비장하게 낭독됐다. 친명계 박찬대 최고위원이 의총 마무리 국면에서 연단에 나와 독일 반反나치 운동가인 마르틴 니묄러(1892~1984년) 목사의 '나치가 그들을 덮쳤을 때'라는 시를 읊었다. 박 최고위원은 다소 격앙된 목소리로 "나치가 공산주의자들을 덮쳤을 때 나는 침묵했다. 나는 공산주의자가 아니었기에"라며 말문을 뗐다. 그는 특유의 발성으로 "그들이 유대인들을 덮쳤을 때, 나는 아무 말도 하지 않았다. 나는 유대인이 아니었기에"라며 "그들이 내게 닥쳤을 땐, 더 이상 나를 위해 말해줄 이가 아무도 남아있지 않았다"고 목소리를 높였다. 과거 독일에서 나치가 반대세력을 탄압했을 때 침묵했던 다수의 사회 구성원을 비판하는 내용의 시다. (…) 익명을 요구한 재선 의원은 25일 중앙일보와의 통화에서 "당 지도부가 이 대표의 사법리스크를 엄호하는 것도 정도껏이다. 박 최고위원이 마치 영혼이라도 판 것 같은 장면이었다"며 "박 최고위원과는 앞으로 정치 행보를 함께 하기 어려울 것"이라고 성토했다. 또 다른 의원은 "한심한 장면이었다. 당 지도부가 자꾸 의원들을 상대로 의식화 교육을 시도한다"고 반발했다.[81]

"당 지도부가 자꾸 의원들을 상대로 의식화 교육을 시도한다"고? 2023년을 사는 내가 듣기에, 참, 향수 어린 사태다. 최대한 좋게 이해해보자. 어릴 적 개에 물려 고생한 사람은 어른이 돼서도 개에 대한 공포·거부감을 쉽게 극복하기 힘들다. '친일/반일' 시대, '공산/반공' 시대, '영패독재/반영패민주' 시대 등등 각각 우리 시대를 지배하던 이데올로기는 아마도 죽을 때까지 쉽게 각각 우리 의식을 떠나지 않을지 모른다. 우리가 저항투쟁을 할 때만큼이나 강렬하게 의식적으로 노력하지 않는다면, 이미 자체의 동력을 가진 것처럼 우리를 소외시키는 그런 시대착오적 이데올로기의 지배로부터 못 빠져나올 것이다. 나르시시스트 정치인들에게 사이비종교 신도처럼 가스라이팅 당하는 노예적 삶의 고착화는 막아야 한다. 시대착오적 운동권을 타도할 우리 시대의 운동권이 필요한 시절이다.

제4장

'적대적 공생'의
극복을 위하여

1
파시즘 시금석: 5·18 광주학살과 전두환의 민정당

2022년 대선 더민당 후보였던 이재명은 자신이 5·18을 어떻게 인식했었는지에 관한 황당한 고백을 했다. 2021년, 이재명은 경기아트센터 대극장 로비에서 열린 '미얀마의 봄 두번째 이야기: 미얀마 평화사진전' 개막식 인사말을 통해 다음과 같은 발언을 했다.

"1980년 5월 대한민국 광주에서 국민이 맡긴 총칼로 국민의 생명을 해치는 참혹한 일이 벌어졌다. 그때 공장 생활을 하는 노동자였던 저는 언론에 속아서 그들을 폭도로 비난하는 2차 가해에 참여했고, 그 후에 진실을 어려운 과정을 통해 알게 돼 인생을 바꾸는 결정적 계기가 됐다."[82]

나는 이재명이 광주시민을 "폭도로 비난하는 2차 가해"에 참여했다는 데 대해 새삼 놀라진 않았다. 다만 종종 누군가에게서 이런 식의 말을 들을 때마다 쉽게 사라지지 않는 궁금증이 생기는 건 어쩔 수가 없다. 이재명은 언론 핑계를 댔지만, '왜 호남인 중에는 광주시민을 폭도라고 매도하는 2차가해에 참여한 일반인이 거의 없을까?' 누구라도 언론 때문에 쉽게 속아 넘어가는 게 일상이라면 이재명처럼 2차가해를 했던 사람이 전국적으로 균일하게 분포해야 하지 않겠는가? 한데 2차가해자들의 지역적 분포가 영남을 중심으로 불균형하게 나타난다는 인식이 크다. 예컨대 호남, 여성 등을 비하하는 성향 때문에 "일베와 상관없이 평상시 영남 사투리를 쓰던 사람들까지 '일베 회원' 취급을 받는"[83] 현상까지 있(었)을 정도다. 나는 이런 사태야말로 5·18 광주학살의 진실을 이해하는 실마리라고 생각한다.

이 책은 5·18의 진실과 이데올로기를 본격적으로 규명하고자 하는 책이 아니다. 하지만 5·18의 진실을 모두가 잘 알고 있다고 볼 수도 없는 상황에서, 그 핵심을 생략하고 글을 써가는 것도 이상한 일이다. 그렇다고 매번 내 글의 맥락을 이해시키기 위해 5·18을 반복적으로 기술하자니 그것도 괴로운 일이다. 그래도 뭐, 어쩌겠는가? 사실 이미 많은 시간이 흘렀고, 여전히 그 핵심을 이해하지 못하는 독자도 많을 것이기에, 어쩔 수 없이 다시 『아주 낯선 상식』에 썼던 5·18의 개요와 핵심만을 발췌해 가필·인용[84]하기로 한다.

▲ 5·18이 왜 특수한 역사적 사건인지를 이해하려면, 항쟁의 도화선이 된 건 '도청 앞 집단발포'(21일)가 아니라 이미 그 전에 개머리판·진압봉·대검 등으로 자행된 학살이었다는 점을 인식하는 게 중요하다.

1980년 5월 18일~27일에 광주 일원에서 벌어진 사건은 크게 네 단계로 나눌 수 있다. 1단계는 5월 18일부터 21일 도청 앞 집단발포 전까지 개머리판·진압봉·대검 등으로 자행한 학살단계다. 2단계는 21일 반란군의 도청 앞 집단발포 이후 시민군이 반란군을 몰아내고 도청을 함락한 하루 동안의 무장항쟁단계다. 3단계는 22일~26일까지 광주의 완전봉쇄 속에서 피어난 '절대공동체'단계다. 4단계는 27일 도청을 사수하고 최후의 결전을 벌인 순교단계. 나는 지금까지 5·18에 관한 글을 쓸 기회가 있을 때마다 늘 이 1단계를 강조해왔다. 나는 1단계의 핵심사안에 초점을 맞추기 위해 1단계에서 이미 발생한 광주역 앞 발포에 의한 소규모 학살●은 의도적으로 제외했다. 5·18을 이해하는 것은 곧 이 1단계를 역사적 사실 그대로 이해하는 것에 달려 있음에도 불구하고, 두 가지 점에서 이와 관련한 역사적 사실이 일반적으로 크게 왜곡된 채 받아들여지고 있다.

　　우선 한 가지는 김대중의 평민당이 1988년의 광주청문회에서 '도청 앞 집단발포 책임자가 누구냐'에 진상 규명의 주된 초점을 맞춤으로써, 많은 사람이 5·18의 특수성이 마치 집단발포에 의한 학살에 있는 것처럼 왜곡된 인식을 한다는 점이다. 단언컨대 5·18의 특수성은 도청 앞 집단발포가 아닌 그 전의 야만적 학살에 있다. 5월 19일 광주에 들어가 전세계에 기적적으로 광주의 진실을 알렸던 독일 공영방송

●　21일의 도청 앞 집단발포 전, 20일 밤 자정쯤, 광주역 앞 발포에서 이미 4명의 사망자와 6명의 부상자가 발생했다. 김영택, 『5월 18일, 광주』 역사공간, 2010, 341~342쪽(각주169) 참조.

(NDR·ARD TV) 도쿄특파원 카메라기자 위르겐 힌츠페터는 "내 생애에서 한번도, 심지어 베트남전쟁에서 종군기자로 활동할 때도 이렇듯 비참한 광경은 본 적이 없었다. 가슴이 너무 꽉 막혀서 사진 찍는 것을 잠시 중단할 수밖에 없었다"[85]고 증언했다. 누구라도 이 참상을 알지 못하면, 왜 5·18이 특수한 역사적 사건인지를 이해할 수 없다.

다른 한 가지는 집단발포 전의 그 야만적 학살 원인에 대해서는 여태껏 표피적인 진상 규명밖에 할 수 없었으므로, 자연히 그에 대해서는 지배이데올로기로 왜곡된 상상적 추론밖에 할 수 없다는 점이다. 나는 집단발포 전의 학살이 진압과정에서 벌어진 우연한 잔혹행위가 아니라 반란을 일으킨 영남군부 파시스트들에 의한 의도적인 호남양민 학살이 아닌가 하는 의심을 지금껏 하고 있다. 말이 의심이지 의심이랄 것도 없다. 있었던 사실*을 놓고 말하자. 전두환·정호용 등 반란을 일으킨 영남군부 파시스트들이 호남양민 학살을 통해 권력을 찬탈한 것은 누구도 부인할 수 없는 객관적 사실이다. 당시 공수부대 장

• 1997년 4월 17일, 대법원은 12·12 군사반란과 5·18 내란을 일으킨 자들에 대한 형을 최종 확정했다(대법원 1997. 4. 17. 선고 96도3376 (전원합의체) 판결). 이들의 명단(괄호 안은 출신지역)은 다음과 같다. 수괴 전두환(경남 합천), 노태우(대구), 황영시(경북 영주), 허화평(경북 포항), 이학봉(부산), 정호용(대구), 이희성(경남 고성), 주영복(경남 함안), 허삼수(부산), 유학성(경북 예천), 최세창(대구), 차규헌(경기도 평택), 장세동(전남 고흥), 신윤희(미상), 박종규(경남 창원). 이중 차규헌과 장세동을 제외하고는 모두 영남출신이다. 이들 신반란군세력의 핵심동력은 박정희가 키운 군부 사조직인 '하나회'였다. 이 "'하나회'는 전두환·노태우·김복동 등이 초급장교 시절에 조직한 '5성회'가 그 뿌리인데, 비밀규약 가운데 '회원 다수는 영남 출신이 점한다'는 항목을 두고 있었"다. 정운현, 「[역사 에세이 49] 대 이은 박정희 권력…'화무십일홍'은 옛말」, 『오마이뉴스』, 2012년 11월 7일.

교가 "전라도 새끼들 40만은 전부 없애버려도 끄떡없다"[86]는 대화를 아무렇지도 않게 지껄일 정도면 당시 광주에서 무슨 일이 벌어진 건지 알고도 남는 일 아닌가? 그럼에도 불구하고 우리는 있는 그대로의 사실을 차마 사실이라고 말하기가 두려워 적당히 딴소리로 둘러대고 있는 것뿐이다.

한데 이 정도 설명으로는 오히려 궁금증만 증폭됐을지도 모르겠다. 그렇지만 여기서 그 모든 문제를 다룰 수는 없고, 기회가 있다면 다른 책을 통해 5·18을 체계적으로 다뤄볼 생각이다. 여기서는 단지 이 책의 주제와 관련된 몇 가지 진실과 이데올로기를 중심으로 기술하려고 한다.

우선 나는 '영남파시즘'이란 용어를 사용해왔는데, 이에 대해 약간의 해명과 근거에 대한 부분적 정정을 하고자 한다. 내가 이 용어를 사용한 건 영남인을 근거도 없이 명예훼손하고자 하는 뜻이 아니었다. 호남은 5·18 학살을 당한 이후 숨죽이며 살다, 민주화 시기, 전두환에 대한 지역적 저항을 폭발시켰다는 사실을 고려할 때, 전두환파시즘을 호남을 포함한 대한민국파시즘으로 지칭할 수는 없었다. 히틀러파시즘은 독일파시즘이지, 유대인을 포함한 세계파시즘이라고 규정할 수는 없는 것 아닌가? 그렇다고 호남을 뺀 나머지 지역의 파시즘으로 지칭할 수도 없었다. 각주에 구체적으로 적었듯이 '하나회'라는 영남군부 범죄조직의 실체가 분명히 있었고, 그들이 바로 호남 양민 학살을 주도한 것은 역사적 사실이다. 이런 차원에서는 영남을 대구·경북과 부산·경남으로 구분하는 것도 작위적 왜곡이다. (나중에 다시 언급하겠지만) 군부의 김영삼과 김대중에 대한 태도도 완전히 달랐을뿐더러, '우리가 남이가'로 표현되는 정치공동체 의식도 문제였다. 내가 영남파시즘이라는 용어를 사용한 일차적 근거는 바로 그런 역사적 사실이었다.

다음은, 영남이 지역적으로 광주학살을 자행한 전두환정권을 지지했는가라는 구체적 민의 확인이다. 이재명 같은 호남에 대한 2차가해자가 주로 영남 중심으로 분포했는가라는 사실 확인 문제이기도 하다. 만약 그 실체가 분명하다면 영남파시즘이라는 실체도 훨씬 더 뚜렷해진다. 하지만 개인적인 경험담을 수집·나열해봐야 감성적 느낌이 아닌 통계적으로는 별 의미가 없는 듯하고, 그나마 선거 통계가 유의미하다고 본다.

그런데 나는 지금까지 전두환의 민정당과 5공청산의 일환으로 출범한 민자당을 구분하지 않고 영남의 정치성향을 판단했었다. 이런 관점은 (이 책에서 정정하고 있는 대로) 논리적 잘못이었다. 그럼 민정당을 기준으로 판단하면 어떨까? 전두환 집권 이후에는 11대·12대 총선과 1987년 대선밖에 없었으므로, 이를 기준으로 판단할 수밖에 없다. 앞서 살펴보았듯이, 우선 11대·12대 총선에선 여타 지역과 다른 영남지역만의 열렬한 민정당 지지성향은 관찰되지 않는다. 심지어 (저항이 정치적으로 조직되지 않은 자포자기 현상이었겠지만) 호남에서도 대동소이하게 민정당 지지성향이 나타난다. 문제는 민주화 시기 이후인데, 1987년 대선에서는 대구·경북을 중심으로 민정당 후보 노태우의 지지성향이 강하게 나타난다. 2010년 대구공고 동문체

육대회에서는 전두환을 봉황문양 배경의 본부석에 앉혀놓고 큰절을 하는 경악할 이벤트[87]까지 벌였다. 이런 식의 소멸하지 않는 '은밀한 민의'를 염두에 두면 영남에서도 주로 대구·경북을 중심으로 전두환 파시즘에 강한 미련이 남아 있(었)다고 말할 수밖에 없다.

그럼 민의라는 측면에서는 영남파시즘이 아닌 대구·경북파시즘 이라고 해야 하는가? 영남파시즘이 아닌 대구·경북파시즘이라고 하기에도 모호한 측면이 있다. 즉 전체로서의 영남이라는 지역적 토대가 없(었)다고 말하는 것도 의문이다. 예컨대 경남 합천지역의 '일해공원' 현상, 대구·경북과 부산·경남을 가리지 않고 전체 영남 유권자를 겨냥하는 정치인들의 전두환 우호발언, (앞에서 얘기했던) '일베와 영남' 현상 등을 두고, 딱히 그것을 부산·경남이 아닌 대구·경북만의 전두환파시즘 지지성향이라고 볼 수 있냐는 것이다.

종합적으로 판단하건대, 나는 앞으로도 광주학살을 자행한 영남군부 권력으로서의 전두환파시즘은 역사적인 맥락에서 영남파시즘으로 지칭할 것이다. 지역적 실체가 분명한 영남군부파시즘을 그저 대한민국파시즘으로 지칭하는 건 여타 지역에 대해 명예훼손적이라고 생각한다. 특히 대한민국파시즘 혹은 그냥 파시즘이란 용어를 사용했을 땐 호남을 포함한 대한민국파시즘이 될 수밖에 없는데, 이는 호남의 역사적인 반파시즘 저항을 무시한 명백한 역사 왜곡이다.

다만 전두환파시즘을 지지하는(했던) 현상이 (앞에서 예로 들었듯이) 영남, 특히 대구·경북지역을 중심으로 상대적으로 강하게 나타나는(났던) 건 분명하지만, 여타 지역에 비해 얼마나 압도적인 지지가 있(었)냐는 건 여론조사 수치만으로는 다소 모호한 데가 있다. 1987년 대선도 그렇다. 민정당 노태우는 대구·경북 외 다른 여러 지역(인천, 경기, 강원, 충북, 제주)에서도 1위 다수표를 획득했다. 그럼 이런 현상을 어떻게 읽어야 하는가? 나는 설령 다른 지역이 대구·경북과 유사하게 지지했(한)다고 해도 영남파시즘이라는 성격이 달라지지는 않는다고 본다. 즉 내가 규정한 영남파시즘은 '실질적인 주도세력(지역)이 누구(어디)냐'에 의해 판단한 것이지, 종속적·대세순응적·소극적으로 지지하는 세력(지역)의 숫자만을 영남과 단순비교해 판단한 것이 아니다.

만약 영남패권주의적 행태와 연결되는 영남파시즘의 존재를 판단하는 데 있어 단순히 수치가 전부가 아니라면 이런 추론도 가능하다. 정치인들과 그 주변세력이 특별히 전체 영남의 지지를 겨냥하면서 '전두환 우호적 언행=파시즘적 언행'을 하는 건 '영남파시즘'의 존재를 민의 측면에서도 유추할 수 있는 현실적·과학적인 근거일 수 있다. 그리고 상식적 차원에서도 지배이데올로기로서의 영남패권주의가 극단화돼 영남파시즘(약칭 '영파')으로 전화됐다고 보는 게 합리적이지, 어느 날 갑자기 영남패권주의가 호남을 포함한 대한민국 파시즘으로 돌연변이를 일으켰다고 보는 건 상상하기 어렵다. 따라서 나는 '민의'란 측면에서도 (그 강도는 불분명하지만) 영남파시즘이 존재한다는 것을 전제로, 정치적으로 영남의 지지를 겨냥한 '전두환 우호적 언행=파시즘적 언행' 현상이 소멸할 때, 그리고 사회적으로는 '영남친화적≒호남배타적' 일베현상이 소멸할 때 비로소 영남파시즘이 소멸했다고 생각할 것이다.

이제 전두환이 자신의 파시즘을 실현하기 위해 만든 정당 민정당에 대해 살펴봐야 한다. 즉 민정당의 민주적 정통성·정당성에 관한 문제다. 나는 앞에서 "사회과학적으로 정통성이란 권력의 출범과 승계 형식을 승인하는 근거이고, 정당성이란 권력의 이념과 행위 내용을 승인하는 근거다"고 했다. 민주국가에서는 국가든 정당이든, 당연히 민주주의적 출범과 권력 승계가 이루어져야 정통성을 인정받을 것이고, 그 국가나 정당은 민주주의적 신념과 행위로 자신의 정체성을 실현해 나가야 정당성을 인정받을 것이다.

그런데 정통성과 정당성은 어떤 관계가 있는 것일까? 그에 앞서 상호관계가 있기는 한 것일까? 물론 상호관계가 있다. 정통성과 정당성이 구별할 수 있는 관념이라면 우리는 4가지 경우를 상정할 수 있다. ① 정통성과 정당성을 모두 갖춘 권력 ② 정통성은 갖췄지만 정당성은 없는 권력 ③ 정통성은 없지만 정당성은 갖춘 권력 ④ 정통성과 정당성 모두 없는 권력이 그것이다. 이 분류를 토대로 정통성과 정당성의 상호관계에 대해 조금 더 면밀하게 살펴보는 게 필요하다. 여기서 강조하고 싶은 가장 중요한 점은 정통성과 정당성이 독립적이고 불변하는 관념이 아니라 상호관계 속에서 부재^{不在}를 일으키고, 또 그 부재를 치유할 수 있다는 변증법적 관념이다.

먼저 ①은 민주적으로 출범 혹은 계승한 권력이 민주적으로 권력 행사를 하는 민주국가의 일반적 경우다. 한데 이 경우도 약간의 난점이 발생할 수 있다. 민주적으로 출범했다는 사실이 민주적인 선거를 통해 국민의 지지를 받았다는 사실 그 자체만을 의미한다면, 쿠데타를 일으킨 사후에 부정 없이 민주적으로 선거를 치러 국민의 지지를 받는 경우를 어떻게 봐야 하는가? 이와 관련해 흥미로운 주장이 있다. 2012년 대선에 출마한 이건개가 김종필을 만난 후 전언한 바에 따르면, 김종필은 "불법적인 5·16 후 몇 차례에 걸쳐 국민투표가 여러번 있었다. 당시 민심을 봐서 2년에 한 번씩 국민투표 등 선거가 있었다"면서 "이와 같은 조치를 통해 치유된 것 아니냐" 하는 생각도 있는 것 같다고 했다.[88] 1987년 노태우의 대통령 당선도 넓게 보면 이런 범주에 속한다고 할 수 있겠다. 과연 이런 식의 선거가 정통성을 치유해주는 것일까?

우선 우리 헌법(제72조)이 국민투표를 신임투표가 아닌 정책투표로 제한한 이유는 바로 '김종필처럼 생각하지 말라'는 의미다. 헌법재판소는 국민투표를 신임투표로 이용하는 것을 "위헌적으로 행사하는 경우"라면서, 그 이유를 "국민투표를 정치적 무기화하고 정치적으로 남용할 수 있는 위험성" 때문이라고 판시했다.[89] 국민투표가 아닌 선출 선거의 경우라도 궁극적으로 공정성 문제가 있다. 애초에 쿠데타로 권력을 잡은 상태에서 국민에게 일방적으로 자신을 지도자로 부각하는 것 자체가 이미 민주적 관점에서 공정하지 않다. 현실적으로 쿠데타 정권이 공정한 민주적 선거를 치르는 것을 상상하기도 힘들다. 한마디로 정통성 없는 권력으로 사후에 정통성을 확보하는 형식은 민주적 정통성 부재를 완전히 치유한 것으로 인정하기 힘들다. 다만 노태우 사례에서 보듯 민주적 선거의 수준에 따라서는 그 치유 가능성이 완전하다고 인정할 수는 없겠지만 상당히 높아질 수는 있다고 본다.

이어 ②는 그 유명한 '히틀러 케이스'라고 할 수 있겠다. 민주적 선거를 통해 집권한 권력이지만, 그 권력 행사가 민주적이기는커녕 악의 구렁텅이에 빠진 경우다. 여기서 중요한 건 히틀러처럼 극단적인 경우가 아니더라도, 정통성 있는 권력이었지만 정당성 부재의 정도가 점점 강해지면, 그에 비례해 정통성의 의미가 점점 약화하는 측면이 있다는 점이다. 헌법상 탄핵제도는 바로 그런 경우를 대비한 것으로 볼 수 있다. 물론 현실적으로는 정통성이 강한 권력이라면 무능으로 인한 웬만한 정당성 부재는 치유된다고 봐야 할 것이다. 하지만 정통성은 그 자체로 독립적인 영원불변의 관념이 아니므로 모든 정당성 부재를 치유하는 치트키가 될 수는 없다는 사실은 꼭 기억해야 한다.

③은 쿠데타 등 비민주적으로 정통성 없이 집권한 권력이 민주적인 권력 행사를 하면서 정당성을 확보해가는 예외적인 경우다. 이론이 아닌 현실에서 이런 경우를 찾기는 힘든데, 그 이유는 정통성 없이 집권한 권력은 저항이 강해 민주적 권력 행사를 하기 힘들기 때문이다. 물론 이론상 정통성이 없는 권력이라도 정당성이 발현되면 정통성 부재의 치유에 영향을 미친다고 할 수는 있다. 하지만 그 치유 역시 제한적일 것이므로 단기간에, 그리고 웬만한 정당성으로는 완전한 치유를 주장하기 힘들다고 본다.

참고로 쿠데타로 집권한 박정희의 정통성 부재 문제를 생각해보자. 5·16세력 김종필은 "쿠데타든 혁명이든 아무래도 상관없어. 세상을 뒤집어 국민이 잘살게 됐으면 그만이지"라면서 "민주주의를 제대로 하려면 경제력이 뒷받침돼야 해. 배고픈 나라는 민주주의를 할 수 없어"라고 주장[90]했다. 박정희는 특히 유신기간 중에 비민주적 통치를 일삼다 암살당했는데, 박정희 추종세력은 아마도 그가 거둔 경제적 성과가 곧 정당성이며, 그것으로 정통성 부재를 치유했다고 생각하는 것으로 들린다. 하지만 권력을 지키기 위한 민주적 정당성 침훼를 감안할 때, 그 정도로 깨끗이 치유됐다고 볼 순 없다. 박정희가 독재에도 불구하고 다행히 부분적으로 좋은 결과물(이른바 개발독재)을 남겼다면 (부분적으로라도 모든 독재자가 좋은 결과물을 남기는 것은 아니니) 다행스러운 일이며, 그의 역사적 평가(정당성·정통성 치유)에 참고할 일이긴 하다.

마지막으로 ④는 전두환처럼 양민을 학살하며 쿠데타로 집권해, 그 행태에 걸맞게 권력 행사까지도 반민주적으로 하는 경우다. 즉 민주적 정통성·정당성 모두 없는 경우인데, 이는 굳이 복잡한 이론 문제를 제기하지는 않는다. 다만 여기서 내가 정통성·정당성 문제를 다소 장황하게 얘기한 이유는 바로 전두환정권과 민정당 케이스를 살피기 위함이었다.

그런데 내가 강조하는 것처럼 과연 권력의 정통성·정당성 문제가 그렇게 중요한가? 이 물음은 정확히 과연 민주주의 문제가 그렇게 중요한가라는 물음과 같다. 김종필 주장대로 '먹고사는 문제'가 그렇게 중요하다면 바로 그것이 민주적 정당성이 중요하다는 의미다. 민주적 정통성 없는 권력이 과연 그런 정당성 있는 일을 제대로 할 수 있는가? 사실상 거의 불가능하다. 박정희 유신정권과 전두환 권력의 경과를 보면 된다. 이론적으로 그런 권력이 먹고사는 문제를 잘 해결했다고 가정해보자. 그런 권력이라도 비민주적 권력을 지키기 위해 대내외적으로 엄청난 대가를 치를 수밖에 없다. 민주적 권력이라면 지불하지 않을 대가다. '민주적 정통성·정당성 없는 권력이라도 저항투쟁하지 않으면 세상이 조용해져 정치효율이 높아지지 않겠냐'는 주장도 예상할 수 있다. 뭐, 그런 '아무 말'이라도 할 수는 있겠다. 하지만 그건 멀쩡한 민주주의 헌법체제에서 민주주의를 하지 말자는 소리니, 더 이상 무슨 얘기를 할 수 있겠는가? 김종필식 주장에 따르면 '가난하면 민주주의를 할 수 없다'지만, 민주주의를 못 해 가난해진 나라도 얼마든지 있다. 견강부회牽强附會다.

이상과 같은 이유로, 역사적 차원에서 전두환 민정당의 민주적 정통성·정당성 부재 문제를 진지하게 생각할 필요가 있다. 전두환 민정당은 여러 말로 논할 필요조차 없이 쿠데타로 권력을 잡아 만든 반민주적 통치수단이었다. 다행히 민정당은 5공청산 과정에서 '3당통합신당 민자당'에 의해 시원적으로 단절됐다. 현 국힘뿐만 아니라 전 국민이 민주주의 미래와 발전을 위해 이 사태를 제대로 이해하는 건 대단히 중요하다. 만약 국힘이 이 사태를 올바로 인식하지 못해 전두환과 5·18 콤플렉스에 시달린다면 논리적 비극이자 블랙코미디다. 논리적으로 존재하지 않는 전두환 민정당과의 억지 인연을 군이 찾아 헤매는 건 국힘 안팎 파시스트들의 퇴행적 기행이 아니라면 설명할 수 없는 일이다. 그런 행위는 1987년 6·10항쟁과 5공청산이라는 역사적 진보를 부정하는 도발일 뿐이다.

나는 지금 이 책을 통해 끊임없이 3당통합신당 민자당이 전두환 민정당과 선언적·정치적·법적·이데올로기적·역사적으로 단절했음을 주장했다. 그것은 개인 당원이 아닌 당의 정체성과 관련된 차원이다. 예컨대 현 국힘이 민자당을 승계했다는 것은 몇몇 개인 당원의 반민주적 일탈행위가 있더라도 그것을 당의 정체성 문제가 아닌 개인적 잘못으로 치부할 수 있는 근거이기도 하다. 이렇게 현 국힘이 자신의 민주적 정통성·정당성의 근거를 '3당통합신당 = 민자당'이라는 역사적 민주화 이벤트에서 찾을 수 있다는 것은 행운이라고 할 수 있다. 국가적으로도 그렇다. 비록 '타협적 민주화'의 일환이었지만, 만약 그런 역사적 민주화 이벤트가 없었다면, 그 결과 전두환의 민정당이 현실 속에서 생존해 (예컨대 영남 특히 대구·경북의 지지를 바탕으로) 급기야 현실정치에 큰 영향력을 발휘하고 있다면 생각만 해도 끔찍한 일 아닌가?

정리하면, 나는 지금 정치인 개개인의 문제가 아닌 우리나라 정당제도 그 자체의 문제를 말하고 있다. 국힘의 정체성 문제는 우리나라 정당제도의 주요 문제이고, 이에 대한 확신 없이 정당제도의 발전을 기대할 수 없다. 다행히 우리나라 민주화 역사를 살펴보건대, 민주적 미래를 향해 나아갈 수 있는 역사적 초석(조건·근거)은 어렵사리 갖추었다. 그러니 우리는 잘 살펴 흐트러짐 없이 정상적 민주주의를 향해 정도를 걷기만 하면 된다. 사실 목숨을 건 혁명도 아니고, 그 정도의 노력도 못 한다면 역사에 부끄러운 일 아니겠는가?

2

민주화 후유증: '적대적 공생'의 늪에 빠진 당파정치

우리 정치체제의 이례적으로 극명한 특징은 이른바 '적대적 공생'이다. 이 적대적 공생이란 용어는 자칫 개인이든 조직이든 경쟁관계에 놓여 있는 모든 상황을 일컫기 위해 남용하기 쉽다. 하지만 적대적 공생은 생각만큼 흔한 사태가 아니다. 예컨대 우리가 운동경기에서 상대팀과 맞붙어 아무리 치열하게 싸우더라도 이는 적대적 공생관계가 아니다. 마찬가지로 회사·자영업자가 경쟁 업체·가게와 상품판매를 위해 아무리 치열하게 경쟁하더라도 적대적 공생이란 관념으로 설명할 수는 없다. 개인 차원의 라이벌 관계도 마찬가지다. 심지어 경쟁만을 놓고 말한다면 둘째가라면 서러울 정치관계에서도 이런 사태를 찾는 건 전세계 현대사를 통틀어도 쉽지 않다.

그렇다면 내가 지금 여기서 우리 정치체제를 설명하기 위해 사용하는 '적대적 공생관계'와 사회에서 일상적으로 마주하는 경쟁 혹은 라이벌 관계는 어떻게 다를까? 아주 심각하고 위험한 결정적 차이가 있다. 그것은 상대존재 자체를 인정하지 않는다는 전제다. 생각해보라. 우리가 운동경기에서 이기고 싶은 상대가 아무리 밉다고 해도 그 존재 자체를 인정치 않는가? 경쟁하는 회사나 가게도 마찬가지다. 개인적 경쟁관계는 어떤가? 위에서 말한 전세계의 정치적 경쟁관계에서도 상대(정당)의 존재 자체를 인정치 않는 경우를 찾기가 쉬운가? 치열하게 경쟁을 한다는 것과 상대존재 자체를 인정치 않는다는 것은 하늘과 땅만큼이나 큰 차이가 있다.

물론 잠시 특별한 경우에 상대존재 자체를 인정할 수 없는 사태가 벌어지기도 한다. 예컨대 운동경기에서 약물·반칙으로 퇴출·퇴장당하는 경우라든가, 또는 회사나 가게가 공정한 경쟁을 하지 않아 퇴출당하는 경우, 심지어 개인도 범죄행위를 하는 경우가 있을 것이며, 정치관계에서 정당이 해산당해야 할 정도로 게임의 규칙을 벗어난 경우도 있을 것이다. 하지만 이런 모든 사태는 짧은 기간 안에 그 존재 자체가 정리돼 더 이상 함께 경쟁할 수 없게 되는 게 통상적이다. 여기서 상상해보자. 함께 경쟁할 수도 없고, 경쟁해서도 안 되는 예외적이고 비정상적인 관계가 만약 장기간 지속한다면, 그리고 그 와중에 어쨌든 같이 경쟁하면서 일상관계를 이어나갈 수밖에 없다면, 어떻게 될까? 난장판이 되지 않으면 다행일 것이다.

그런데 여기서 한 가지 의문이 떠오를 수 있다. 예컨대 상대존재 자체를 파괴하는 것이 당면 목적인 혁명이나 전쟁의 경우는 적대적 공생관계라고 할 수 있을까? 일단은 아니다. 이런 관계는 상대존재를 파괴하고자 하는 관계이지 우리의 관심사인 '공생'이 이어지는 관계가 아니다. 그렇지만 이런 적대관계는 때로 공생관계 발생의 조건이 되기도 한다. 예컨대 혁명이나 전쟁에서 어느 일방세력이 승리할 수 없는 상태에서 상대존재를 인정치 않으면서도, 그와 일상관계를 이어나갈 수밖에 없는 아이러니한 사태가 장기화하는 경우, 적대적 공생의 계기가 될 수 있다. 한마디로 혁명이나 전쟁이 모두 적대적 공생관계로 전환되는 것은 아니지만, 모든 적대적 공생은 혁명이나 전쟁처럼 애초에 상대존재 자체를 인정치 않는 이데올로기적 상황에서 발생한다.

한 가지 더 주목해야 할 중요한 사실이 남아 있다. 적대적 공생이 최악인 것은 애초에 서로 상대를 인정치 않아서 시작되는 관계지만 결국 서로 상대에 의존하는 상태가 돼버린다는 사실이다. 여기서 의존관계란 자기존재가 상대존재에 의해서만 의미를 갖거나 설명될 수 있는 상황을 말한다. 물론 애초엔 서로 상대존재의 정통성·정당성을 부정하면서 자기존재 의미를 찾을 것이다. 한데 자기를 상대에 의존할 경우 서로 자기존재의 정통성·정당성도 의존해야 할 필요가 커지면서 닮게 되는 것이다. 당연히 이런 비정상적 관계는 영원히 유지될 수는 없을 것이고, 최종적으로 일방이 승리하거나 아니면 둘 다 공멸하는 것으로 끝날 것이다. 하지만 최종적으로 일방이 승리하더라도 그 일방은 자의든 타의든 '적대적 공생'기간의 비정상적 모습을 탈피해 정상화 과정을 겪을 수밖에 없다.

현실적 차원에서 생각해보자. 적대적 공생의 흔치 않은 사례로 자주 언급되는 건 미·소 냉전관계, 그리고 그 관계보다 더 적절하게 생각되는 건 바로 (특히 1970년대~1980년대) 남북관계다. 상대존재 자체를 인정치 않는다는 조건과, 그럼에도 불구하고 상호 일상적인 관계를 장기간 이어갈 수밖에 없었다는 점, 그리고 각자 나름의 이데올로기에 충실한 정상적인 체제를 벗어났다는 점에서 모든 조건이 충족된 적대적 공생관계였다. 혹자는 미국의 경우, 마지막 조건인 정상적인 체제를 벗어났는가에 의문을 품을 수 있을 것이다. 소련과의 냉전을 핑계로 분명히 정상적인 민주국가의 모습에서 많이 벗어났었다. 미국 국내적으로는 대표적으로 매카시 사태를 연상하면 될 것이고, 대외적으로는 끊임없이 문제를 일으킨 남미 등 독재권력 개입사태를 생각하면 된다. 소련의 경우 냉전을 핑계로 국내 독재체제가 장기간 타락한 건 물론이고, 동구권 등의 민주화 파괴에 개입하는 등 더 이상 말할 것도 없다. 미·소 등 열강이 냉전체제에서 핵전력 등 무리한 군비확장을 가속화하고, 그것을 정당화한 것은 적대적 공생의 필연적 풍경이었다.

남북관계는 어땠는가? 지금도 그 여파 속에서 살고 있지만, 박정희·전두환 독재야말로 바로 적대적 공생의 플랫폼에 근거했다. 김일성 가계 노동당(공산당) 일당독재는 말할 것도 없다. 우리 국내정치의 가장 극적인 적대적 공생의 사례로는 박정희의 유신헌법 체제[91]를 상기하면 된다. 유신헌법 제35조는 "통일주체국민회의는 조국의 평화적 통일을 추진하기 위한 온 국민의 총의에 의한 국민적 조직체로서 조국통일의 신성한 사명을 가진 국민의 주권적 수임기관이다"라고 돼있다. 주권자인 국민의 의지가 통일주체국민회의로 넘어간 것이다. 이 통일주체국민회의의 존재 목적은 "조국의 평화적 통일"로 못박혀 있는데, 이는 오직 조국의 평화적 통일을 위한 국가기관이 국가의 모든 권력의 원천이 된다는 의미다. 이보다 더 적대적 공생 체제를 잘 활용할 수 있었을까?

박정희와 김일성은 1972년 7월 4일, 북한과 자주·평화·민족적 대단결의 원칙에 의한 평화통일 원칙에 합의했다. 그리고 박정희는 약 반년 후 유신헌법을 선포했다. 마치 서로 짜기라도 한 듯, 북한 김일성도 유신헌법이 공포된 1972년 12월 27일 다음날, '주체사상'을 지도적 지침으로 삼는 사회주의국가 헌법을 선포했다. 굳이 따질 필요도 없이, 김일성 독재가 박정희 독재보다 더 심했다면, 적대적 공생 꼬계도 김일성이 박정희보다 더 악랄하게 활용했을 것은 뻔하다. 온 국민의 충격적 관심 속에 발표된 남북대화가 사실 평화통일은 그저 포장이었고, 독재권력의 강화 수단이 될 유신헌법과 주체헌법을 선포하기 위한 적대적 공생의 흔한 행동패턴이었다고 말해도 할 말 없는 것 아닌가?

적대적 공생이란 관점에서 박정희 이후 전두환 시대까지를 회상컨대, 이루 말할 수 없는 국민적 고통을 초래한 거의 모든 비정상적인 독재행위는 북한의 존재가 꼬계가 됐다. 김대중 등의 정치탄압과 5·18을 북한과 연관시키는 것은 말할 것도 없다. 지금이야 국민의 눈에 자라인지 솥뚜껑인지 웬만하면 분명히 보이겠지만, 당시엔 '빨갱이'라는 한마디면 웬만한 정치사회적 억지는 다 통할 정도로 적대적 공생 플랫폼 기능은 대단했다.

물론 모든 독재가 적대적 공생관계를 필요로 하진 않는다. 하지만 적대적 공생관계라는 플랫폼이 존재한다면 독재를 발생·유지시키는 데 더없이 좋은 조건이 된다. 이를 다른 측면에서 말한다면, 적대적 공생관계는 적대적 관계가 장기간 지속하는 사태를 넘어, 삶을 불가피하게 비정상적으로 왜곡시킬 수밖에 없다는 점이 더 심각한 문제다. 이런 맥락을 모두 고려하면, '적대적 공생'이란 정치 이데올로기적으로는 서로 적대하며 상대존재를 인정하지 않지만, 현실적으로는 어느 일방의 승리가 불가능한 상태에서 기형적으로 변해가는 상대존재에 의존해 마찬가지로 기형적으로 변해가는 자기존재의 생존을 장기간 함께 도모하는 사태라고 정의할 수 있다. 그리고 이를 전제로 체제와 이데올로기가 유지되면 이것이 바로 적대적 공생 체제와 적대적 공생 이데올로기가 된다.

지금까지 언급한 사안들은 크게 주목할 새로운 내용은 아니다. 하지만 지금부터 얘기할 적대적 공생관계 사례는 (일각에서는 비판적으로 당연시하며 언급하기도 하지만) 많은 독자들에게 새롭게 혹은 생경하게 들릴 수도 있다. 나는 (우리나라의 흘러간 옛 시절이 아니라) 현 정치체제도 '적대적 공생'관계로 규정할 수 있다고 본다. 여기서 적대적 공생관계의 두 축은 당연히 더민당과 국힘이다.

적대적 공생의 전형적인 관점에서 볼 때, 더민당과 국힘은 지금까지 말한 조건과는 약간 다르게 변형된 측면이 있다. 지금까지 예로 든 적대적 공생관계는 양측이 같은 강도로 상대존재를 인정하지 않는 관계였지만 우리 국내정치에서 벌어지고 있는 사태는, 주로 더민당이 국힘의 존재를 인정하지 않는 일방적 측면이 상당히 강하다. 물론 국힘도 더민당 자체는 아닐지라도 그 구성원이나 지지세력 중 일부 존재를 이데올로기적인 이유로 부정한다. 어쨌든 더민당은 국힘이라는 당 그 자체, 그리고 국힘은 더민당 안팎의 특정(주로 운동권)세력이 부정의 대상이라는 측면에서 변형된 비대칭적 적대관계지만, 적대적 공생관계의 전형에서 크게 벗어나는 것은 아니다.

그런데 우리나라의 정치상황은 어쩌다 이런 희귀한 사태로까지 발전하게 된 것일까? 우리 근현대사를 생각하면 이상할 게 전혀 없다. 국힘이라는 정당을 부정하게 된 것은 전두환의 민정당을 승계했다고 생각했기 때문이고, 또 국힘 스스로 민정당과 단절된 자기정체성을 스스로 강조하기보다는 은밀하게 정략적인 표계산만 하면서 전두환 유산과의 정치적 단절에 소극적인 행태를 보여왔기 때문이다. 한편 더민당 안팎의 이데올로기적 과거 급진세력 역시 은밀하게 사회주의·공산주의 이념적 정체성은 과거에 한정시키면서도, 공공연하게 과거 민주화운동 경력만을 훈장처럼 자랑삼기 때문에 그들의 과거 이념적 정체성을 부정하는 국힘세력에겐 여전히 참을 수 없는 표적이 될 수밖에 없다. 이 모든 혼란스러운 사태는 우리나라의 정치세력이 역사적으로 투명하게 자기정체성을 확립·표명하도록 국민이 압박하지 못한 대가라고 생각할 수밖에 없다.

한데 적대적 공생의 더 치명적인 유산이 남아 있다. 그것은 지나온 과거사를 지역문제와 결부해 적대적 공생세력 상호간에 이를 놓아주질 않는다는 문제가 있다. 국힘이 전두환의 민정당과 관련된 자기정체성을 모호하게 할수록, 예나 지금이나 호남은 국힘의 존재를 인정하지 않는 논리에 확신을 가질 수밖에 없다. 그리고 국힘세력은 이를 과거 빨갱이 이데올로기의 연장선상에서만 바라보는 습성을 못 버리고 종종 상대존재를 아예 부정해버리는 데까지 나간다. 물론 주로 영남의 맹목적 지지를 기대하면서 하는 행태다. 우리 국내정치 과거사는 사실 오랫동안 혁명만큼이나 치열했다. 다행인지 불행인지 이런 상황이 '타협적 민주화'로 정리되긴 했지만, 과거의 습성에서 못 벗어난 채 그 시대착오적 유산을 가능한 먼 미래까지 가져가고 싶은 많은 정치인과 그 지지자들의 태도가 바로 우리 정치의 적대적 공생을 부추기는 좋은 토양인 것이다. 물론 '타협적 민주화'가 아닌 '혁명적 민주화'였다면 적대적 공생의 토대까지 함께 허물어졌을 수도 있겠지만, 부질없는 역사적 상상에 불과하다.

이런 적대적 공생 사태의 심각성은 정치제도적 진보가 멈췄다는 사실에서 그치지 않는다. 그건 심각한 문제의 시작일 뿐이다. 현재 우리 정치를 규정짓는 적대적 공생의 가장 심각한 부작용은 공동체 규범체계에 대한 공감대가 무너지고 있다는 데 있다. 상대존재를 부정하는 경우 자기존재의 잘못이나 규범위반은 웬만하면 사소한 문제가 돼버린다. 존재 자체가 문제인 상대세력 앞에서 그런 종류의 규범위반 따위가 무슨 대수겠는가? 과거 화염병을 던지며 적대세력과 혁명적으로 투쟁하던 시대를 생각해보라. 화염병 시위가 불법시위라는 사실이 무슨 대수였겠는가? 독재세력이라고 다를 바 없었다. 그들에 겐 누가 뭐래도 '반공'이란 명분이 있는데 은밀한 고문 따위가 무슨 대수였겠는가? 문제는 그런 과거 역사를 아직 현재처럼 느끼며 살고 있단 사실이다. 그것도 소수 국민이 아니라, 여론을 좌우할 정도의 국민이 그렇게 적대적 공생 논리에 공감하며 산다면 우리 정치가 어떻게 앞으로 나가겠는가?

이쯤에서 불만 섞인 반문이 나올 수도 있겠다. '유감스럽게도 수십 년 전에 적대관계였던 당시 기득세력과 급진이념세력의 존재가 지금도 (서로) 여전히 직간접적으로 강렬하게 느껴지는데 어쩌란 말인가?' 부분적으로 이해할 수 있는 말이긴 하다. 하지만 분명히 달라진 상황도 있으므로 그 사실을 정확히 인식할 필요가 있다. 지금까지 나는 앞에서 정치적·법적·이데올로기적·역사적으로 적대적 공생의 시원적 토대는 존재하지 않는다고 주장했다. 우리는 분명히 역사적으로 전두환의 민정당을 포함해 '5공청산' 과정을 거쳤고, '타협적 민주화' 이후의 시대를 살고 있다. 한데 왜 우리는 마치 암울했던 과거사가 지금도 여전히 같은 형태로 지속하고 있는 것처럼, 그렇게 주장하고 또 동조하며 살아야 한단 말인가?

나는 적대적 공생 체제라는 우리 정치환경이 아직 정리하지 못한 과거 유산 때문에 지속하는 측면도 분명히 일부 있다고는 생각한다. 하지만 그 지속을 바라는 세력, 즉 그 지속으로 세속적 이익을 얻는 세력의 이데올로기적 선전·선동 때문에 지속하는 시대착오적 측면이 더 크다고 생각한다. 그럴만한 정치적 토대 때문이라면 우리가 노력해도 이 상황을 지금 당장 바꾸기는 힘들겠지만, 정치적 선전·선동이 더 큰 이유라면 우리들 관점의 각성만으로도 조만간 충분히 극복할 수 있다고 본다. 이런 점이 그나마 위안이 된다.

이제 우리가 따져봐야 할 적대적 공생 체제의 마지막 측면이 남았다. 세상 거의 모든 일이 그렇지만, 적대적 공생의 경우도, 그 체제가 아무리 한심하고 나쁜 것이라 해도, 그 체제에서 이익을 얻는 세력을 만든다. 그리고 급기야 그들은 그런 체제의 지속을 원하는 지경에까지 이르게 된다. 사실 적대적 공생 체제가 구조화되는 경우라도 처음부터 그런 체제를 의도적으로 발생시키긴 힘들다. 혁명이 됐든 전쟁이 됐든, 애초에는 적대세력 서로가 상대를 일거에 타도하려고 작정하는 것이 순서다. 한데 어느 일방의 승리가 불가능한 상태로 소모적 대치 상태가 지속될 경우, 그리고 바로 '그 때문에' 권력·재산 등 세속적 이익이 지배세력에게 돌아오게 되면, 그 지배세력은 이제 애초의 목적과 상관없이 그런 관계를 즐기게 될 것이다. 상상적 주장이 아니라 수없이 반복되는 역사경험적 관찰을 근거로 하는 주장이다.

사실 적대적 공생의 진정한, 그리고 최종적인 부작용은 양측 모두 그런 관계의 지속을 바란다는 데 있다. 그래서 '공생'이다. 단지 함께 할 뿐만 아니라 그 관계의 지속으로부터 세속적 이익을 얻기 위해서, 자기존재가 무너지기를 원치 않는 것만큼이나 상대존재가 무너지는 것도 원치 않는다는 점이 최종 문제다. 그 적대적 공생 체제가 무너질 경우, 별다른 존재감을 가질 수 없는 정치인(세력)들을 생각해보라.

뻔한 얘기 아닌가? 파괴적 언행을 일삼는 그들은 당연히 괴물 같은 상대존재의 타도를 위해서라고 변명하지만, 마찬가지로 괴물처럼 변해버린 자기 모습*을 상대존재가 없으면 무엇으로 정당화하겠는가? 이제 그런 괴물 같은 모습을 즐기게 된 세력이라면, 즉 자기존재의 타락을 영구히 원한다면 역시 마찬가지로 상대존재의 타락도 영구하기를 바라는 무의식적 심리가 지속될 것이다. 이는 희귀한 현상이 아니다. 예컨대 더민당 운동권 정치인들은 국힘 파시스트 정치인들이 5·18을 비하할 때 절망하기보다는 오히려 정치적 활기가 돌 것이고, 거꾸로 국힘 파시스트 정치인들은 더민당 운동권 정치인들이 시대착오적 이데올로기를 강변할 때 한심하기보다는 오히려 존재의 생동감을 느낄 것이다.

　그럼 적대적 공생의 대척점엔 어떤 체제가 있을까? 정치체제를 중심으로 말하자면 우선 상대를 인정하는 경쟁을 전제해야 할 것이다. 그렇다고 개인적·사회적 모든 경쟁관계가 그렇듯 상대가 망하지 않는 것까지 걱정할 이유는 없다. 그저 서로 상대보다 잘해서 스스로 경

● 흔히 인용하는 니체의 "괴물과 싸우는 사람은 자신이 이 과정에서 괴물이 되지 않도록 조심해야 한다"(프리드리히 니체, 김정현 옮김, 「선악의 저편」, 『니체전집14: 선악의 저편·도덕의 계보』, 책세상, 2002, 125쪽)는 경구가 현실화한 상황이다. 한데 이런 상황이 장기화·일상화된다면, 누군가가 애초의 괴물이었고 다른 누군가는 괴물과 싸우다 괴물이 됐다 해도, 그런 선후관계가 괴물들의 진영싸움에 함께 말려든 국민 입장에서 특별한 의미가 있을까? 이유가 뭐였든, 선후가 어떻든, 적대적 두 괴물은 운명공동체 같은 것이어서, 함께 융성하거나 함께 소멸하거나 둘 중 하나일 수밖에 없다. 즉 한 괴물만이 영원히 지배하는 괴물 세상은 존재할 수 없다. 우리 삶의 형태 자체가 그래왔다.

김재원 5·18 퇴행 발언 뒤엔 국힘 파고든 '극우의 그림자'

김재원 국민의힘 최고위원(맨 오른쪽)이 지난 12일 서울 성북구 장위동 사랑제일교회에서 열린 주일예배에 참석해 전광훈 목사(맨 왼쪽), 보수 유튜버 신혜식씨와 함께 대화를 나누고 있다. 전광훈 목사가 운영하는 유튜브 채널 '너알아TV' 갈무리

김 최고위원, 전광훈 교회 방문
"선거 때 도움 받은 보답 형식"
독자세력화 막힌 극우 개신교
'국민의힘 점령' 등 전략 바꿔
작년 가을부터 당원 가입 독려

김기현, 파문 커지자 '경고' 수습
김재원 "헌법 수록 반대 않았다"

김재원 국민의힘 최고위원이 전당대회 당선 나흘 만에 극우 성향인 전광훈 목사가 주관하는 예배에 참석해 5·18 관련 퇴행적 발언을 한걸 두고 파장이 일자, 김기현 대표가 경고하고 김 최고위원도 공개 사과하며 수습에 나섰다. 이번 일을 두고 국민의힘 내부에선 정치 세력화를 노리는 극우 개신교 세력의 당내 유입에 따른 예고편 사태라는 해석이 나온다.

김기현 대표는 14일 기자들과 만난 자리에서 김 최고위원의 '5·18 정신 헌법 수록 반대' 발언에 대해 "적절한 것은 아니었다는 게 제 생각"이라고 말했다. 김 최고위원도 이날 페이스북에 글을 올려 "저의 모든 발언으로 국민 여러분께 심려를 끼쳐드려 매우 죄송하다. 앞으로 조심하겠다"며 "5·18 정신의 헌법 전문 게재에도 반대하지 않을 것"이라고 밝혔다. 앞서 지난 12일 김 최고위원은

전광훈 목사가 주관하는 사랑제일교회 예배에 참석해 5·18 정신 헌법 수록에 "반대한다"고 말해 논란이 일었다. 그는 또 전 목사가 "5·18 정신을 헌법에 수록하겠다는 당의 약속(은) 전라도에 립서비스 하려고 한 것이냐"고 하자 "표를 얻으려면 조상 묘도 파는 게 정치인 아니냐"고 했다. '5·18 정신 헌법 수록'은 윤석열 대통령의 대선 공약이고, 김 대표도 전당대회 기간 이를 약속했다.

정치권에선 지난 8일 전당대회 최고위원 선거에서 최고 득표율로 당선된 김 최고위원이 당선 나흘 만에 전 목사가 주관하는 예배에 달려간 건 '전 목사와 신도들의 지지에 대한 보답'이라는 해석이 나온다. 실제 그날 예배에서 함께 단상에 오른 보수 유튜버 신혜식 '신의 한수' 대표는 신도들에게 "김 최고위원은 여러분들이 만들어주신 것"이라고 말했다. 한 국민의힘 관계자는 "김 최고위원이 선거 때 도움을 받은 데 보답 형식으로 예배에 간 것 같다"며 "전거 기간 전 목사가 동원 가능한 표가 3만표 정도라는 얘기까지 돌았다"고 말했다.

애초 자유통일당 등을 만들어 극우 개신교 세력의 독자적인 정치 세력화를 노렸던 전 목사는 여러차례 총선에서 의회 진입에 실패하자 지난해부터 전략을 바꿔 집권여당인 국민의힘 내부에서 정치 세력화를 꾀하기 시작한 것으로 알려졌다. 최근에는 '국민의힘 점령 운동'을 벌이는 동시에 '22대 총

선 200석 전략'을 공공연히 밝히면서 신도들에게 당원 가입을 독려하고 있다. 10여년 동안 전 목사와 교류해왔다는 한 국민의힘 관계자는 "전 목사의 숙원은 개신교의 정치 세력화"라며 "전당대회 투표권이 있는 책임당원은 3개월 이상 당비를 내야 하기 때문에 전 목사가 지난해 가을부터 움직인 것 같다"고 말했다.

전 목사는 전당대회 과정에서 애초 '태극기 연대'를 맺었던 황교안 전 자유한국당 대표와 결별하고 김기현 대표를 지지하기도 했다. 그러자 황 전 대표는 지난 5일 "공천받으려고 누군가가 황교안에게 50억원을 줬다는 거짓말을 했다"며 전 목사를 경찰에 고소했다.

국민의힘 전당대회에서는 전 목사 외에도 다수의 강경 보수 유튜버들이 활약했다. 신혜식 '신의 한수' 대표와 김세의 '가로세로연구소' 대표는 최고위원 선거에, 김건희 여사 팬클럽 '건희사랑'의 옛 회장이자 유튜브 채널 '강산업티브이(TV)'를 운영하는 강신업 변호사는 당대표 선거에 각각 출마했다가 컷오프됐다. 특히 1월10일 열린 신 대표의 선거 사무실 개소식에는 전 목사와 김 최고위원 외에도 김기현 대표, 당권주자 윤상현 의원이 참석하기도 했다. 한 초선 의원은 "태극기 세력이 당에 유의미한 영향력을 끼치기 시작하면 도로 자유한국당이 될 것 같아 걱정"이라고 말했다.

이재훈 기자 nang@hani.co.kr

▲ 국힘 안팎의 5·18 콤플렉스? 이런 퇴행이 몇몇 개인 당원의 일탈적 행위로 치부되게끔 하기 위해서도, 국힘은 자신의 민주적 정통성·정당성의 근거가 '3당통합신당=민자당'에 있음을 확고히 해야 한다. (한겨레, 2023.3.15.)

쟁에서 살아남기를 바라야 한다. 정당도 마찬가지다. 상대 정당보다 더 잘해서 살아남으면 되는 것이지 상대 정당과 함께 계속 무의식적 '공생'을 도모할 이유는 없다. 이런 변화에서 가장 중요한 건 경쟁이 합리적 차원에서 순리적으로 진행되는 일(게임의 규칙)일 것이다. 한마디로 상대를 인정하지 않는 척하면서도 상대와 타락을 공유하는 '적대적 공생'의 대척점엔 상대를 인정하면서도 선택에서 살아남기 위해 최선을 다해야만 하는 '합리적 경쟁'이 자리 잡을 수밖에 없다.

정리하면, 적대적 공생 체제는 일방이 겉으로는 상대방의 타도를 원하는 것처럼 보일지라도 사실상 타도할 능력도, 의지도 없이(그럴 능력이 있었다면 벌써 누군가 승리를 쟁취했을 것이다), 결국 지지자를 사이비종교의 신도처럼 만들어 '자기 진영에 대한 맹목적 지지 = 상대 진영에 대한 적대적 반감'[•]만을 원하게 된다. 애초엔 그런 맹목적 지지도 상대 타도를 위한 것이라고 선전·선동하겠지만, 그것이 불가능하게 됐을 땐 일상적으로 '공생'하며 정치적·물질적 부당이득을 챙기려는 목적만 남게 될 것이다. 즉 정치인들의 직접적 행태는 차치

• 실제로 한국리서치 여론조사 결과는 그 단면을 적나라하게 보여주고 있다. 우리가 매일 접하는 사회현상만으로도 충분히 짐작할 수 있는 결과인데, "국민의힘, 더불어민주당 지지층 모두 지지 정당에 대한 선호보다 상대 당에 대한 반감이 훨씬 큰 것으로 나타났다. 민주당 지지층 가운데 민주당을 '매우 지지'하는 응답자는 29%였고, 국민의힘을 '매우 반대'한다는 답은 65%로 집계됐다. 국민의힘 지지층에서는 27%가 국민의힘을 '매우 지지'하고, 62%가 민주당을 '매우 반대'했다." 이에 대해 한국리서치는 "어느 한쪽을 지지하는 정도가 높을수록 다른 한쪽을 반대하는 정도가 높은 반비례 관계에 있다"고 설명했다. (「정치 양극화의 원인은 '반감'?…지지정당 선호보다는 상대 당 반감 월등히 높아」, 인터넷 『문화일보』, 2023년 3월 8일.)

하더라도, 주변세력이 적대적 공생 체제를 수익 플랫폼(예컨대 언론·출판, 유튜브, 당파적 여론조사기관, 사이비 시민단체, 사이비 자선사업 등)으로 삼는 행태만 남게 되는 것이다. 그것이 적대적 공생 체제의 피할 수 없는 말로다. 반면 합리적 경쟁 체제에선 정치를 잘하느냐, 못하느냐에 따라서 유권자의 선택이 갈리고, 흥망·생존이 결정되는 일이 반복된다. 매 순간 유권자의 선택을 받아야 한다는 건 정치인들로선 피곤한 일일 것이다. 하지만 정치에서든 무슨 일에서든 합리적 경쟁과 선택은 숙명이다. 피하려 해서는 안 된다.

우리 사회는 민주화를 이룬 지 벌써 수십여 년이 흘렀지만, 여전히 '적대적 공생'이라는 민주화 후유증을 앓고 있다. 좀 더 명확하게 개념적으로 구체화하면, 이 '민주화 후유증'이란 우리나라 민주화는 10여 년(1987년~1997년)에 걸친 타협적 민주화였고, 그로 인해 냉전적 파시스트세력과 혁명적 사회주의·공산주의 운동권세력을 민주적인 헌법이념으로 청산 못 했으며, 그 결과 그 세력들이 퇴행적·위선적인 강성 이데올로기로 민주화 이후에도 여전히 정치적 주도권을 행사함으로써 저강도의 적대적 공생체제가 무기한 연장된 채, 정상적인 민주체제의 발전이 만성적으로 저해되고 있는 사태를 의미한다. 우리나라의 민주화가 혁명적이었다면 강하고 짧았을 후유증이 타협적이어서 약하고 길게 지속하는 건 아닌가 하는 생각도 든다. 하지만 우리가 '타협적 민주화'의 긍정적 측면을 제대로 이해하고 선의로 받아들일 수만 있다면 그 만성적 후유증도 이내 극복할 수 있으리라 믿는다.

3

타개: 국민의힘과 더불어민주당의 뿌리의식은 타당한가

국힘은 우리나라 민주화 역사에 대해 어떤 상념을 가지고 있을까? 당당함? 자랑스러움? 부끄러움? 무관심? 남의 일? 나는 국힘이 우리나라 민주화 역사에 대해 자랑스러움까지는 몰라도 적어도 당당한 마음 정도는 가졌으면 한다. 그리고 그 마음을 키워 자랑스러움까지도 가지게 됐으면 한다. 그냥 억지로 그런 마음만 가지고 정신승리하라는 얘기가 아니다. 그럴 만한 근거가 있으니, 그 근거를 가지고 노력했으면 하는 바람을 말하는 것이다.

나는 우리나라 민주화가 '타협적 민주화'의 특색을 가지고 있다고 주장했다. 한데 내 생각과는 다르게, 만약 국힘이 '역사적폐 기득권' 무의식 속에서 시도 때도 없이 민주화에 대한 막연한 콤플렉스만 드러낸다면 우리나라 정당 체제는 어떻게 되는 걸까? 민주화에 콤플렉스가 있는 주요 정당? 심지어 민주화를 가로막은 정당? 그래서 민주정당 대 반민주정당이 함께하는 정치체제? 이렇게는 역사의 진보는 커녕 역사의 전개 자체도 힘들다. 만약 국힘이 실제로 그렇게 생각하고 있다면 지금 당장이라도 당을 해산하길 바란다. 그것이 나라를 위한 길이다. 하지만 절대 그렇다고 생각하지 않을 것이다. 그렇다면 제대로 된 길을 찾아야 한다. 억지가 아니라 현실의 역사 속에서 지나온 길을 돌이켜보기만 해도 된다.

그런데 국힘의 뿌리를 찾기 위해 어디까지 거슬러 올라갈 수 있을까? 1948년 8월 15일까지? 그게 논리적으로 가능한가? 이는 단지 국힘에만 관련된 일은 아니니 전체적으로 살펴볼 필요가 있다. 사실 국힘 지지성향 이데올로그들은 이승만의 자유당, 박정희의 공화당, 심지어 전두환 민정당까지를 포함한 민자당의 역사를 원하는 것처럼 보이기도 하고, 맞은편의 더민당 지지성향 이데올로그들 역시 가능한 한 멀리 역사를 거슬러 올라가기를 좋아하는 듯하다. 물론 의도적이며, 정략적이다. 이런 관점에 서게 되면, 이승만(자유당)-박정희(공화당)-(전두환 민정당)-노태우(민자당) 이하 그 승계정당 vs. (김구 한국독립당)/송진우(한국민주당)*-신익희(민주당)-유진오(신민당)-김

---

* 더민당 민주연구원 원장 김민석은 문재인 집권 후인 2018년 "한민당(한국민주당)-공화당-민정당(민주정의당)-새누리당으로 이어진 반민주·매국·친일·분단·냉전 노선과 세력에게는 진정한 애국, 자유, 민주가 존재하지 않았다"며 "문재인, 노무현, 김대중 정부의 뿌리를 김구에게서 찾아야" 한다고 주장했다. 이런 주장에 당장 "한민당과 김구 선생이 해방 공간에서 격렬하게 대립했다는 것은 상식"이라며, "더불어민주당의 뿌리를 1955년 민주당에서 찾으면서 한민당은 부정하고 김구 선생에게서 법통을 구하려는 것은 역사에 무식하거나 역사를 무시

대중(평화민주당) 이하 그 승계정당이라는 상상적 대립구도를 만들게 된다.

　나는 현재의 주요 정당이 부질없이 1948년 대한민국(정식)정부 수립과 1919년 대한민국임시정부 수립시기까지 한없이 과거를 거슬러 올라가 정당의 뿌리를 찾는 작업을 하는 건 전략적 의미를 가질 뿐, 정치적·법적·이데올로기적 맥락에서는 무의미한 억지 말장난이라고 본다. 무의미한 걸 넘어, 당장 그런 '불온한' 역사적 도발을 멈춰야 한다고 생각한다. 이유가 뭔가?

　우리나라 역사에서는 고비마다 정치적으로 단절적인 계기가 발생한다. 예컨대 4·19를 보자. 4·19 이후를 보통 제2공화국으로 부르기도 하는데, 만약 국힘이 4·19 전에 존재했던 이승만의 자유당을 승계한다는 뿌리주장을 하면 그건 4·19정신을 부정하는 역사적 도발을 하는 것과 같다. 그렇다면 박정희의 공화당은 어떤가? 부마항쟁과 박정희 사후 반유신 민주화운동에 의해 부정됐다. 그런데도 이데올로기적으로 전두환의 민정당이 박정희의 공화당을 승계했다고 주장하면 어떻게 봐야 하는가? 그렇다 한들 그 민정당도 명확하게 6·10항쟁의 연속선상에서 3당통합신당 민자당으로 단절적으로 청산됐다. 따라서 민자당을 승계한 국힘이 민정당·공화당까지 승계한

하려는 환부역조(換父易祖)일 뿐이다"는 비판이 따랐던 건 당연했다.(「김민석 민주연구원장, "한민당은 반민주·매국·친일·분단·냉전 세력…문재인 정권 뿌리는 김구"」, 인터넷『Daily 월간조선』, 2018년 2월 18일.) 김민석이 밑도 끝도 없이 한민당을 엿장수처럼 박정희 공화당에 갖다붙이는 무논리적 상상력은 놀랍다. 나는 이렇게 자의적으로 역사를 꿰맞춰 주요 정당사를 왜곡하는 불온한 이데올로기적 의도를 심각하게 우려한다.

다고 주장하는 건 6·10항쟁·부마항쟁의 부정이거니와 논리적으로도 완전히 잘못된 자기부정이다. 한마디로 모든 것을 포괄하는 새 국가는 구 국가가 어떠하든 (자식이 부모를 부정할 수 없듯) 그 유산을 전체로 승계한다는 주장이 가능하지만, 국가 내의 일개 정치조직에 불과한 정당은 반드시 그럴 이유가 없다. 오히려 혁명적 단절로 부정된 당시 집권당을 승계한다고 주장하는 건 혁명적 이념 그 자체를 부정하는 역사적 도발이 될 뿐이다.

그런데 혁명적 단절이 일어난 때 집권당이 아닌 야당이었다면 어떨까? 집권당이 아니었으므로 (모든 권력이 부정당한 혁명이 아니라면) 혁명적 청산의 대상이 아니었을 것이고, 그 경우 승계 주장을 하는 것도 정치적으로 가능할 것이다. 그렇다면 현 더민당의 입장(논리)은 뭘까? 이 문제를 이해하기 쉽게 함축한 에피소드가 있다. 지난 2015년 새정치민주연합(현 더민당) 대표 회의실에서 난데없는 소동이 벌어졌다. 난데없었지만 이합집산을 거듭한 우리 정당사를 이해한다는 게 얼마나 힘든 일인지 한눈에 보여준 '역사적 소동'이었다. 얼핏 블랙코미디처럼 보이지만, 진지하게 이 소동만 잘 이해해도, 더민당뿐만 아니라 국힘을 포함한 우리나라 현대정치사를 대충은 이해할 수 있다고 해도 과언이 아니다. 언론에 보도된 사건의 개요는 이렇다.

새정치민주연합이 창당 60주년을 기념해 당 대표 회의실 한쪽 벽면에 걸린 백드롭(배경막)을 놓고 큰소리가 나왔다. 고썬 김대중(DJ)·노무현 전 대통령과 김영삼(YS) 전 대통령의 사진 위치를 놓고서다. 이에 따라 백드롭을 만든 손혜원 홍보위원장은 문제가 된 부분을 수정해 다시 걸겠다고 밝혔다. 9일 국회에서 열린 당 최고위원회의가 끝난 후 일부 지도부 의원들은 손 위원장을 향해 "당의 주인이 누구냐"고 언성을 높였다. 백드롭에서 당 대표인사들인 김대중·노 전 대통령의 사진은 각각 왼쪽·오른쪽 하단에 있는 반면 여당 대표인사인 김영삼 전 대통령이 백드롭 상단 가운데에 큰 사진으로 자리하고 있다는 이유였다.[92]

　우선 사건의 발단은 '새정치민주연합 창당 60주년'을 기념하기 위한 배경막이었다. 창당 60주년이므로 현 더민당은 그 뿌리를 1955년 신익희 민주당에서 찾는다는 의미다. 이 정당은 이승만의 이른바 '사사오입' 개헌 반대를 계기로 형성된 민주주의 지향의 정치세력이었다. 앞에서 나는 헌정사적 사건 속에서 국민에게 부정당했던 대상, 말하자면 당시 정부와 집권당이 아니라면 (반드시 법적인 승계가 없더라도) 정치적으로 정체성을 이어나갈 수도 있다고 했다. 하지만 나는 (위 배경막 사태가 암시하듯) 신익희 민주당의 역사 속 다른 이유에서, 더민당의 창당60주년이라는 정체성 이데올로기가 타당한지 철저하게 비판적 검토를 해야 한다고 본다.
　1955년 신익희 민주당의 정체성은 김영삼의 통일민주당으로 이어져왔다. 한데 김대중의 평화민주당이 1987년 통일민주당에서 갈라져 창당됐다. 그럼 신익희 민주당의 정체성은 어떻게 되는가? 김대중의 평화민주당으로 옮겨갔는가? 아니면 김영삼의 통일민주당과 김대중의 평화민주당으로 나뉘었는가? 그게 아니면 김영삼의 통일민주당이 여전히 독점하는가? 손혜원의 배경막 소동은 '그 정통성이 최소한 나뉘었다'는 정당사적 인식의 혼란스러운 표출이었다. 나는 지금 손혜원의 배경막으로만 얘기하고 있지만, 당시 언론에선 "문재인 대표 측이 YS까지 포함하는 영남 개혁세력 복원을 대권 플랜의 일환으로 공을 들이고 있다는 얘기까지 나온다"[93]는 보도도 있던 실정이었다. 문제는 이런 소동(혼란스러운 인식) 자체가 김영삼의 3당합당 이후에, 어쩌면 바로 그 때문에 벌어지고 있다는 점이다. 그렇다면 김영삼의 통일민주당이 참여한 '3당통합신당 = 민자당'의 민주적 정통성을 어떻게 봐야 하는가라는 문제와, 김대중의 평화민주당이 신익희 민주당의 정통성을 분점하다 3당합당 이후엔 독점했다는 인식이 (손혜원의 배경막 소동이 암시하듯 처음엔 그렇게 인정하지 않고 이데올로기적으로 비난하다) 3당합당 이후에 어쩔 수 없이 정당사적 인식을 되돌려 작위적으로 재정립한 정통성 인식이 아닌가 하는 문제가 남는다. 반드시 대답해야 할 문제다.

일단 어쨌거나, 어떤 경우에도, 이후 김영삼의 통일민주당이 민자당의 주체로 참여한 역사적 사실은 바뀔 수가 없다. 그럼 김영삼의 통일민주당이 합세해 3당통합신당으로 탄생시킨 민자당의 승계정당인 현 국힘은 신익희 민주당의 정체성을 분점한다는 의미인가? 그래서 현 더민당과 국힘 모두 신익희 민주당에서 전적으로 혹은 부분적으로 그 정체성의 기원을 찾을 수 있다는 말인가? 뭔가 좀 이상하지 않은가? 나는 이 문제를 정리하는 중요한 키워드가 있다고 본다. 그것은 이른바 '제6공화국의 탄생'이라고 할 수 있는 1987년의

6·10항쟁이다.

6·10항쟁을 기준으로 우선 국힘의 뿌리와 정체성부터 살펴보자. 사실 이 문제는 (앞에서 대략 정리했듯이) 별로 어려울 게 없다. 국힘의 기원을 거슬러 올라가다 보면 3당통합신당 민자당이 등장하는데, 그들의 출범 공동선언문에 자신들의 정체성이 분명히 표명돼 있기 때문이다. 다시 상기하면, "국민의 선택에 따라 출범한 이 공화국〔6공화국〕"이라는 표현엔 5공과의 분명한 단절적 청산의지가 들어있다. 3당통합신당인 민자당은 분명히 역사적·정치적으로 볼 때 5공청산 과정의 일환이었다. 5공청산이라는 민주적·혁명적 이념이 없었다면 절대 이런 총체적 변화 과정은 일어날 수 없었다. 물론 그 성격이 타협적이었다는 데에 불만이 있을 수 있지만, 역사를 만드는 것은 특정 세력만의 순수한 이념이 아니니 어쩔 수 없는 일이다.

한데 (부질없는 물음이지만) 3당통합신당 민자당의 민정당에 대한 시원적 단절의지가 아닌, 참여했던 각 3당의 기존 정체성(의 합)에서 뿌리를 찾으면 달리 볼 여지도 있을까? 우선 김영삼 통일민주당세력의 민주적 정체성엔 문제가 없다. 하지만 다른 주축인 전두환 민정당세력은 어떻게 봐야 하는가? 이들은 문자 그대로 국민의 6·10항쟁에 의해 그 존립이 부정된 세력이다. 거기에 (역사적 시간의 연속성도 없는) 박정희 공화당을 계승한다는 이데올로기의 김종필 신민주공화당세력도 참여했는데, 박정희 공화당도 부마항쟁과 박정희 사후 반유신 민주화운동에 의해 이미 그 정체성을 부정당했던 세력일 뿐이다. 즉 전두환 민정당과 박정희 공화당은 역사적으로 자기 정체성을 부정하고 새출발할 수밖에 없었던 세력이다. 그런데 이들 세력을 기준으로 '다시!' 민자당의 상상적 정체성을 찾겠다며, 반동적으로 전두환의 민정당, 그리고 밑도 끝도 없이 박정희의 공화당과 이승만의 자유당으로까지 과거를 거슬러 올라가면 그 역사적 의미가 뭐겠는가? 이는 김영삼 통일민주당은 민주화 야합배신세력이라는 더민당 측 주장을 받아들이면서, 동시에 민주화 역사를 거스르겠다는 퇴행적 도발을 하는 것에 불과하다. 그러므로 현 국힘 정체성의 뿌리는 반드시 시원적인 3당통합신당 민자당에서 멈춰야 하고, 또 그럴 수밖에 없다.

그럼 6·10항쟁을 기준으로 할 때, 현 더민당은 어떻게 봐야 하는가? 더민당은 자신들이 생각하고 싶은 대로 신익희의 민주당에 그 뿌리가 있다고 주장하니 일단 거기서부터 시작해보자. 신익희의 민주당은 창당 이래 국민에 의해 그 정체성이 부정당한 역사는 없다. 4·19 이후 집권까지 했지만, 박정희의 5·16쿠데타에 의한 정권붕괴 역사가 있었을 뿐이다. 한데 문제는 다시 1987년 6·10 이후다. 김대중의 평화민주당은 왜 신익희의 민주당을 승계하는 통일민주당에서 갈라져 나왔을까? 이를 이해 못 하면 절대로 우리 정치사를 제대로 이해한 것이 아니다.

상상해보자. 더민당이 신익희의 민주당에서 뿌리를 찾는 식이라면 인적·정치적·이데올로기적으로 얼마든지 더 과거로 거슬러 올라갈 수도 있는데 왜 더 이상의 과거로 거슬러 올라가지는 않는 걸까? 그럴 만한 이유가 있다. 새롭게 세력을 형성한 신익희의 민주당 창당 명분은 이승만의 사사오입 개헌 반대였다. 굳이 당시 정치세력의 과거를 따져 더 거슬러 올라갈 필요도 없이, 어떤 세력이든 그 문제를 어떻게 생각하느냐가 새롭고도 결정적인 정체성이 되고도 남는 일이었다. 그럼 김대중의 평민당 창당 명분, 즉 정체성은 뭐였을까? 김대중의 평민당은 아무 명분 없는 단순한 권력적 이합집산에 불과했는가? 그래서 신익희의 민주당과는 달리, 평민당은 더민당의 독립된 시원적 정체성의 뿌리로 인정할 수 없는가?

나는 김대중의 평민당이 독립된 시원적 정체성을 가지고 갈라섰던 역사적·이데올로기적 근거가 분명히 있다고 본다. 반영남패권주의다. 노무현 이후, 호남은 (2007년 정동영을 제외하고는) 호남인의 대선 직접출마 대신 영남인을 내세운 간접집권을 전략이라며 선택하고 있다. 하지만 민주화 이전부터, 호남은 호남인으로 대선에 출마해 직접집권하려 했던 김대중을 오랫동안 절대적으로 지지했었다. 6·10 이후에도 마찬가지였다. 그렇게 반영패 투쟁의 인적 상징이 된 김대중을 당시 영남군부 파시스트 사조직 하나회는 당연히(?) 기세등등하게 비토했다. 속내는 '영남이 아닌 호남 출신은 안 된다'였지만, 명분은 '빨갱이니까 안 된다'였다. 1987년 당시 '오프 더 레코드'를 가장하며 표출한 그들의 노골적인 반김대중 거부표시는 거의 범죄 수준이었다. 오래전 내가 쓴 책에서 일부를 가필·인용[94]한다.

기자 5·17 당시 많은 군 장성들은 김대중씨가 집권할 경우 이를 받아들일 수 없다는 견해를 나타낸 것으로 알려졌는데, 현재는 어떤가?

박희도[경남 창녕, 하나회] 총장 그동안 변한 것이 별로 없지 않은가. 나나 김대중씨나 변한 것이 없다.

기자 김대중씨가 대통령으로 당선될 경우 군에서는 어떤 반응을 보일 것으로 생각하는가.

최경조[경북 경산] 준장 군이 어떻게 할지 나로서는 예상할 수 없다. 군에서도 표출되지는 않겠지만 개인적으로 그를 지지하는 사람도 있을 것으로 본다. 나 개인으로서는 현재 그를 만나 담판해서 당신은 대통령으로 출마해서는 안 된다고 말하고 싶은 심정이다. 그가 대통령이 된다면 나는 수류탄을 들고 뛰어들고 싶다.

기자 김대중씨가 대통령이 될 경우 불행한 일이 생길지도 모른다고 군부가 경고했다는 외신보도에 대해 어떻게 생각하는가.

고명승[전북 부안, 하나회] 보안사령관 사람은 성장과정과 과거도 중요하지만 현재 어떻게 생각하느냐는 점도 중요하다. 김대중은 해방 직후 좌익 활동을 했고 일본에 있을 때는 한민통 조직과 같이 활동했다. 미국에 있을 때는 어느 대학에 가서 연설을 하는 가운데, 나의 통일론은 북한의 연방제와 같다고 말했다. 사면 복권 후에는 대중경제론을 말하면서 대기업이 중소기업을 착취해왔다고 했다. 그는 절차를 무시하고 혁명적인 방법을 생각하고 있다. 이런 사람이 어떻게 대통령이 될 수 있느냐. 그런 사람이 국군 통수권자가 되었을 때 누가 충성을 바치려 하겠는가.[95]

이들은 당시 각각 육군참모총장, 육군본부 보안부대장, 보안사령관이라는 현직에 있는 사람들이었다. 그런 만큼 이 발언들은 그저 기자들과 한담을 나눈 것이 아니었다. 생각해보라. 군이 명백히 김대중을 거부하고 있다는 메시지가 국민들에게 알려졌을 때(실제로 당시 그 '살벌한 메시지'는 내 귀에까지도 전달됐었다) 어떤 심리를 갖게 될까? 또 한 번의 쿠데타를 각오하고 김대중을 대통령으로 뽑아야 한다고 느꼈을까, 아니면 누가 되더라도 또 한 번의 쿠데타보다는 나을 것이라는 생각을 하게 됐을까? 그들은 그런 식의 공개적 발언으로 세상을 협박하는 고도의 심리전을 펼쳤던 것이다.

실제로 김영삼은 당시 단일화 회동에서 "비토그룹에서도 어느 정도 지지가 있는 사람이 후보가 되어야 한다"고 이를 이용하려 했고, 김대중은 "군 일부의 비토문제를 갖고 후보문제를 논의하는 것은 부끄러운 일이다. 군이 반대하는 사람이 후보가 될 때 군정이 종식될 수 있다"고 반박했다. 결국 김대중은 독자 출마를 결행하면서 "야당 일각에서 비토그룹 운운하면서 이를 후보 선정의 기본조건으로 주장하는 태도를 개탄한다. 이것이 내가 신당을 창당하지 않을 수 없게 만든 직접적이고도 가장 큰 동기다"라고 직접 잘라 말했다.[96] 분명한 것은 영남파시즘의 무력 수단인 군의 협박만으로도 이미 김대중은 당내 경선이든 국민들의 선택이든 공정한 심판을 받을 수 없는 위치에 있었던 것이다.

아마 가까운 과거만 기억하는 사람들은 '영남패권주의'가 우리나라 민주주의를 얼마나 좀 먹고 있었는지 실감 못 할 수도 있다. 이 영남패권주의는 신익희의 민주당이 새로 탄생한 명분이었던 사사오입 개헌 반대만큼이나 역사적으로 중요한 명분이다. 만약 신익희의 민주당을 승계한 김영삼의 통일민주당이 영남패권주의 이데올로기에 편승하려 했다면 그것은 독립된 정체성을 가진 새로운 정당의 창당을 합리화해주고도 남음이 있다. 따라서 내 관점에서 볼 때, 김대중의 평화민주당은 5공청산 역사 속에서 반영남패권주의∈민주주의 정당으로 시원적으로 등장했고, 현 더민당은 그 평민당을 승계했다고 봐야 한다. 그 '승계 이데올로기'를 둘러싼 역사적 맥락은 반드시 기억해둘 필요가 있다. 노무현은 평민당 이데올로기를 인정 못 해 열린우리당 창당으로 김대중의 (평민당을 승계한) 새천년민주당 정체성을 부정한 바 있었지만, 민주통합당(현 더민당)의 문재인은 그랬던 노무현의 열린우리당 창당을 호남에 사과함으로써, 노무현의 열린우리당 이데올로기는 정치적으로 패배·소멸했다.

정리하면, 나는 6·10항쟁 이후 제6공화국이라고 부르는 새로운 국가적 정치환경 속에서 우리나라에 과거와 이데올로기적으로 단절한 새로운 정치세력(정당)들이 시원적으로 형성됐다고 본다. 그리고 그것은 6·10항쟁 속에서 제6공화국이 탄생하는 역사 발전에 조응하는 순리적 진전이었다고 생각한다. 이런 관점에서 나는 더민당의 뿌리는 '반영남패권주의∈민주주의'를 명분으로 하는 김대중의 평민당에서 찾아야 하고, 국힘은 두말할 필요도 없이 '민정당청산∈5공청산'을 명분으로 형성된 정치세력인 민자당이 뿌리라고 생각한다. 이렇게 내가 김대중의 평민당과 3당통합신당 민자당이라는 두 정당을 자신의 정치적 뿌리(정체성)를 더 이상 기존의 정당으로 소급할 수 없는 시원적 정당이라고 생각하는 근거는 이념적 단절성을 내재하는 역사적 시원성에 있다.

그런데 국힘세력 중 일부는 박정희에 대한 우호적 평가를 독점하려 역사를 한없이 거슬러 올라가려는 시도도 하는 것으로 보인다. 이는 상상적 억지다. 박정희든, 전두환이든, 그들의 역사적 평가는 1987년 6·10 이후 새롭게 형성된 정치세력으로서 5공청산을 위해 출범한 민자당을 승계하는 국힘이 독점하거나 떠안을 문제가 아니다. 그 평가는 찬사든 혐오든, 우리나라와 우리 국민이 지난 역사로서 함께 떠안고 가야 할 문제다. 그러니 국가가 아닌 일개 '정당'인 국힘은 주제넘게 '국가발전(산업화)' 공로를 독점하기 위해 쓸데없이 자신의 뿌리를 과거로 거슬러 올라가 찾음으로써 오히려 '역사적폐 기득권' 콤플렉스에 매몰되는 우를 범하지 말기 바란다. 그럴 열정이 있으면 차라리 미래를 바라보며 희미해진 민주적 정통성·정당성을 복원·강화하는 생산적인 일에 매진하기 바란다. 그것이 국힘뿐만 아니라 나라를 위해서도 바람직하다.

마찬가지로 더민당도 김대중의 평민당 창당과 김영삼의 민자당 합류라는 명백한 역사적 사실에 눈감으면 안 된다. 그리고 논리적 억지를 부려가며 자신들의 뿌리를 굳이 과거로 거슬러 올라가 확장했을 때, 어떤 역사적 부담을 져야 하는지도 인식해야 한다. 우선 더민당은 김영삼의 민자당 합류라는 역사적 사실을 비하하는 논리적 맥락에서 김영삼의 '3당합당'을 이른바 '정통 야당사의 이탈＝야합배신'으로 규정하는 아전인수의 독선·독단적 관점부터 거두어들여야 한다. 반복하지만 그 '정통 야당사'를 담보했던 김영삼의 통일민주당세력은

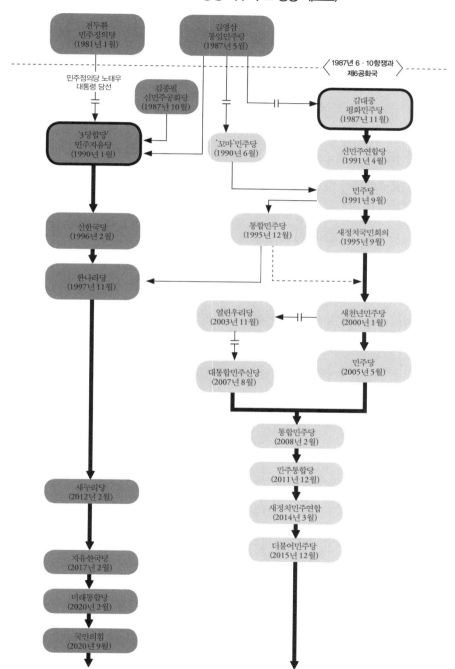

〈1987년 6·10항쟁 이후 주요 정당 계보도〉

전두환·민주정의당 (1981년 1월)

김영삼 통일민주당 (1987년 5월)

〈1987년 6·10항쟁과 제6공화국〉

민주정의당 노태우 대통령 당선

김종필 신민주공화당 (1987년 10월)

김대중 평화민주당 (1987년 11월)

'3당합당' 민주자유당 (1990년 1월)

'꼬마'민주당 (1990년 6월)

신민주연합당 (1991년 4월)

민주당 (1991년 9월)

신한국당 (1996년 2월)

통합민주당 (1995년 12월)

새정치국민회의 (1995년 9월)

한나라당 (1997년 11월)

열린우리당 (2003년 11월)

새천년민주당 (2000년 1월)

대통합민주신당 (2007년 8월)

민주당 (2005년 5월)

새누리당 (2012년 2월)

통합민주당 (2008년 2월)

민주통합당 (2011년 12월)

자유한국당 (2017년 2월)

새정치민주연합 (2014년 3월)

미래통합당 (2020년 2월)

더불어민주당 (2015년 12월)

국민의힘 (2020년 9월)

민정당을 부정하는 민자당에서 시원적으로 새출발했고, 김대중의 평화민주당 역시 그 '정통 야당사'에서 독립해 이데올로기적으로 새출발한 시원적 정당이다. 1955년 신익희 민주당에서 그 기원을 찾는 더민당의 뿌리의식은 상상적 역사이데올로기이자 역사왜곡일 뿐이다.

그럼에도 불구하고 더민당이 기어이 그 상상적 뿌리의식을 거두지 않겠다면 물을 수밖에 없다. 이 질문에 분명히 대답해야 하는 것은 민주정당으로서 피할 수 없는 역사적 책무다. 더민당은 1955년의 신익희 민주당이 자신들의 뿌리라고 생각하면 그 민주당의 주도세력이었던 조병옥 이데올로기와 역사적 과오도 자신의 뿌리로 삼을 준비가 돼 있는가?

조병옥은 항일이력과 함께 친일논란도 있는 인물인데다, 무엇보다 미군정청 경무부장으로 친일경찰을 대거 비호·등용하고, 서북청년단 투입 등으로 4·3 제주양민학살에 결정적으로 책임 있는 인물로 평가[97]된다. 말하자면 5·18 광주양민학살에 전두환의 책임을 묻듯이, 4·3 제주양민학살에 조병옥의 책임을 묻는다면 어떤 결론에 이르는가? 나 같은 경우도 지금까지, 국힘을 전두환 민정당의 승계정당이라며 민주적 정통성·정당성을 부정했었는데, 더민당을 조병옥 민주당 승계정당이라는 이유로 민주적 정통성·정당성을 부정한다면 그 대답이 뭔가? 2022년 5월 18일 대통령 윤석열과 국힘 국회의원들이 5·18 기념식에 참석한 것에 대해 더민당 이재명이 "원래 국민의힘이 광주학살세력 후예지 않습니까? 민정당·군사정권의 후예들인데 (…)"[98]라고 주장하자, 당장 이런 질문을 당했다.

만일 오늘날 더불어민주당이나 이재명 선대위원장을 향해 누군가가 "민주당의 주역 조병옥이 4·3제주학살의 주역이니, 더불어민주당은 4·3학살세력의 후예"라고 비난한다면 그들은 수긍할까?[99]

물론 4·3과 5·18의 성격, 조병옥과 전두환의 역할, 그리고 조병옥과 1955년 민주당의 관계와 전두환과 민정당의 관계 등 여러모로 차이는 있다. 하지만 조병옥이 1955년 민주당 창당 주도세력(1960년 대선의 민주당 대통령후보까지 된다)이었음은 틀림없으니, 성격과 정도 차이일 뿐 같은 논리적 맥락에서 따져 물을 수밖에 없다. 지금 나는 현 더민당은 1955년 신익희 민주당의 승계정당이라고 스스로 주장하니, 그 민주적 정통성·정당성을 인정할 수 없다는 주장을 하려는 게 아니다. 내 주장의 취지는 더민당은 1987년 김대중 평민당이라는 시원적 정당을 뿌리로 하면서도, 왜 존재하지도 않는 과거 역사와의 억지 인연(신익희 민주당)을 찾아 가짜 족보를 펼치느냐는 것이다. 민자당은 민정당과의 인연을 끊는 역사적 의식을 치렀는데, 더민당은 왜 끊어진 억지 인연을 꿰매 오히려 과거 우리나라의 흑역사를 자신의 것으로 만들려고 하는가? 우매한 짓이다.

아직 우리나라 정당정치의 역사가 오래지 않아 인적 이합집산과 편의적 정파 결집이 잦다. 이 와중에 국힘이나 더민당이나 유구한 역사의 모든 영광은 자기 당에서 취하고 모든 오욕은 남의 당으로 떠넘기고 싶은 '엿장수 마음'이 강할 수 있다. 하지만 역사를 그렇게 의도적으로 선/악, 공/과로 나누어 선과 공만을 취하는 것은 사실상 불가능하다. 1987년 6·10 전에 일어난 전체로서의 대한민국 통사通史 주인은 일개 정당이 아니라 전체로서의 국민이다. 국힘이나 더민당이나 존재하지도 않고, 불온하기까지 한 억지스러운 통사적 정당기원에 연연해선 안 된다. 1987년 6·10항쟁과 제6공화국의 출범과정에서 평민당·민자당이 시원적으로 새출발했던 배경과 원인을 올바로 파악하고, 그 정체성의 확립과 발전에 매진하기를 바란다.

4
해결책: 민주주의 조건으로서의 복수정당제

우리나라는 민주국가일까? 우리의 삶이 대체로 여러 민주제도 속에서 영위되고 있다고 생각하는 사람이라면 우리나라를 민주국가라고 부르는 데 주저함이 없을 것이다. 사실 민주국가 여부를 어느 하나의 제도나 조건만으로 판단할 수는 없으므로 다소 불완전한 면이 있다 해도 그 때문에 우리나라를 막무가내로 민주국가가 아니라고 하는 건 무리다. 물론 어느 나라든 헌법체계의 불완전성 때문에 민주주의를 실현하는 데 어려움이 있을 수 있고, (여기서 이 헌법체계적 문제를 핵심주제로 다루진 않겠지만) 우리나라도 민주주의 관점에서 이런저런 헌법체계적 문제를 제기할 순 있다. 하지만 우리나라는 현실적으로 민주국가로서 불완전한 면이 있을지라도 규범적으로 민주국가를 지향하는 나라인 것만은 틀림없다.

한 국가가 민주주의를 지향하는지 아닌지 판단하는 근거는 당연히 헌법이다. 하지만 문자로 된 규범은 언제나 그 실현 내용이 현실과 잘 맞는가 하는 문제가 제기된다. 심지어는 독재체제에서도 헌법 문장은 그럴듯하게 꾸며놓는 경우가 일반적이다. 그러니 우리나라 헌법 규범이 문자로 민주주의를 지향한다는 것과 별개로, 우리나라 민주주의의 수준을 가늠할 때도 반드시 헌법 문장과 그것이 실현되는 헌법 현실 사이의 간극을 고려하며 판단할 필요가 있다.

나는 민주주의와 관련해 우리나라 정치의 가장 큰 난제는 정당문제라고 생각한다. 거의 모든 나라에서, 심지어는 공산체제 하에서도 정당은 정치제도의 기반인데, 정당제도적 측면에서 난제가 있다면 이는 주변적인 문제가 아니라 민주주의의 기반에 관한 문제라고 할 수 있다. 이 문제를 검증하기 위해 우선 우리 헌법의 정당규정 문장부터 살펴보자. 헌법의 정당에 관한 첫번째 문장(제8조 제1항)은 "정당의 설립은 자유이며, 복수정당제는 보장된다"이다. 여기에 무슨 문제가 있는가? 아무 문제 없다. 그럼 된 거 아닌가? 아니다. 이 헌법 문장만으로는 부족하다. 우리의 문제는 헌법이 보장하는 이 정당규정을 현실적으로는 실현 못 하고 있다는 데 있다. 이는 헌법 실현을 제대로 못 하는 통상적 형태와 달리, 헌법과 권력이 굳이 그 자유를 억압하지 않고 보장하는 데도, 국민 스스로 그 자유 실현을 못 하는 아주 특이한 경우다.

어쩌면 많은 독자들이 지금 정당에 관한 나의 문제제기 자체를 잘 납득 못 할 수도 있을 것이다. '우리나라 헌법은 정당설립의 자유를 보장하고, 현재 대한민국 정당이 한두 개도 아니다. 그렇다면 현실적으로도 복수정당제는 잘 실현되고 있는 것 아닌가? 그런데 무슨 문제가 있다는 건가?' 지금 내가 문제제기하는 관점은 이런 것이다. '헌법은 정당설립의 자유를 보장하지만, 현재까지도 대한민국 영호남(수도권의 많은 영호남 출신들까지 포함해서)에서는 하나의 당이 독점적 지배정당 위치에 있다. 즉 실질적으로 전국적인 차원의 복수정당제를 실현 못 하고 있다. 민주주의 실현을 위해 이 문제는 반드시 타파해야 한다.' 구체적으로 1987년 이후 지금까지 대부분의 세월 동안, 영호남은 대체로 약간의 정도 차이는 있었지만, 일당지배 체제였다. 즉 복수정당 체제가 아니었다. 권력의 물리적 강제가 있었는가? 특별한 물리적 강제는 없었다. 영호남 스스로의 이데올로기적 선택으로 독점이 굳어졌는데, 이는 후술하게 될 '자연독점'과도 상당한 차이가 있다.

우리는 민주주의 제도 하에서 복수정당제의 실현이 어떤 의미가 있는지 좀 더 구체적으로 정리해볼 필요가 있다. 민주체제에 익숙한 우리는 보통 국가와 정당의 관계를 국가 내에서 여러 정당이 설립과 활동의 자유를 보장받아 서로 경쟁해 정권을 장악하는 메커니즘이라고 생각한다. 그래서 공산주의 국가도 비록 일당독재 체제지만 국가 내에서 하나의 정당(과 위성정당)만이 그 존재를 인정받아 '독재'를 하는 메커니즘이라고 상상하기 쉽다.

하지만 공산국가의 논리체계는 발상의 토대가 다르다. 공산국가에서는 국가가 아닌 당이 우위에 선다. 즉 공산당이 지배정당으로서 조직되고, 이 공산당의 영도 아래 국가가 조직되는 것이다. 물론 그 공산당은 수령의 지도로 과업을 성취한다. 따라서 결국 수령이야말로 시원적 빅뱅이며, 모든 것이다.* 우리가 국가를 먼저 조직하고 국가 내에서 여러 개의 당이 경쟁해 집권한다고 가정하는 논리와 천양지차다. 예컨대 우리는 수령과 정당 없이도 국가는 얼마든지 건설할 수 있다고 상정한다. 1917년 러시아에서 공산혁명이 일어나기 121년 전인 1796년에 미국 초대 대통령 조지 워싱턴이 남긴 대통령 3선 사양 고별사는 공산체제 논리와는 정반대의 생각을 인상적으로 담고 있다.

파벌 대립은 여러 시대, 여러 나라에서 가장 경악할 범죄를 자행했던

● 이런 관점에 서면 규범적으로도 헌법 위에 당 강령, 그 위에 수령의 사상이 자리 잡을 수밖에 없다. 북한 헌법은 이런 관념을 서문(전문)에 "조선민주주의인민공화국과 조선인민은 위대한 김일성동지와 위대한 김정일동지를 주체조선의 영원한 수령으로 높이 모시고 조선로동당의 령도밑에 위대한 수령 김일성동지와 위대한 령도자 김정일동지의 사상과 업적을 옹호고수하고 계승발전시켜 주체혁명위업을 끝까지 완성하여 나갈 것이다"고 못박고, 헌법 제11조에 "조선민주주의인민공화국은 조선로동당의 령도밑에 모든 활동을 진행한다"고 규정한다. (법제처 통일법제데이터베이스, 「조선민주주의인민공화국 사회주의헌법(2019. 8. 개정)」, http://www.unilaw.go.kr/bbs/selectBoardArticle.do.) 중국의 경우도 대동소이하다. 머리말(전문)에 "1949년 중국 각 민족 인민은 마오쩌둥 주석이 수령이었던 중국 공산당의 지도로 (⋯) 신(新)민주주의 혁명의 위대한 승리를 쟁취하여 중화인민공화국을 건립하였다"고 선언적으로 못박고, 헌법 제1조에 "중국 공산당의 영도는 중국특색 사회주의의 가장 본질적인 특징이다"고 규정한다. (법제처 세계법제정보센터, 「중화인민공화국 헌법 (2018년 3월 11일 개정)」, https://world.moleg.go.kr/web/main/index.do.) 공산주의 체제는 이런 논리가 바탕이 되기 때문에, 예컨대 '수령론은 이상하니까 수령론은 빼고 주체사상을 받아들인다'는 식의 주장은 '갈비는 안 좋아하니까 갈비를 뺀 갈비탕을 먹겠다'는 소리와 진배없다.

바, 자연히 복수심으로 첨예해진 파벌이 번갈아 지배하는 것은 그 자체로 끔찍한 폭정이다. 문제는 이것이 결국 더 공식적이고 영구적인 독재로 귀결된다는 점이다. 혼란과 불행은 점차 한 개인의 절대권력 속에서 안전과 휴식을 찾도록 인간의 마음을 기울게 한다. 그리고 경쟁 파벌보다 유능하거나 운 좋은 지배 파벌의 수장은 조만간 공중의 자유를 파멸시키고, 이런 성향을 그 자신의 지위 상승이라는 목적을 향하도록 만든다.[100]

말하자면, 조지 워싱턴은 정당 → 수령 → 장기집권 독재로의 진행과정을 경계했다. 오늘날의 민주체제는 이 문제를 복수정당제는 살리되 조지 워싱턴이 토대를 닦은 '연임제한' 정권교체로 해결한 셈이다. 어쨌든 공산국가의 경우 수령과 당이 타락하는 건 국가의 전제가 타락하는 것인데, 그 타락을 막을 방법이라곤 수령의 (기대할 수 없는) 끊임없는 자기성찰, 당내 경쟁과 비판정화 작용 외에는 없다. 물론 공산국가에서도 큰 정치적 계기가 있을 때 수령 격하운동 같은 당내 정화메커니즘이 작동하기도 한다. 하지만 공산 일당독재 체제 내에서, 특히 수령에 대한 당내 경쟁과 비판이 일상적으로, 생명·신체·재산의 위협을 느끼지 않고 이뤄지기를 기대하기는 힘들다.

한편 자본주의 민주국가에서 국가와 당의 관계에 대한 이념은 어떤 식인가? 하나의 당은 그 당이 아무리 훌륭해도 국가가 자유로운 활동을 보장하는 하나의 당일 뿐이다. 다른 당과의 경쟁은 피할 수 없으며, 국민의 일상적인 선택에 그 운명이 좌우되는 메커니즘 속에서 활동할 뿐이다. 그리고 당연히 우리는 여러 정당이 합리적으로 서로 경쟁·비판하는 것이 곧 국가의 민주이념 실현이라고 생각한다. 한데 민주 체제인데도 오직 하나의 당이 선택의 여지없이, 즉 잘하든 못하든 상관없이, 이데올로기에 의한 '독점'적 지배정당으로 존립한다면 어떤 일이 벌어질까? 그런 현상의 원인과 상관없이 그런 체제는 인간의 본성에 따라 반드시 타락하게 돼 있다. 정치적으로 응징당할 염려가 없는데 누구라도, 왜 타락하지 않는단 말인가?

영호남에서 스스로 원해서 일당지배 체제를 용인하면서도 그 부작용에 대해 끊임없이 불만이 터져 나오는 건 당연한 이치다. 하지만 불만이 있어 봐야 해결책이 뭐겠는가? 공산국가 일당독재 메커니즘처럼 당내 정화작용밖에 더 있겠는가? 현실적으로 영호남 일당지배 체제의 당내 정화작용은 유권자들의 응징이 아닌 읍소에 가깝게 진행된다. 한마디로 이런 일당지배 체제 지역이 실질적으로 광범위하게 존재한다면, (국가의 분열을 전제하지 않는 이상) 이는 당연히 전국적인 복수정당제를 규정한 민주헌법 이념에 맞지 않으며, 따라서 (정도의 문제일 뿐) 민주 체제를 위협하는 현상이라고 말할 수밖에 없다.

그런데 우리는 이와 관련해 마땅히 해야 할 한 가지 질문이 있다. 영호남의 이런 이데올로기적 일당지배 체제는 왜 생겨났는가? 그리고 어떻게 여태 그렇게 오랫동안 지속될 수 있는가? 발생이유는 지속이유보다는 훨씬 쉽게 대답할 수 있다. 영남에서는 박정희 영패로부터 발생해 전두환 영파 정당 옹호로까지 이어져 악화됐고, 호남에서는 박정희 영패 피해로 시작돼 5·18 광주학살을 당하며 일당저항 체제가 돌이킬 수 없게 됐다. 역대 지역별 투표성향 등 이에 관한 내용은

민주당은 호남, 통합당은 영남 압승… 재연된 '동서대립'

與 호남 28곳 중 27곳 승리 확실
울산·경북·부산·경남 통합당 일색

정권 안정론 vs 심판론 구도 속
거센 진영 대결이 지역 자극도

심재철·정우택 등 野 중진들 부진

'조국 전사' 김용민·김남국 고전

▲ 선거 때마다 몰표를 통해 드러나는 특정 정당의 특정 지역 일당지배 현상은 박정희 영패와 전두환 영파에 대한 옹호와 저항의 반복 재현에 다름 아니다. (한국일보, 2022.4.16.)

앞에서 이미 충분히 기술했다. 이와 관련해 그간 제시했던 나의 실패한 해결책에 대해서 짚고 넘어가야겠다. 주어진 조건하에서 제시했던 해결책이었던 만큼, 일어난 상황변화에 따라서 제도적 미련을 없애는 데 도움이 될 수 있을 것이다.

나는 지금까지 수십 년간의 박정희 영패·전두환 영파(그리고 지금 이 책에서 내 개인적 입장을 바꾸고 있지만 이후 지속된 전두환 민정당 연장) 체제를 반대하기 위해 호남의 평민당계열 일당지배 체제, 그리고 노무현의 '양비론 영남패권주의'의 실체가 드러난 이후에는 제3당을 통한 복수정당제 확립을 옹호했었다. 호남 입장에서, 오래된 박정희 영패·전두환 영파 체제에 저항하기 위해 달리 어떤 선택이 가능했겠는가? 그런 선택은 지극히 당연하고, 합리적인 반응이었다. 마치 우리 역사에 아무 일도 없었던 것처럼 호남에 김대중 당이든 전두환 당이든 균형감 있게 선택하라고 주장하는 건 유대인에게 독일 히틀러 나치당을 균형감 있게 대하라고 선동하는 식의 파렴치라고 생각했다. 그리고 그 생각은 '3당통합신당 민자당' 전 상황에 국한해 말한다면 지금도 달라진 게 없다.

그런 생각의 연장선상에서, 호남은 설령 지역정당 체제가 된다고 해도 호남 일당지배 체제 혹은 국힘을 배제한 복수정당제로 영패·영파 연장 체제에 저항하는 것이 불가피하다고 봤다. 물론 모든 것을 다수가 독식하는 대통령제와 소선거구제 국회의원 선출방식 하에서는 지역적 일당지배 체제를 통한 저항 한계는 명확하다. 따라서 지역이든 계층이든, 여타 어떤 정치세력이든 자신들의 정치적 지분만큼 정치권력을 배분받는 연동형 비례대표제와 그것을 바탕으로 하는 내각제를 통해 다수의 소수에 대한 일방적 영패를 저지하는 것이 최선이라고 생각했다. 이 소수엔 경제적 약자도 포함될 것이며, 복지 분배제도를 위해서도 권력 분배제도가 반드시 필요하다고 생각했다. 참고로 다음은 내가 국회 헌법개정특별위원회 자문위원으로 참여해서 발언했던 내용이다.

저는 자문위 분과에서 연동형 비례대표제, 즉 제2안을 제시하고 동의를 구했기 때문에 그 입장에서 말씀을 드리겠습니다. (…) 만약 지역구와 비례대표 선거를 정당별 지지율에 의해 연동한다는 구체적인 표현이 들어 있는 제2안 대신 제1안처럼 비례성 원칙만을 규정을 한다면 그 비례성이 무엇을 의미하는지 불명확해질 수밖에 없습니다. (…) 심지어 연동형 비례대표제가 아닌 병립형 비례대표의 숫자를 늘리는 것만으로도 비례성 원칙에 부합한다는 해석이 나올 수도 있습니다. (…) 정당별 지지율에 비례하는 연동형 비례대표제를 염두에 둔다면 그 헌법 조항을 모든 국민이 이해할 수 있도록 구체적으로 표현하는 것을 마다할 이유가 없습니다.[101]

하지만 이런 주장과 의도는 현실과 그리고 그 저변의 이론 면에서 모두 실패했다. 우선, 현실적으로 우리 국민은 대통령제 외의 정치체제에 대해서 많은 거부감이 있다고 봐야 할 듯싶다. 4·19 이후 내각제가 박정희 쿠데타로 무너진 경험, 일본의 내각제 운용 메커니즘에 대한 관찰자적 거부감, 혹은 6·10항쟁 이후 직선제 대통령제에 대해 확고해진 신념 등 정확히 그 원인이 무엇이라고 자신 있게 말할 순 없지만, 적어도 현재까진 내각제는 국민에게 잘 받아들여지지 않는 비호감 제도인 것만은 분명한 듯싶다. 물론 내겐 정치적 지지율(정당지지율)만큼 의석을 점유하는 연동형 비례대표제에 기초한 내각제와 승자독식 다수대표 선거제도에 의한 내각제는 별개의 제도라고 생각할 만큼 차이가 크다. 하지만 국민은 (그 내용을 잘 몰라서일 수도 있지만, 어쨌든 경험적으로 말하자면) 연동형 비례대표제에 기반을 두든 아니든 별 상관없이 상대적으로 내각제를 선호하지 않는 듯하다. 그런 면에서 내 주장은 현실적으로 성공하기 힘든 희망에 불과했다.

다음으로, 나는 지금까지 모든 정치제도에 관한 주장에서 논리적·현실적으로 3당통합신당 이후 달라진 상황을 인정하지 않았었다. 즉 논리적으로 민자당 승계정당인 국힘은 전두환 민정당의 승계정당

일 뿐이니 호남이 인정할 수 있는 복수정당제의 대상이 아니었다. 국힘을 배제하는 건 정책적 선호나 정치인 개개인의 잘/잘못 문제가 아니었으며, 정당의 민주적 정통성·정당성의 부재에 관한 문제였다. 이 문제는 직관적인 예를 통해 그 의미를 분명히 할 수 있다. 우리가 어떤 특정 정당의 정통성·정당성을 부정한다면 그 정당이 아무리 좋은 정책이나 인물을 내세워도 그 정당의 모든 것을 거부할 수밖에 없다. 하지만 그게 아니라 단지 정치(정책)적 선명성 문제일 뿐이라면 그 정당이 성찰을 통해 새롭고 좋은 정책이나 인물을 내세운다면 그것을 부정할 근거는 없다. 이런 관점에서 나는 일당지배 체제 혹은 국힘 배제 복수정당제를 의심하기는커녕 논리적으로 오히려 호남에서 한 표라도 국힘 지지가 나오는 것이 더 문제라고 생각했다.

　하지만 이는 (정치현실적 이념과 시대상황을 고려하지 않는다면) 분명한 논리적 오류(실패)였다. 우리 국민은 역사적으로 분명히 타협적이었지만 5공청산을 했고, 3당통합신당 민자당은 전두환의 민정당을 단절적으로 청산한 당이다. 생각해보면 개인적으로 나는 노무현의 열린우리당 창당에 대해서는 요란한 선언도 아닌 발언과 의도(물론 그것만으로도 충분하긴 하다)를 문제 삼아 새천년민주당의 정체성 부정이라며 저작과 미디어를 통해 능력껏 저항했으면서, 반면 온 나라를 들썩였던 민정당 정체성 부정인 '3당합당'에 의한 민자당 창당에 대해서는 마치 역사 속에서 아무 일도 일어나지 않은 '투명 사건'처럼 철두철미 도외시했다. 심지어 고의로 그런 것도 아니니, 그간 나의 잘못된 논리적 확신은 스스로 생각해봐도 거의 미스터리다. 이 책으로 상당히 혼란스러울 수도 있는 '논리적 문제'가 정리될 수 있기를 바란다. 이 책에서 나름 그렇게 된 연유에 대한 구체적 설명 혹은 변명을 정연하게 하고 있다고는 생각하지만, 어쨌든 논리적 혼란을 일으킨 데 대해서는 죄송한 마음이다.

그런데 아마도 내 정치 관련 글을 처음 읽는 독자 중에는, 지금까지 수없이 많은 유권자가 수없이 많은 기회에 이미 민자당 승계정당에 투표해왔고, 대다수 학자 등 유명인들도 기꺼이 선택 가능한 정당이라고 주장해왔던 마당에, '민자당 승계정당의 시원적 정통성·정당성을 부정했던 그간 나의 잘못된 논리를 취소한다'는 개인적 성찰이 '사적인 차원을 넘어 사회적으로 다른 이들이 귀담아들어야 할 무슨 특별한 의미가 있냐'고 반문할 수도 있을 것이다. 예컨대 최장집은 "정부가 실패하고 리더십을 보여주지 못했다면 교체되는 것이 당연하다. 한나라당이라서 안 되고 하는 그런 것은 없다"[102]는 주장을 일찌감치 거리낌 없이 했다. 그보다 더 한참 일찍 유시민은 "혹시 선거법이 바뀌어 '재외국민'도 투표할 수 있는 길이 열릴 수도 있고, 그 〔신한국당〕 후보가 너무나 마음에 들어서 비싼 비행기삯을 물어가면서 한 표를 찍으러 한국으로 날아갈 수도 있는 일이 아닌가?"[103]라는 솔직한 마음을 자유롭게 펴 보이기도 했다.

하지만 얼핏 혼자서 뒷북치는 듯한 지금 나의 주장은 논리적으로 두 가지 면에서 특별한 의미가 있다. 하나는, 다른 지역은 몰라도 적어도 호남은 (투표현상으로만 볼 때) 민자당 승계정당의 정통성·정당성을 인정하지 않았다고 볼 수밖에 없다. 물론 호남이 공식적인 선언으로 이 투표현상을 설명할 수는 없으므로 추론할 수밖에 없는 문제지만, 나는 이 호남의 투표성향을 '민자당 이후 지금까지의 승계정당은 모두 민정당의 승계정당일 뿐이므로 호남의 그런 투표행위는 당연하다'는 논리로 정당화했다. 한데 민자당의 시원적 정통성·정당성을 인정한다면 호남의 정책·인물과 무관한 투표성향과 나의 정당화 논리는 주된 근거를 상실하게 된다. 그와 관련된 한에서 지금 나의 논리적 성찰은 개인을 넘어 (특히 호남 입장에서 생각할 때) 사회적으로도 숙고가 필요한 특별한 의미가 있다.

다음은, 앞서 얘기했던 대로 민자당 승계정당에 기꺼이 투표했던 유권자와 그렇게 투표할 수 있다고 주장한 유명인들의 논리 입증 문제다. 그들이 어떤 사안을 논리적 근거도 없이 닥치는 대로 주장하는 게 아니라면, 민자당 승계정당의 정통성·정당성 문제를 어떻게 생각한 걸까?● 설마 민자당이 시원적·역사적으로 전두환 민정당을 승계

● 예컨대 앞에서 예로 들었던 최장집은 "협애한 이념적 대표체계에서 〔평민당, 민정당, 통일민주당은〕한결같이 보수적이기 때문에 정당간 이념적 차이는 의미가 없다"(최장집, 『민주화 이후의 민주주의』, 후마니타스, 2002, 109쪽)고 주장했다. 이런 관점에서 본다면 3당합당은 무슨 경천동지할 일도 아니고, 선악 가치판단 문제도 아니며, 보수세력간의 정략적 연대에 불과할 것이다. 그리고 그런 시각에서, 정권교체를 하는데 "한나라당이라서 안 되고 하는 그런 것은 없다"는 주장이 자연스레 나왔을 것이다. 문제는 주장의 결론이 아니라 그 근거의 타당성이다. 그의 주장을 번역하면, 보수정당들인 김대중 평민당, 전두환 민정당, 김영삼 통일민주당 간 이념적 차이는 의미가 없으므로, 3당합당으로 전두환 민정당(정체성)에 대한 단절적 청산을 안 했더라도, 즉 여태 민정당을 지지하고, 그 민정당으로 정권교체하며 살더라도 (민정당은 그저 보수정당들 중 하나일 뿐이니) 아무 거리낌 없다는 얘기다. 그렇게 생각할 일인가? 최장집의 안중에 정당의 민주적 정통성·정당성 문제 따위는 아예 없다. 한편 유시민

했거나 말거나 그저 그때그때 정책이나 인물을 보고 선택하거나 말거나 판단하면 그만이라는 생각이었을까? 그래서 아무런 근원적 사고 없이 호남의 일방적 일당지배 체제에 대해 (심지어 상대적으로 덜한 영남의 일당지배 체제와 비교해가며) 그렇게 부정적이었던 걸까? 그랬다면 그건 논리체계적 의미 없는 잡다한 소음일 뿐이라 생각했고, 나는 이 책에서 특별히 '호남도 민자당 승계정당인 국힘의 노력 여하에 따라서는 투표해도 좋다(투표해야 한다)'는 논리체계적 입증을 하고자 하는 것이다.

생각해보자. 만약 정당의 정통성·정당성 문제를 의식해가며 유권자로서의 투표행위를 해야 한다면 '민자당 승계정당＝국힘'의 정통성·정당성은 어디에서 찾아야 할까? 우리 역사에서 민자당 승계정당의 정통성·정당성을 찾을 수 있는 유일한 근거는 역사 속 '3당합당'이라는 정치적 이벤트밖에 없다. 그런데 시시때때로 민자당 승계정당에 투표하면서 그 '3당합당'을 '민주화 역사를 배신한 아주 못된 정치야합'으로만 간주한다면 이 뒤죽박죽의 논리체계를 어떻게 이해

은 "참여당은 3당 합당 합류를 거부하고 새정치국민회의에 들어가기 전까지 불우했던 시절의 정치인 노무현을 계승하려는 것이다"(『유시민 "노 대통령이 가지 않은 길 가겠다"』, 인터넷 『서울신문』, 2011년 3월 17일)고 주장했다. 그의 무논리에 따르면, 자신은 노무현의 반3당합당 정신을 끝까지 계승한다면서도, "그〔신한국당〕후보가 너무나 마음에 들어서 비싼 비행기 삯을 물어가면서 한 표를 찍으러 한국으로 날아갈 수도 있는 일이 아닌가?"라고 한 것이다. 3당합당은 부정하지만 신한국당은 인정한다고? 그는 자신이 찍을 수도 있다고 한 신한국당의 정체성을 대체 무엇이라고 생각했던 걸까? 나쁜 3당합당의 산물인 민자당 승계정당? 설마 전두환의 민정당 승계정당? 하늘에서 뚝 떨어진 당? 아무래도 좋은가? 유시민 역시 정당의 정통성·정당성(의 기원)에 대한 논리적 고민은 티끌만큼도 없다.

할 수 있겠는가? 지금 내가 민자당 승계정당의 시원적 정통성·정당성을 인정한다는 건, '민주화 = 5공청산 ⊒ 민정당청산을 위한 3당합당의 역사적 기여를 인정한다'는 의미다. 우리나라 민주화 역사 관점에서 '3당합당'을 반동적으로 보는 시각이 남아 있는 한, 이처럼 민자당 승계정당의 역사적·민주적 정통성·정당성을 꼬치꼬치 소급 확인해가며 인정한다는 지금 나의 논리적 성찰은 역시 개인을 넘어 사회적으로도 숙고가 필요한 특별한 의미가 있다.

물론 지금 내가 개인적인 논리적 오류라고 말하는 성찰은 역사적인 맥락까지를 고려한다면 다소 관대하게 이해받을 수는 있다. 현실적으로 국민이 연동형 비례대표제 기반의 내각제를 받아들이지 못한 것은 시대의 문제라고 변명할 수 있고, 이념적으로 전두환의 민정당을 부정한 3당통합신당 민자당의 승계정당계열이 성찰적 숙고 없이 (심지어 여태까지도) 관성적 구태를 벗어나지 못한 측면이 있었다고 말할 수 있기 때문이다. 더군다나 역사의 현실이 '타협적 민주화'의 산물인 국힘을 고사시키고, 정상적 복수정당 체제를 확립해 연동형 비례대표제에 기반한 내각제를 하는 데 성공했다면 그건 또 다른 진보역사라 할 수 있을 것이고, 내 논리가 역사적 관점에서 전적으로 오류라고 말할 수는 없기 때문이다. 하지만 어쨌든 그런 일은 일어나지 않았고, 이제 내 생각을 바꿔야 한다.

최근엔 정부형태(내각제)와 별개로 국회 구성을 위한 '권역별 연동형 비례대표제' 등이 거론되고 있는데, 과연 정당비례 의석수를 확정하기 위한 정당투표율을 위성정당으로 조작하는 꼼수를 방지하는 입법이나 합의가 가능할지 의문이다. 그리고 차후라도 연동형 비례대표제에 기초하지 않는 내각제는 오히려 일본식 부작용만 낳을 수 있으니, 차라리 국민의 뜻대로 제도적 관심을 두지 않는 게 나을 듯싶다. 결국 우리나라 정부형태의 변화 범위는 국민이 원할 경우라도 앞으로 한동안은 대통령제를 전제로 5년 단임이냐 4년 연임이냐, 현행 총리제냐 미국식 러닝메이트 부통령제냐, 혹은 결선투표제를 할 것이냐 말 것이냐 등의 선택에 한정될 것으로 본다. 그러므로 이에 대해서만 간단히 정리해보자.

대통령제 하에서는 두 개의 정당 이외의 정당이 주요 정당으로 살아남기 힘들다. 대통령 선거제도를 약간 수정해서 결선투표제를 도입할 수는 있겠지만 여전히 소수정당은 힘들 수밖에 없다. 최근 언급된 중(대)선거구제도 우리 헌정 경험상 양당 '나눠먹기' 제도가 될 가능성이 있는데, 이론상 권역별 연동형 비례대표제와 결합해 시행한다면 영호남에서의 복수정당제 확립에는 도움이 될 수 있겠다. 어쨌든 현재 우리나라의 특별한 문제는 영호남에서 민주주의의 기초라고 할 수 있는 복수정당제조차 확립되지 않았다는 사실이다. 이런 상태의 다수독식 정치란 곧 견제할 수 없는 패권정치를 의미하거나, 아니면 선택의 권리를 스스로 박탈해버린 왜곡된 민의를 토대로 하는 기형적 민주주의를 의미한다. 반드시 풀어야 할 숙제다.

이제 민주화 후유증을 치유하고, 민주주의를 더 진전시키기 위해서는, 영호남 일당지배 체제의 출구전략을 모색해야만 한다. 현 상태는 이데올로기적 자연독점 현상도 아니다. 이 사태를 '자연독점'이라고 정당화하려면, 예컨대 역사적으로 더민당과 국힘이 승계했던 이전 정당들이 민주적 정통성·정당성 문제에서 자유롭게 아무 하자 없이 경쟁을 시작했어야 한다. 하지만 1987년 6·10 이후에도, 전두환 민정당을 즉각 청산 못 한 '타협적 민주화' 상황에서 대구·경북은 그 민정당을 지지했고, 호남은 전면적으로 거부했다. 그리고 민정당과 단절한 3당통합신당 민자당 이후에도 그 정치적 관성은 지속됐다. 설령 이것이 자연독점적 일당지배 체제라고 해도, 통상적인 자연독점 상태에서 발생하는 일반적인 문제점이 드러날 수밖에 없는 건 자명하다.

우리가 자유로운 경쟁을 거친 자연독점이라고 해도 그것을 염려하는 건 처음엔 좋아서 일방적으로 지지하기 시작하지만, 나중에 독점적 지위가 고착되면 그땐 좋고 싫고를 떠나 다른 선택을 할 수 없는 경우가 발생할 수 있다. 예컨대 다른 회사가 거의 다 망하거나 쇠락해 특정 휴대폰을 살 수밖에 없는데, 이젠 그 휴대폰 회사가 독점적 지위를 남용해 다른 회사 앱을 진열하지 않고, 불편한 자기 회사 앱만 사용하도록 부당하게 경쟁을 제한한다면 어떻게 되겠는가? 이것이 정치라면 우리는 처음에 특정 정당을 원해서 열렬히 지지했더라도 나중에 그 당이 무능한 정책만을 선택하라고 강요하는 것과 같다. 일당지배 체제하에서는 이런 상태에서도 도리없이 그 당을 지지하면서 살아갈 수밖에 없다. 세상의 모든 영역에서 독점적 지위를 누리는 모든 주체는 결국 그 독점적 지위를 남용해 경쟁을 제거하려 하고, 그게 성공하면 무능·타락의 길로 들어서는 건 거의 정해진 경로다.

이제 정리해보자. 생각해보면 복수정당제를 실현한다는 건 2개 이상의 정당이 서로를 부정하지 않고 경쟁하면 안착하는 단순한 일인데, 그게 힘들다. 우리가 추론하는 발생원인이 있고, 그 원인과 관계없이 오랫동안 유지된 정치적 관성도 있으며, 심지어 기존 상황의 현실적 이해관계도 얽혀 있다. 하지만 일단 호남이 전두환 민정당을 부정·청산한 민자당 승계정당인 국힘의 정통성·정당성이라도 인정하게 된다면 적어도 호남에서 복수정당제 실현 조건은 갖추는 셈이다. 그럼 영남은? 영남이 집착했던 패권주의적 욕망은 앞으로 모든 분야에서 공정한 경쟁을 조건으로 하는 민주주의가 진전됨에 따라 통제될 수밖에 없을 것이다. 호남의 저항이념을 인정하면서 민주적 정통성·정당성을 승인받으려는 국힘의 노력과 영남패권주의를 통제하는 우리나라의 민주적 공정경쟁 체제 진전은 상호 연동돼서 진보해나갈 것으로 생각한다. 우리가 영호남의 복수정당제 실현에 희망을 가질 수 있는 이유다.

민주국가 헌법의 복수정당제는 그렇게 해도 좋고 안 해도 좋은 선택사항으로 만들어진 규범이 아니다. 그것이 실현되지 않으면 민주주의가 성립할 수 없다고 생각해서 규정한 것이다. 다른 모든 논란을 떠나, 누군가 '우리 지역에선 스스로 좋아서 하나의 정당만을 맹목적으로 선택하는 것이고, 그래서 앞으로도 영원히 무능하든 말든, 타락하든 말든, 일당지배 체제로 살아간다 한들 무슨 문제냐'고 주장하는 건 타당할까? 그런 '아무 말'인들 못 할 바는 없다. 하지만 민주적 헌법이념의 실현이라는 관점에서 타당한 주장은 절대 아니다. 실제로 과거 영남에서처럼 이제 호남에서 일당지배 체제의 폐해가 극명하게 드러나고 있다. 이런 지금이야말로 우리나라의 민주주의 논리와 현실을 다시 점검하고, 성찰할 절호의 때다.

제5장

가지 않는 과거, 오지 않는 미래

1

윤석열의
'자유'민주주의의 추억

대통령 윤석열의 이념적 특징이 있다면 뭘까? '자유'다. 자유가 특별한 이념인가? 우리 대부분에게 자유는 국가권력만 이상한 짓 안 하면 큰 문제 없이 누릴 수 있는 공기 같은 이념이지만, 적어도 윤석열에게는 지금도 어떤 세력으로부터 투쟁해서 쟁취하거나 지켜야 하는 사명 같은 이상理想인 듯하다. 그는 대선 출마선언문으로부터 시작해 취임사, 이후 각종 연설에서 '자유'라는 용어를 집착하듯이 강조한다.

한데 사실 대통령을 포함해 우리 국민 모두는 대한민국 헌법체계 내에서 살아가는 것이므로, 특별한 이념이 있다 한들 어차피 모두 헌법이념의 범주 안에서, 각자의 성향에 따라 최대로 혹은 최소로 실현하려고 노력하고 있을 뿐이다. 헌법상 자유도 마찬가지다. 하지만 대통령인 윤석열이 그렇게나 강조하는 '자유'인 만큼 어쨌거나 조금 자세히 들여다볼 필요는 있을 것이다.[104]

2021년의 윤석열 대선 출마선언문엔 문재인 정권이 "우리 헌법의 근간인 자유민주주의에서 '자유'를 빼내려"[105] 한다는 구절이 들어 있었다. 이 표현은 신경과민이라고 할 수 있을 정도로 상당히 과장되게 들리는데, (문재인정권에 대한 호불호 혹은 심판의지를 떠나) 나는 그가 '민주주의'와 '자유민주주의'라는 용어 차이에 너무 집착한다는 생각을 했다. 자유민주주의라는 용어를 혼용하며 민주주의의 특정 성격을 강조할 수도 있을 텐데, 굳이 민주주의 대신 자유민주주의라는 용어만을 강조하면서 반민주주의적 행태를 비판하는 건 자신의 정치적 운신의 폭을 엄밀하게 '보수'로 제한하겠다는 취지일 것이다. 자신의 정치지향이니 존중하지만, 나는 그의 이런 식의 이념적 해석 혹은 집착에서 지나가지 않는 과거사의 끈질긴 유령을 본다. 물론 그것은 마찬가지로 지나가지 않은 과거사를 볼모로 잡았던 문재인정권의 반작용이라는 측면이긴 하다.

다시 출마선언문으로 돌아가면, 윤석열은 스스로 "민주주의는 자유를 지키기 위한 것이고 자유는 정부의 권력 한계를 그어주는 것"이며 "그렇기 때문에 자유가 빠진 민주주의는 진짜 민주주의가 아니고 독재요 전제"라고 규정했다.[106] 그렇다면 더 말할 필요도 없이 민주주의라는 용어에 이미 자유라는 개념이 포함돼 있다는 것 아닌가?! 윤석열의 관념에 따르더라도 자유민주주의라는 개념은 민주주의라는 개념을 대체하는 것이 아니라 오히려 설명하는 것에 불과하다. 그러

"정권교체"…윤석열 대선출마 선언

尹 "다수의 힘으로 억압하는 반지성주의에 민주주의 위기"

자유	성장	공정	인권	연대

▲ 윤석열의 대선 출마선언문이나 대통령 취임사를 보면, '자유'가 유별나게 강조되는 정도를 넘어 '민주주의'와 '자유민주주의'가 마치 대립적 개념이기라도 한 듯 그 용어 차이에 과도한 집착을 드러낸다. 이념 대립의 슬픈 과거사에 아직도 볼모 잡힌 우리 사회의 한 진풍경이 아닐 수 없다. (위: 한국경제, 2021.6.30. / 아래: 동아일보, 2022.5.11.)

니 필요하면 자유민주주의라는 용어를 강조해 쓰면 되는 것이고, 일상적으로 민주주의라는 용어를 사용해 정치적 의지를 표현해도 아무 문제 없다고 본다. 내가 '민주주의'와 '자유민주주의'라는 용어가 양립불가능한 적대적·선택적 개념이 아니라고 생각하는 이유를 헌법을 기준으로 정리하면 이렇다.

① 현행 헌법상 '자유민주적 기본질서'란 용어는 전문과 제4조(평화통일)에 두 번 나온다. 그리고 '민주적 기본질서'란 용어는 제8조 제4항(정당의 목적이나 활동)에 한 번 나온다. 참고로 두 용어를 제외하고 '민주'란 용어가 사용된 경우는 모두 8번이다.

② 관심 사안인 '자유민주적 기본질서'는 1972년 (제7차 개정) 유신헌법 전문에 처음 등장한다. 그리고 정당조항의 '민주적 기본질서'란 용어는 1960년 (제3차 개정) 헌법에 처음 등장했다. 따라서 만약 '자유민주적 기본질서'란 용어가 들어갔느냐 아니냐를 기준으로 자본주의니 사회주의니 하는 식으로 대한민국 체제를 구분한다면 유신헌법 전 대한민국은 사회주의 체제라는 말인데 이는 터무니없는 주장이다.

③ 우리 헌법재판소는 국가보안법 제7조 제1항 및 제5항의 한정합헌 결정에서 자유민주적 기본질서에 대해 다음과 같이 그 기준을 제시했다. "자유민주적 기본질서에 위해를 준다 함은 모든 폭력적 지배와 자의적 지배 즉 반국가단체의 일인독재 내지 일당독재를 배제하고 다수의 의사에 의한 국민의 자치, 자유·평등의 기본 원칙에 의한 법치주의적 통치질서의 유지를 어렵게 만드는 것이고, 이를 보다 구

체적으로 말하면 기본적 인권의 존중, 권력분립, 의회제도, 복수정당제도, 선거제도, 사유재산과 시장경제를 골간으로 한 경제질서 및 사법권의 독립 등 우리의 내부 체제를 파괴·변혁시키려는 것으로 풀이할 수 있을 것이다."[107]

한편 헌법재판소는 통합진보당 해산 결정에서 "민주적 기본질서는, 개인의 자율적 이성을 신뢰하고 모든 정치적 견해들이 각각 상대적 진리성과 합리성을 지닌다고 전제하는 다원적 세계관에 입각한 것으로서, 모든 폭력적·자의적 지배를 배제하고, 다수를 존중하면서도 소수를 배려하는 민주적 의사결정과 자유·평등을 기본원리로 하여 구성되고 운영되는 정치적 질서를 말하며, 구체적으로는 국민주권의 원리, 기본적 인권의 존중, 권력분립제도, 복수정당제도 등이 현행 헌법상 주요한 요소라고 볼 수 있다"[108]고 판시했다.

판시에 따르면, 두 내용이 다른 듯 유사한데, '민주적 기본질서'와 '자유민주적 기본질서' 모두 "자유·평등"이 기본이 되는 건 같다. 다만 민주적 기본질서는 '정치적 질서'에 초점이 맞춰져 있고, 자유민주적 기본질서는 거기에 '사유재산과 시장경제질서'가 추가되는 식으로 판시돼 있다.

④참고로 독일 연방헌법재판소는 민족민주당사건(2017년)에서 독일기본법상 '자유민주적 기본질서=Freiheitliche demokratische Grundordnung'의 구성요소로 '인간의 존엄성' '민주주의원리' '법치국가원리' 등 세 가지를 들었는데, 이는 기존 사회주의제국당 사건(1952년)과 독일공산당 사건(1956년)에서 표명한 판시에 비해 개념

적으로 다소 축소된 내용이다. 우리나라의 '자유민주적 기본질서' 판시와 달리 '사유재산과 시장경제질서' 내용이 덧붙여지지도 않았다. 이는 독일의 기존 판례에서도 마찬가지였다.[109]

⑤독일기본법상 '자유민주적 기본질서'란 표현은 제10조 제2항, 제11조 제2항, 제18조, 제21조 제2, 제3항, 제87a조 제4항, 제91조 제1항 등에 나온다. 참고로 제20조에 "독일연방공화국은 민주적·사회적 연방국가이다"[110]라는 식으로 민주적이란 용어를 우리와 마찬가지로 함께 사용하고 있다.

⑥우리나라든 독일이든 헌법재판소의 해석상으로는 '자유민주적 기본질서'란 관념은 파시즘일 수도 있고 공산주의일 수도 있는 전체주의 체제에 대한 반대성격을 강조하는 것이라고 할 수 있다. 현실적으로 이는 과거 독일에서도 반파시즘보다는 반공을 위한 '투쟁(전투, 방어)적 민주주의'의 근거로 주로 활용돼왔는데, 2017년에는 파시즘 정당인 민족민주당 사건을 계기로 개헌이 이뤄져, 파시즘정당에 국고지원을 배제하는 근거로도 작동하게 됐다. 한편 우리나라에서는 이 관념이 반파시즘을 포함하기는커녕 과거엔 파시즘정권에 의해 반공을 넘어 국가보안법을 매개로 정권유지를 위한 탄압수단으로 주로 남용돼왔다.

⑦유의할 점은 '투쟁적 민주주의'의 근거조항이라고 할 수 있는 정당해산 조항에서, 독일기본법 제21조 제2항은 "자유민주적 기본질서를 침해 또는 부인하거나 독일연방공화국의 존립을 위태롭게"[111]라고 표현하고 있는 데 반해, 우리 헌법 제8조 4항은 "민주적 기본질서

에 위배될 때"라고 하고 있다. 하지만 우리나라의 그냥 '민주', 독일의 '자유민주', 이 두 용어와 상관없이 정당해산과 관련해서는 가능한 한 범위를 좁게 해석해 정당설립과 활동의 자유를 최대한 보장해 주려고 하고 있다. 그래서 우리 헌법재판소 판례는, 정당은 "현행 헌법이 규정한 민주주의 제도의 세부적 내용에 관해서는 얼마든지 그와 상이한 주장을 개진할 수 있는 것"[112]이라고 판시한다.

⑧ 개인적으로는 우리 헌법상 전문 및 평화통일을 위한 '자유민주적 기본질서'라는 표현과 정당해산 조항의 '민주적 기본질서'라는 표현은 헌법재판소의 취지를 고려할 때 범주에 따른 강조의 차이라고 생각한다. 즉 '자유민주적 기본질서'는 경제영역까지 포함해 강조하는 용법으로, '민주적 기본질서'는 특히 정치영역의 의미를 강조하는 용법으로 이해한다.

따라서 (윤석열이 염려하는 것처럼) 설령 (유신헌법 전처럼) 헌법 전체에서 '자유민주'가 아닌 '민주'라고만 표현한다 한들, 정당해산 조항에서는 어차피 지금처럼 좁게 해석할 수밖에 없는 건 마찬가지고, 평화통일 조항이라도 그것을 곧 '사유재산과 시장경제질서를 배제하는(할 수 있는) 통일정책'이라는 의미로 이해할 수는 없다고 본다. 어떻게 우리 헌법상 "자유·평등을 기본원리"로 한다는 민주주의를 그렇게 파편적으로 해석할 수 있겠는가?

개헌·헌법해석 차원에서 말하자면, 언젠가, 바람직한 방향으로 북한의 체제 변화가 이루어져 연방 혹은 국가연합 수준의 통일을 모색하게 됐을 경우, 북한이 '우리와 같은 수준의 고도화된 자본주의(＝

자유) 경제체제'가 아닌 방식도 고려해봐야 한다. 따라서 '자유민주'와 그냥 '민주' 중 어떤 관념이 통일에 더 포괄적으로 도움이 될지도 생각해봐야 한다. 물론 헌법상 용어가 '자유민주'든 그냥 '민주'든 해석적으로 흡수통일 관념만을 의미하지는 않는다고 해결할 수도 있을 것이다. 이런 헌법해석적 가능성까지를 고려하면 '자유민주'냐 그냥 '민주'냐는 사생결단을 요구하는 의미 차이가 있기는커녕 역사 현실적으로 의미 차이가 전혀 없을 수도 있다. 궁극적으로 대한민국은 북한과의 통일관계에서 '민주'라는 용어로는 체제를 못 지키고, 오직 '자유민주'라는 용어로만 체제를 지킬 수 있다고 불안에 떨어야 할 만큼 그렇게 허약한 나라는 아니라고 생각한다.

나는 '자유민주(적 기본질서)'와 '민주(적 기본질서)'가 마치 양립불가능한 차이가 있는 것처럼 주장하는 사람들은 자본주의적 민주주의라는 관념 외에 파시즘적 민주주의나 공산주의적 민주주의라는 관념도 인정하는 게 아닌가 의심한다. 말하자면 그런 민주주의(?)와 투쟁하기 위해 용어상 대비되는 자유민주주의란 관념이 반드시 필요하다고 보는 것 같다. 하지만 그런 체제는 민주주의 부정이 전제돼 있으므로(어차피 파시즘은 반민주주의 이념●이며, 공산주의의 민주주의와 우리

● 1934년 8월 1일의 '독일제국 국가원수에 관한 법'은 히틀러에게 '지도자 겸 제국총리' 혹은 '지도자 겸 독일군 최고명령권자'라는 새로운 직명을 부여함으로써 (공산국가의 수령, 영도자 관념과 유사한) '지도자' 개념을 공식화했다. 그리고 장관들에게 '독일제국과 인민의 지도자 아돌프 히틀러' 개인에게 충성과 복종의 선서를 하도록 규정했다. (마르틴 브로샤트, 김학이 옮김, 『히틀러국가』, 문학과지성사, 2011, 396쪽 참조.)

헌법상 민주주의는 사실상 동음이의어다●), '민주주의나 민주적 기본질서'라는 용어로도 그런 체제 혹은 체제지향세력과의 투쟁은 얼마든지 가능하다고 봐야 한다.

⑨언젠가 개헌정국이 다시 돌아올 수도 있으니, '민주주의'와 '자유민주주의'라는 용어 자체가 양립불가능한 적대적 개념이란 관념은 정치적으로도 극복해둘 필요가 있다. 헌법은 '자유민주적 기본질서'든 '민주적 기본질서'든 범주에 따라 '지금처럼' 적절하게 그 용어를 사용하면 되는 것이다. 그리고 실제로 세상이 자유∈민주적으로 진보한다면 이 용어 차이에 의해서가 아니라 국민적 정치관념의 시대적 진보에 따라 그럴 것이다. 즉 정치가 퇴행하면 '민주적 기본질서'든 '자유민주적 기본질서'든 어떤 용어로도 얼마든지 자유가 탄압당할 수 있고, 진보하면 그 용어 차이가 자유 발전에 아무 장애도 되지 않을 것이다.

그냥 '민주주의'와 '자유민주주의' 개념에 관한 정치적 논란은 교육과정 개편 때마다 정권교체와 맞물려 반복되는 행사가 되기도 한다. 이미 우리 헌법이 명확히 '민주주의'와 '자유민주주의'를 해당 사

● 레닌은 민주주의를 단순히 '다수/소수' 문제가 아니라, 그 대립적 지배관계를 조직화한 계급국가 차원에서 이해한다. 그는 공산사회로의 이행을 위한 프롤레타리아독재는 부자·소수를 위한 민주주의에서 인민 대다수를 위한 민주주의를 창조하게 된다며, 부르주아 국가는 프롤레타리아혁명에 의해 폐지되며, 프롤레타리아 국가도 궁극적으로는 사멸한다고 주장한다. 그런 맥락에서 그는 "국가의 사멸은 민주주의의 사멸을 의미하며, 국가의 폐지는 곧 민주주의의 폐지를 의미한다"고 말한다. (V. I. 레닌, 김영철 옮김, 『국가와 혁명』 논장, 1988, 30, 103~104, 112쪽.)

안의 범주와 필요에 따라 적재적소에 쓸 수 있도록 양립시키고 있는데, 마치 둘 중 하나의 용어는 배척해야 한다는 식의 주장은 사회적 에너지 낭비라는 생각밖에 들지 않는다. 다행히 교육부는 교육과정 심의회 운영위원회를 통해 2025년부터 적용되는 새 역사교육과정에는 '자유민주주의' 용어를 반영하되, 연구진이 서술한 민주주의 표현 모두를 바꾸지 않고, 자유민주주의가 들어간 문장을 추가하는 것으로 해결했다.[113] 헌법이 그렇게 하고 있는데 어려울 게 뭐가 있는가?

참고로 미국의 경우, '자유'에 관한 '진보(리버럴)/보수(컨서버티브)' 논쟁은 그냥 민주주의냐 자유민주주의냐 식의 막연한 용어 싸움이 아니라 그 구체적 범주에 관한 입장 차이 때문에 발생한다. 교과서적[114]으로 말한다면, 대체로 리버럴은 자유권적 기본권과 관련해서 개인의 자유를 확고하게 중시하지만, 보수주의자는 전통적 가치를 유지하기 위하여 자유를 제한하려고 한다. 반면 경제적 자유권 영역에서 리버럴은 모호해지고, 보수주의자는 정부권력 축소와 자유를 원한다. 그 연장선상에 있다고 할 수 있는 생존권적 기본권 영역에서 보수주의자는 정부를 동원하는 것을 배척하고(자립·능력 강조), 리버럴은 오히려 정부의 개입을 선호(환경·잠재력 강조)한다. 말하자면 구체적 범위를 특정하지 않으면 '진보(리버럴)/보수(컨서버티브)'의 '자유' 관념이 어떤 것인지 알 수 없을 정도다. 막연히 '자유'라는 용어만 강조한다고 해서 그것이 모든 영역에서 권력의 개입을 선호하거나 배제하는 일관성을 뜻할 수가 없다는 의미다. 어차피 헌법이 포괄하는 모든 시대적 판단은 추상적 용어가 아니라 구체적 사안을 통해서 드러날 수밖에 없다.

　나는 그냥 민주주의냐 자유민주주의냐를 가지고 싸우는 우리 사회의 정치적 이념논쟁에 직면할 때마다 화석화된 우리 역사의 각 시대적 갈등이 중첩돼 드러나는 것을 본다. 일제강점기, 해방 전후, 6·25내전, 영남패권주의 개발독재, 5·18과 민주화라는 100년도 훌쩍 넘는 역사의 각 시대적 모순이 언제 어디서라도 폭발적인 이슈가 돼 우리를 정치사회적으로 옭아맨다. 피할 수도 없다. 그리고 이 모순은 어쩔 수 없이 정치적으로 사실상 두 개의 정당을 통해서 표출된다. 이 어마어마한 역사적 에너지를 응축하고 있는 사안들에 올라타, 이 두 개의 정당은 역사적 선은 취하고 악은 상대에게 떠넘겨 비난함으로써 현재와 미래권력 창출의 수단으로 삼으려 한다. 직설적으로 말해 현재와 미래권력 창출에 대한 열망 때문이 아니라면, 과거사에서 나는 선만 취하고 상대에게는 악만 떠넘기기 위해 그토록 사생결단하려는 듯 달려들까?

　이 기이한 역사적 숙명을 구체적으로 적시하면, 국힘세력은 '자유 = 반공 = 자본주의'라는 키워드를 가지고, 해방 이후 북한 공산세력에 맞선 자본주의 (정식·분단)정부수립 업적, 6·25와 반공투쟁 업적, 산업발전 업적을 독선적으로 독점하고 싶어 한다. 반면 더민당세력은 '민주 = 진보 = 사회복지'라는 키워드를 가지고, 친일반공세력 정화 업적, 민주화 업적, 노동권·인권신장 업적 등을 독선적으로 독점하고 싶어 한다. 그래서 두 정당 모두 기를 쓰고 자신들의 당파적 기원을 올려잡으려 하는 것이다. 하지만 내 관점에 의하면 고작 1987년 6·10 이후에 시원적 이념으로 형성된 정치세력들이 어떻게 100년이 넘는 역사를 거슬러 올라가 자신의 정체성을 천사화하고, 상대의 정체성을 악마화할 수 있는지 불가사의할 지경이다. 아마도 근거가 있다면 인적 맥락을 추적하는 방법*이겠지만, 설령 그게 논리에 상당한 근거를 부여한다고 해도, 개인적 인생 역정과 정당 그 자체의 기원과 정당성은 구별해야 한다. 회사 대표의 개인카드와 회사의 법인카드를 구별해야 하는 것과 마찬가지다.

중요한 것은 각 정당이 우리 역사에 대해 근거 없는 독점적 자만심을 갖지 않는 것과 함께 부질없는 자폐적 콤플렉스에 빠지지 않는 일이다. 더 중요한 일은 국민이 그와 같은 태도를 평가하는 일이다. 1987년의 6·10항쟁 이후에 '전두환과 5공' 청산을 명분으로 탄생한 민자당을 승계하는 국힘이 더민당의 '민주!'라는 주술카드 때

● 참고로 인적 맥락으로 당의 정체성을 규명하는 것도 잡다하기 그지없는 작업이다. 예컨대 우리나라 정당사에서 인적 맥락의 주요 인물이 분명한 김영삼은 이승만의 자유당에 몸담고 있다가, 신익희 민주당에 합류해 이른바 '정통 야당사'의 오랜 인맥을 이었지만, 3당합당으로 그 인맥을 이끌고 민자당의 원류를 구성했다. 인맥 위주로 정체성을 판단하면, 이런 사태를 어떻게 해석해야 하는가? 마찬가지로 신익희 민주당의 인적 맥락은 한민당에 닿아 있고, 신익희 자신은 이승만·김구의 대한독립촉성국민회에 닿아 있는데, 인적 맥락을 기준으로 하면 어떤 인물들을 기준으로, 어디까지 소급해야 하는가? 이런 식으로는 의도적·자의적인 선택적 계보만 만들어낼 공산이 크다. 나는 정당의 정체성을 규명하고자 할 경우, 정당 그 자체의 이념지향성과 실천행위, 그리고 승계정당일 경우 그것과 함께 실천적 승계의지가 가장 우선적인 검증기준이라고 본다. 인맥을 추적하는 것은 당의 이념적 정체성에 끼친 영향을 보기 위한 것이어야지, 수없이 이합집산을 거듭하는 잡다한 구성 인맥의 족보(개인 이력의 집합)를 곧 정당의 우선적인 정체성으로 간주하기 위한 것이어서는 안 된다고 생각한다.

문에 5·18과 4·19를 피해 다녀야 할 일이 뭐가 있는가? 마찬가지로 (더민당 스스로는 신익희의 민주당에서 기원을 찾는다지만) 사실상 1987년의 '반영남패권주의⊂민주주의'를 명분으로 탄생한 평민당이 기원인 더민당이 국힘의 '자유!'라는 주술카드 때문에 6·25와 반공투쟁 그리고 8·15 정부수립에 역사적 소외감을 느껴야 할 이유는 또 뭐가 있겠는가? 1987년 6·10 전의 역사는, 좋은 의미든 나쁜 의미든, 분명한 논리적 근거도 없이 일개 정당이 독점하거나 감당해야할 과거사가 아니며, 우리 국민 모두의 역사일 뿐이다.

국가와 국민의 역사를 일개 정당의 역사처럼 주제넘게 당파적으로만 인식하려는 건 세속적 의도를 가진 정략적 탐욕일 뿐이다. 그런 정략적 탐욕 속에서, '나는 혹은 너는 자유민주주의자'이고, '너는 혹은나는 민주주의자'라는 식의 희한한 용어 관념으로 상대를 규정한 다음, 자유민주주의자와 민주주의자는 불구대천의 원수이므로 당장 결판내자고 싸우는 건, 가슴 아픈 과거사의 추억에서 못 벗어나고 있는'타임 루프' 대한민국의 어지럽기 짝이 없는 진풍경이다. 이런 사태에서 벗어나기 위해서는 국민 모두의 합리적·실용적인 각성이 필요하다.

우선 나는 윤석열정부가 현재의 구체적 문제를 해결하는 데 별 도움도 되지 않는 실익 없는 이념논쟁, 논쟁을 위한 논쟁(예컨대 '민주'냐 '자유민주'냐 따위)으로 '자유'에 관한 사안을 추상화시키는 일에너무 집착하지 않았으면 좋겠다. 국민의 이념적 자유가 구체적으로위협받고 있으면 구체적으로 대응하면 된다. 예컨대 문재인의 '종전

선언'을 위한 유엔 화상연설을 위해 북한군에게 총격을 받고 숨진 해수부 공무원 이대준을 자진 월북으로 몰아갔다는 의혹[115]을 밝히는 일, 문재인정권의 남북 및 미북 정상회담 등 대북 이벤트를 위해 민노총 핵심간부들이 북한 공작원을 접촉하고 돈을 받는 정황이 나오는 등 명백한 간첩 혐의가 있는데도 국정원 수뇌부에서 수사를 막았을 가능성[116]을 밝히는 일 등이야말로 국민의 이념적 자유와 관련된 현재의 구체적 사안이다. 그런 일들을 투명하게 바로잡아 나가면 된다.

어쨌거나 '자유'라는 용어가 일반적 기본권 실현의 범주에 관한 일상적 쟁점이 아니라, 공산주의 북한과의 이데올로기 대립 관점에서 늘 더 큰 논란이 되는 멈춰버린 시절의 답답함이 있다. 한편으로 어쩔 수 없는 일이기는 하나, 그저 과거사의 추억으로 지지자들을 붙들어 매려는 정치인들의 '화석화된 자유'에서 벗어나, 살아 있는 기본권으로서 오늘의 자유를 만들어가는 일은 현재를 살아가는 우리의 시대적 능력에 달려 있을 것이다. 유령처럼 떠돌며 우리를 옥죄는 그 낡은 과거의 자유만을 대하고 있으면 마치 '타임 루프'에 갇힌 듯한 느낌을 받는다. 그 지나가지 않는 과거의 이데올로기적 자유는 언제쯤이나 무심하게 지나갈까?

2

호남의
국민의힘 지지는
가능한가

2022년 5월 18일, 대통령 윤석열은 광주민주화운동과 관련해 '두번째' 기념비적인 연설을 한다. 적어도 '연설 그 자체만으로는' 그렇다. 정치인의 연설문이라는 건 정치적 실천으로 확인되지 않으면 휴지조각이나 마찬가지다. 누구라도 정치적 비용이 들지 않는 '말'만을 못 할 이유는 없다. 하지만 심각하게 개념 없는 정치인이 아니라면 말만으로도 '이데올로기적 기록'을 남기는 의미는 있을 것이다. 윤석열이 자신의 연설문을 쓰레기로 만들지, 아니면 역사적 문건으로 만들지는 아무도 모른다. 앞으로의 정치적 행적에 달려 있을 뿐이다. 한데 그가 무슨 말을 했기에 정치인의 연설문에 내가 이런 이례적인 관심을 가지는가? 이런 말이다.

우리는 42년 전, 자유민주주의와 인권의 가치를 피로써 지켜낸 오월의 항거를 기억하고 있습니다. 그날의 아픔을 정면으로 마주하면서 우리는 이 땅에 자유민주주의를 발전시켜 왔습니다. 오월 정신은 보편적 가치의 회복이고, 자유민주주의 헌법정신 그 자체입니다. 그 정신은 우리 모두의 것이고, 대한민국의 귀중한 자산입니다. 오월의 정신은 지금도 자유와 인권을 위협하는 일체의 불법행위에 대해 강력하게 저항할 것을 우리에게 명령하고 있습니다.[117]

우선 윤석열은 5·18이 "자유민주주의와 인권의 가치"를 지켜낸 것이며 "자유민주주의 헌법정신 그 자체"라고 했다. 특별한 의미가 있는가? 5·18 당시부터 당연히 그렇게 생각하고 살던 광주시민에겐 특별한 말이 아니다. 오히려 지만원 같은 인물들에게 충격적으로 특별한 말일 것이다. 전두환을 찬양하고, 광주시민을 빨갱이라고 명예훼손하는 것을 즐기며, 국힘을 매개로 자신의 정치적 성향을 실현하려는 파시스트들에겐 분명히 실망을 넘어 화가 나는 일일 것이다. '5·18정신이 자유민주주의 헌법정신 그 자체라니!?'

그런데 그다음 문장에 분노가 치밀 세력이 다른 한편에 또 대기하고 있다. 누구인가? 더민당(운동권)세력이다. 윤석열은 "그[5·18] 정신은 우리 모두의 것이고, 대한민국의 귀중한 자산"이라고 했다. 정상적인 사람이라면 이 정상적인 말에 화가 나면 안 된다. 한데 더민당(운동권)세력은 화가 나야 한다. 왜? 그동안은 물론이고, 앞으로도 영원히 5·18은 자신들만이 독점하고 싶은, 그래서 영원히 민주적 정당

보수 정권 첫 '임을 위한 행진곡' 윤석열(앞줄 왼쪽 네 번째) 대통령이 18일 오전 광주 북구 국립5·18민주묘지에서 열린 제42주년 5·18 광주민주화운동 기념식에 참석, '임을 위한 행진곡'을 제창하고 있다.

"오월 정신은 산 역사…국민 모두가 광주 시민"

5·18 기념식 참석한 尹대통령
원고 없던 내용 즉석에서 연설

대통령과 정부 인사, 여야 의원 등 정치권이 18일 광주 국립5·18민주묘지에서 열린 5·18 광주민주화운동 제42주년 기념식에 총집결했다. ●6면

윤석열 대통령과 새 정부 장관들, 대통령실 참모진, 국민의힘 이준석 대표와 소속 의원 100여 명은 이날 오전 7시 30분 서울역에서 출발한 'KTX 특별열차'를 함께 타고 광주로 총출동했다.

국민의힘 소속 의원 109명 가운데 코로나19나 지방선거 관련 출장 등 사정이 있는 일부 의원을 제외하면 사실상 전원이 참석한 셈이다. 윤 대통령은 매일 전 국민의힘 소속 의원들에게 이날 기념식 동행을 요청한 것으로 알려졌다.

윤 대통령과 여당 의원들은 기념식 마지막 식순에서 이례적으로 '임을 위한 행진곡'을 제창해 눈길을 끌기도 했다. 지금까지 5·18 광주민주화운동 이슈에 거리를 뒀던 보수 정권에서 공식적으로 '임을 위한 행진곡'을 함께 부른 것은 이번이 처음이다. 앞선 보수 정권에선 노래를 식순에서 제외하거나 합창단 합창으로 대체했다.

호남을 정치적 기반으로 하는 더불어민주당도 이날 윤호중·박지현 공동비상대책위원장과 박홍근 원내대표 등 지도부를 포함해 100여 명의 의원 등이 대거 참석, 국민의힘과의 기세전에서 밀리지 않았다.

윤 대통령은 이날 기념사에서 "오월 정신은 보편적 가치의 회복이고, 자유민주주의 헌법 정신 그 자체다. 그 정신은 우리 모두의 것이고 대한민국의 귀중한 자산"이라면서 "오월의 정신은 지금도 자유와 인권을 위협하는 일체의 불법행위에 대해 강력하게 저항할 것을 우리에게 명령하고 있다. 5·18은 현재도 진행 중인 살아 있는 역사"라고 했다.

그러면서 "이를 책임 있게 계승해 나가는 것이야말로 우리의 후손과 나라의 번영을 위한 출발"이라며 "오월 정신이 담고 있는 자유민주주의와 인권의 가치가 세계 속으로 널리 퍼져 나가게 해야 한다"고 덧붙였다.

마지막으로 "오월 정신이 우리 국민을 단합하게 하고 위기와 도전에서 우리를 지켜줄 것이리고 저는 확신한다"며 "그런 의미에서 자유와 정의, 그리고 진실을 사랑하는 우리 대한민국 국민 모두는 광주 시민"이라고 역설했다. ●2면에 계속

이호준 기자 hoper@imaeil.com

▲ '전두환 5공 청산'을 이뤄낸 민자당, 그 승계정당인 국힘의 윤 대통령은 5·18기념사를 통해 "오월 정신은 (…) 자유민주주의 헌법정신 그 자체"라고 언명했다. (매일신문, 2022.5.19.)

성을 독점하고 싶은 마음이 굴뚝 같을 세력이기 때문이다. '더민당 운동권은 5·18 전야제에 참석한 뒤 새천년NHK라는 주점룸에서 여종업원 등과 술을 마시다 임수경에게 "야 이-년-아, 니가 여기 왜 들어와, 나가…"[118]라고 욕을 해도 당당할 수 있지만, 국힘세력은 국립 5·18민주묘지에 참배를 하러 가도 항상 죄인처럼 뭔가 쭈뼛쭈뼛 위축되고 부끄러워해야 하는 것 아닌가? 그런데 5·18이 우리 모두의 것이고, 대한민국의 귀중한 자산이라니?!'

실제로 더민당(운동권)세력은 얼떨결에 자신들의 영원한 역사적 정
당성의 보고였던 5·18이라는 보물을 도둑맞은 주인의 심정을 느꼈
을까? 그래서 화가 나는 걸까? 놀랍게도 그랬다. 대선 전인 2021년
5월 윤석열이 5·18 메시지를 낼 때부터 시작해, 그해 7월 대선주자
로서 국립5·18민주묘지를 참배하자, 더민당(운동권)세력의 막말이
극에 달했다. 김두관은 "윤석열은 신성한 묘비에서 더러운 손을 치우
라"고 했고, 정청래는 "광주의 눈물을 흘리게 했던 자들은 광주 5·18
정신에 침 흘리지 말라"고 막말을 했다.[119] 침 흘…? 나는 이 사태와 관
련해 군침 전문가인 더민당세력 정청래나, 실제로 광주까지 달려가
'묘비가 더러워졌다며 손수건으로 닦는 언행일치 퍼포먼스'를 보여
준 김두관[120]의 발언보다는, 한 5·18유관단체 관계자의 이런 진심 어
린 후회에 더 공감한다.

> "5·18 묘역은 누구나 올 수 있는 곳"이라며 "역사 왜곡을 막고 5·18
> 정신이 자리매김하는 것이 본질이지 여야가 중요한 게 아니다"고 했다.
> 그러면서 "시간을 돌려 김영삼 대통령님이 광주를 방문하려 했을 때 막
> 았던 게 가슴이 아프다"며 "30년의 시간이 흐르고 보니 잘못했던 것 같
> 다"고 후회했다.[121]

2021년 5월 논란 당시, 국힘 당대표 경선에 출마한 김은혜는 "5·18
정신 계승도 민주당 허락받고 해야 하느냐"며 "5·18은 민주당의 것이
아니다"고 했다.[122] 맞는 말이다. 한데 나는 여기서 다시 한번 김은혜

'5·18은 우리만의 역사'라는 與강경파

與野 지도부 화합 나서자 견제
"얼굴에 분칠, 헛웃음" 野 비난
윤석열에도 "젊은 전두환" 화살
尹측 "5·18 의의 오히려 훼손"

與野 광주서 '주먹밥' 회동 더불어민주당 송영길(왼쪽 둘째) 대표와 국민의힘 김기현(오른쪽 둘째) 대표 권한대행 겸 원내대표가 18일 5·18 광주 민주화운동 41주년 기념식에 참석하기에 앞서 광주 한 식당에서 '주먹밥'을 들고 있다. 주먹밥은 민주화운동 당시 시민들이 시민군에게 건넨 음식이다. 송 대표는 식사 후 기자들과 만나 "아이를 넘어 5·18을 헌법 정신으로 승화시키고자 하는 공감대가 만들어지고 있다"고 했다.

'광주 주먹밥'

광주시민들이 뽑은 '광주를 상징하는 1위 메뉴... '광주 주먹밥'

야당이 5·18 광주 민주화운동 기념일을 맞아 과거와 달리 적극 추모하며 화합 메시지를 내놓자 더불어민주당 지도부는 18일 환영 입장을 밝혔다. 하지만 당내 강경파들은 "길 다르고 속 다른 역사적 죄악"이라며 총공세에 나섰다. '5·18은 우리만의 역사'라는 취지의 입장을 잇따라 밝히며 야권의 호남 민심에 대한 접근을 경계한 것이다. "5·18은 어떠한 형태의 독재와 전제에 대해서도 강력한 거부와 저항을 명령하는 것"이라고 했던 윤석열 전 검찰총장도 십자포화를 맞았다.

이날 5·18 광주 민주화운동 41주년 기념식이 열린 광주 국립5·18민주묘지엔 민주당 송영길 대표와 국민의힘 김기현 대표 권한대행을 비롯한 여야 지도부가 집결했다. 송 대표는 김 대표 권한대행과 식사한 뒤 기자들과 만나 "아이를 넘어 5·18 정신을 헌법 정신으로 승화시키고자 하는 공감대가 만들어지고 있다"고 했다. 송 대표는 작년 김종인 전 국민의힘 비상대책위원장이 광주를 찾아 '무릎 사과'를 한 것에 대해서도 "일부는 '쇼'라고 비판하지만 쇼라도 할 수 있는 것은 진전"이라고 평가했다.

하지만 당내 강경파들은 "누가 누굴 계승하냐"며 야당에 대한 비판을 쏟아냈다. 정청래 의원은 페이스북에 "박정희, 전두환과 그 후예들이 반성과 단죄 없이 계승한다고 하면서 5·18 영령들이 통탄할 일"이라며 "얼굴에 분칠한다고 그 얼굴이 변하는 것은 아니다"라고 했다. 신동근 의원은 "독재에 맞서 싸우면서 겪어보지 못한 사람들이 독재가 뭔지도 모르면서 아는 체하며 함부로 말하는 것을 보니 헛웃음이 나온다"고 했다.

야권 대선 주자 여론조사에서 선두를 지키고 있는 윤 전 총장도 이들의 집중적인 비판을 받았다. 윤 전 총장은 지난 16일 언론을 통해 "5·18은 현재도 진행 중인 살아있는 역사" "자유민주주의의 헌법 정신이 우리 국민들 가슴속에 활활 타오르는 것을 증명하는 것"이라는 메시지를 전했다. 이에 대해 장경태 의원은 "친일파가 태극기를 든 격"이라며 "본인이 하시기에 너무나 어울리지 않는다"고 했다. 허영 의원은 "5·18 정신과 헌법 정신이라는 우리 사회의 기틀과도 같은 가치들을 연급했는데 세 검찰 개혁에는 적용되지 않았냐"고 했다. 열린민주당 김의겸 의원은 페이스북에 윤 총장과 전두환 전 대통령의 사진을 나란히 올린 뒤 "윤 전 총장이 5·18을 언급하니 젊은 시절 전두환 전 장군이 떠오른다"고 했다. 여권 대선 주자인 이낙연 전 민주당 대표도 "검찰이 과거에 고(故) 노무현 전 대통령 가정을 소환하듯 수사를 한 것은 뭐라고 설명할 것인지 의문을 계속 가지고 있다"고 했다.

여권의 공세에 윤 전 총장은 "5·18이 우리 국민에게 공유된 역사 기억으로 교육적 의미를 띠고, 다음 세대도 기억해주면 좋겠다는 취지였다"는 입장을 연세대 이헌우 법학전문대학원 교수를 통해 전했다. 이 교수는 "민주당이 민일 '5·18을 우리만 기념할 수 있다'고 한다면, 그것은 5·18의 의의를 오히려 훼손하는 것 아닌가"라고 했다. 정치권에선 "외연 확장에 나선 야당과 야권 유력 대선주자를 향해 도를 높이는 윤 전 총장에 대한 여권의 견제 심리가 과도하게 표출된 것이 아니냐"는 말이 나왔다. 민주당의 텃밭으로 보수 정당에 부정적이었던 호남 민심의 변화 가능성을 미리 단속하는 차원이라는 분석도 제기됐다. 국민의힘 하태경 의원은 "민주당은 오만과 독선이 극에 달한 나머지 대한민국의 역사까지도 독점하려고 한다"고 했다.

주희연 기자

▲ 5·18은, 5·18정신은 우리 모두의 것이 아닌 우리만의 것? 더민당 운동권세력이 이런 독점욕을 거리낌 없이 드러내는 건 국힘을 과거사의 거악으로 계속 묶어둠으로써 얻어지는 '적대적 공생'의 이득에 그들이 눈멀어 있기 때문이다. (조선일보, 2021.5.19.)

의 국힘에 상기시킬 말이 있다. 국힘이 이렇게 5·18로부터 자유로울 수 있는 논리적 근거가 뭔가? 히틀러의 나치당을 승계한 정당대표가 '유대인 학살 현장에서 그날을 추모하며, 반전·반학살의 유대인정신은 우리 모두의 것이다'고 뻔뻔한 연설을 할 수는 없지 않은가? 국힘이 5·18정신을 "우리 모두의 것"이라고 할 수 있으려면, 전두환 5공과 민정당에 대한 단절적 청산의식(3당합당에 의한 민자당 창당정신)이 있어야 한다. 4·19도 마찬가지다. 이승만과 자유당에 대한 역사적 청산의식이 없다면 '우리 모두의 것'이라는 수사는 자가당착이다. 논리적으로 다른 방법은 절대로 없다. 국힘세력은 모두 그 점을 분명히 인식하고 있어야 한다.

서두에 나는 윤석열의 광주민주화운동 관련 연설을 '두번째' 기념비적이라고 했다. 그의 연설을 그렇게 들은 건 그가 민자당 승계정당 대통령인 이유가 크다. 그럼 '첫번째'는 누구였을까? 민자당 대통령 김영삼이었다. 그는 취임 후 첫번째 맞이하는 1993년 5·18에 즈음해 이런 담화문을 발표한다.

> 1980년 5월, 광주의 유혈은 이 나라 민주주의의 밑거름이 되었습니다. 그 희망은 바로 이 나라 민주주의를 위한 것이었습니다. 80년 5월의 민주화운동, 그리고 87년 6월항쟁을 통해 마침내 우리는 이 땅에 문민민주정부를 세웠습니다. (…) 분명히 말하거니와 오늘의 정부는 광주민주화운동의 연장선 위에 서 있는 민주정부입니다.[123]

민자당 대통령 김영삼은 두 역사적 사건, 즉 5·18과 6·10의 기반 위에 자신의 문민민주정부가 서 있음을 분명히 하고 있다. 말로만 그랬을까? 아니다. 앞에서 언급한 대로, 2019년 몇몇 자유한국당(현 국힘) 의원들이 공청회를 빙자한 5·18혐오발언을 했을 때, 같은 당 의원 김무성은 진지하게 반발했는데, 그의 확신에 찬 발언을 통해 민자

▲ 김영삼 대통령은 특별담화를 통해 "분명히 말하거니와 오늘의 정부(문민정부)는 광주민주화운동의 연장선 위에 서 있는 민주정부"임을 명백히 선언한 바 있다. (조선일보, 1993.5.13.)

당 김영삼과 5·18의 기억을 정리하는 게 낫겠다.

"한국당은 이 땅의 민주화와 산업화 세력이 힘을 합쳐 탄생시킨 민주자유당과 문민정부를 그 뿌리로 두고 있습니다"고 강조했다. 김 의원은 "1993년 문민정부는 5·18 광주 민주화운동의 연장 선상에 있는 정부라고 선언했다"며 "문민정부는 5·18 민주묘역을 4년에 걸쳐 조성해 국립묘지로 승격되도록 했다"고 말했다. 또 "동시에 5·18 특별법을 제정해 신군부 세력에 광주 유혈 진압의 죄를 물으면서 과거사를 정리하고 5·18을 국가기념일로 지정했다"며 "일부 의원들의 발언은 정의와 진실을 위한 한국당의 역사와 노력을 부정하는 것"이라고 했다.[124]

나는 광주(호남)도, 민자당의 전두환 민정당과의 단절적 뿌리(정통성·정당성)에 대한, 그리고 민자당 김영삼의 5·18 평가와 기여에 대한 김무성의 발언에서 많은 영감을 받아야 한다고 생각한다. 역사는 이미 그렇게 존재하고 있으며, 그 역사에 대한 판단과 진전 가능성은 전적으로 광주·호남의 선택에 달려 있다. 역사적으로 민자당이 전두환 민정당과 단절된 당이라면, 그리고 그 민자당의 김영삼 정부가 5·18의 연장선 위에 서 있는 정부라고 선언할 수 있었다면, 이젠 광주·호남도 민자당 승계정당·정부에 대한 무조건적 배척이 아닌 사안별로 실천을 평가해 선택적 지지로 대응해야만 한다고 생각한다. 물론 광주·호남 입장에선 아쉬움이 많았던 '타협적 민주화'의 후유증을 여전히 느낄 수밖에 없겠지만, 나는 대한민국이 제6공화국 국민의 관점에서 전두환 5공 이전의 역사를 바라볼 수 있는 민주적 토대를 마련할 수 있었던 것을 그나마 다행이라고 생각한다.

다시 윤석열의 연설문으로 돌아가면, 충격을 받을 대상이 아직 더 남았다. 윤석열은 "오월의 정신은 지금도 자유와 인권을 위협하는 일체의 불법행위에 대해 강력하게 저항할 것을 우리에게 명령"한다고 했다. 취임 얼마 지나지 않았으므로, 아직 자기 정권의 불법행위를 상정하고 (그런 말을 대담하게 하고 싶어도) 그렇게 말할 상황은 아니었다. 그건 문재인 전 정권을 겨냥한 말이라고밖에 생각할 수밖에 없다. 그럼 누구를 향한 호소인가? 더민당? 더민당더러 문재인정권의 불법행위에 강력하게 저항하자고? 대상은 분명하다. 광주시민을 포함한 전국민이다.

나는 '불법행위에 저항'하자는 말이 특별히 광주·호남을 겨냥했다고 본다. 나는 이 대목에선 이번에는 광주·호남이 뭔가 양심에 찔리는 사태가 있어야 한다고 본다. 양심에 찔리는 것이 심해 상당히 화가 날 수도 있어야 한다고 본다. 적어도 여론조사상으로는, 문재인정권의 많은 비리에 대해 광주·호남은 "일체의 불법행위에 대해 강력하게 저항"하기는커녕 오히려 '가장 따뜻하게' 문재인정권을 옹호해왔다. 광주·호남은 이렇게 화가 나야 했는지도 모를 일이다. '5·18정신이란 현재의 불법행위와 싸우는 게 아니라 그냥 옛 전두환 영남파시즘과 싸웠던 역사적 사실 아닌가? 우리가 보기에 문재인정권(세력)은 별 타락이 없었던 것 같은데…. 5·18정신은 우리가 싫어하는 국힘에만 저항하는 것이 아니라, 우리가 좋아하는 더민당정권까지 포함해 일체의 불법행위에 대해 강력하게 저항하는 것이라고? 그럴 수가!'

한마디로 윤석열의 5·18 기념사는, 광주시민을 시도 때도, 밑도 끝도 없이 빨갱이라고 명예훼손을 일삼는 국힘 안팎의 파시스트세력, 민주화 역사의 정의를 영원히 독점하고 싶은 더민당(운동권)세력, 대한민국에서 문재인정권(세력)의 불법행위를 가장 따뜻하게 옹호해주는 광주·호남, 모두를 화나게 할 수 있는 '모두까기 모드'였다. 더 화가 나는 건, 모두를 화나게 할 수도 있는 이 5·18연설문의 모든 논리가 맨정신으로는 반박하기 힘들다는 데 있다. 한데 이를 반박하고 싶다면 한 가지 이런 추상 같은 방법은 있다. '누가 말로는 무슨 듣기 좋은 소리인들 못 해?!'•

　사실 호남 입장에서도 지금까지는 너무 쉬웠다. 국힘 스스로 그들

• 실제로 시간이 흘러감에 따라 윤석열이 말로만 '5·18 정신'을 읊조리는 게 아닌가 하는 의심스러운 일들도 발생하고 있다. 윤석열은 진실화해위원장에 "혁명정부가 아닌 이상 과거사위 같은 초법적 기구는 존재 이유가 없다"고 주장했던 김광동을 임명했다. 존재 이유가 없는 조직에서 활동하다 수장까지 넙죽 받아들인 김광동은 "광주 사건에 북한이 개입됐다는 (것은) 가능성 있는 의혹…(계엄군의) 헬리콥터로 기관총 사격을 했다는 것은 명백한 허위사실"(「진실 외면하는 위원장이 과거와 화해?」, 인터넷『한겨레21』, 2022년 12월 22일)이라고 주장했던 인물이다. 북한 개입이 가능성 있는 의혹? 그럼 남수단이나 안드로메다 은하연방의 개입 가능성은 어떤가? 내가 바득바득 우기면 그것도 가능성 있는 의혹이 되는가? 참고로 광주지법 형사8단독 김정훈 부장판사는 2020년 11월 30일 전두환의 사자명예훼손 혐의에 대해 징역 8개월에 집행유예 2년을 선고할 당시, 국립과학수사연구원의 탄흔 분석 결과 등을 증거로 채택하며 "1980년 5월 21일 무장한 헬기가 위협 사격 이상의 사격을 했다. 5월 27일엔 헬기에 거치된 M60 기관총으로 전일빌딩을 향해 사격했음을 인정할 수 있다"(「"5·18 헬기 사격은 허위"…김광동 진실화해위원장 과거 행적 논란」, 『이데일리』, 2022년 12월 13일)고 밝혔다. 한편 윤석열 취임 후인 2022년 8월 개정교육과정 초안이 처음 공개돼, 12월 확정됐는데, 여기에 '5·18민주화운동'이 빠졌다. 이에 대해 교육부 책임교육정책실장 오승걸은 '대강화' 때문이라고 해명했다. 한데 이 대강화에도 불구하고 '자유민주주의'와 '6·25남침'은 최종본에 포함시켰고, '5·18민주화운동'과 '제주4·3'은 빠졌다. 연구진들의 자율적 판단이 그랬단다. (「'5·18' 빠진 새 교육과정…이주호 장관 "교과서엔 넣겠다"(종합)」, 『뉴시스』, 2023년 1월 4일 참조.) 윤석열은 대통령이 되기 전 "5·18 정신을 선택적으로 써먹고 던지면 안 된다"(「[단독] 윤석열 "정부, 5·18 선택적으로 써먹고 던져"」, 인터넷『조선일보』, 2021년 5월 17일)고 바른말을 했었다. 시간이 많이 흐르지도 않았는데, 윤석열의 언행일치 모양새가 아슬아슬하다.

을 지지할 수 없는 이유를 수도 없이 만들어줬기 때문이다. 심지어 나는 지금까지 국힘은 전두환 민정당을 승계한 민주적 정통성·정당성 없는 정당이라고 규정해놓고, 국힘 후보의 언행, 정책, 인물과 상관없이 호남은 단 한 표도 줄 이유가 없다고까지 단언해왔다. 그런데 (이 책에서 성찰하고 있는 대로) 나는 내 논리를 상실했고, 생각을 바꿨다. 이제 내게 남은 건 국힘의 정통성·정당성 문제가 아니라 모든 당에 일관되게 적용할 수 있는 인물, 정책, 민주화 의지 등 기준이다. 물론 아직 멀었다. 한데 마른하늘에 날벼락(?)처럼 어느 날씨 좋은 날 눈을 떠보니, 웬일인지 국힘이 뜬금없이 개과천선해 있을 수도 있지 않은가? 지금 당장은 아니더라도, 호남도 그때를 대비해 마음의 준비 혹은 논리의 준비는 해둬야 하지 않겠는가?

한데 과거를 벗어난다는 건 쉬운 일이 아니다. 최초의 여성 검사, 판사, 변호사를 거쳐 새천년민주당에 입당한 후 4선 국회의원을 지내고, 새로 태어나듯 2022년 지방선거에서 국힘 후보로 전북도지사에 출마해 무려(?) 17.88%를 득표한 조배숙의 경험이 참고가 된다. 그녀는 이런 인터뷰를 한 적이 있다.

— 운동권 출신들이 장악하고 당내 문화가 달라졌나요.
"당론이나 논평이 나오는데, 사실 제 생각과 좀 안 맞았어요. 타협은커녕 상대를 거악^{巨惡}으로 만들고 증오합니다. 상대가 옳은 말을 하면 인정해야 하잖아요? 그런데 옳은 말이라도 저쪽에서 얘기하면 인정하면 안 된다는 거예요. 그래서 저를 비롯한 몇몇 다선 의원이 의문을 제기했어요. 그래도 안 되더라고요."[125]

　상대 당과 척을 지는 건 정당정치라는 속성을 고려할 때 어느 정도는 이해할 수 있다. 한데 조배숙의 발언 중에는 "타협은커녕 상대를 거악巨惡으로 만들고 증오합니다"란 내용이 있다. 이는 정당정치와 필연적 관계가 있는 건 아니다. 상대 당을 거악으로 만들지 않으면 자신의 정당성을 입증하기 어려운 정치상황, 이것은 현재까지 지속하고 있는 우리나라 민주화 역사의 후유증이라고 생각한다. 이런 후유증은 조배숙이 경험한 대로 운동권 출신이 대세를 장악한 더민당 쪽이 훨씬 더 강할 것으로 본다. 왜? 그들은 독재시절 정통성·정당성 없는 독재권력과 그렇게 싸웠고, 지금도 국힘을 민정당의 유산으로만 간주하고 싶을 것이기 때문이다. 아니, 그들에게 국힘은 반드시, 알기 쉽게, '악마화'●할 수 있는 전두환 민정당의 후신이어야만 한다.

─────────

● 이런 현상과 관련해 강준만은 문재인과 민주당은 "'윤석열 악마화'라는 마약에 중독된 상태였다고 말할 수도 있겠다"(강준만, 『퇴마 정치─윤석열 악마화에 올인한 민주당』, 인물과사상사, 2022, 86쪽)고 평했다. 그 익숙한 현상을 나 역시 절감한다. 한데 그 현상의 발생 근원에 대한 내 생각은 상당히 다르다. 내가 보기엔 이런 현상은 단지 자해처럼 보이는 '윤석열 악마화에 올인한 민주당'이라는 일시적·전략적 문제라기보다는 '스스로 정의로운 민주당 vs 정통성·정당성 없는 국힘'이라는 뿌리 깊은 근원적 이데올로기가 지속적으로 악화되고 있는 게 아닌가 싶다. 말하자면 그 악마화 대상은 필요하다면 윤석열 아닌 국힘의 누구라도 그 대상이었고, 또 대상이 될 것으로 본다. 악마화도 결국 지지 문제라고 보면, 내 개인적으로도 국힘계열 정당을 정통성·정당성이 결여됐다는 이유로 부정했고, 오래전부터 호남은 거의 전체가 국힘을 외면하고 있는데, 이런 이데올로기적 부정도 외적 현상은 개인을 대상으로 하는 악마화와 다르게 보이지만 내적 관념은 오히려 더 치명적인 같은 뿌리를 갖고 있다고 할 수 있다. 따라서 국힘은 '민정당⊂전두환 5공'을 단절적으로 청산한 민자당을 승계했으므로 그 민주적

만약 더민당(운동권)세력이 국힘세력을 전두환 민정당의 후예로 간주한다면, 당연히 국힘세력은 반빨갱이 전선 차원에서 더민당(운동권)세력과 싸우고 싶을 것이다. '빨갱이 김대중 악마화' 추억도 새록새록 되살아날 것이다. 맘만 먹으면 지금도 소재는 깔려 있다. 도전은 언제나 응전을 불러일으키게 돼 있다. 더민당(운동권)세력이 국힘세력을 현재도 변치 않은 과거사의 거악으로만 간주하면 국힘도 더민당(운동권)세력을 현재도 변치 않은 과거사의 주사파세력으로만 간주하게 될 것이다. 그렇게 그저 서로 현재의 권력을 강화하기 위해 상대를 과거사와 연동시켜 정치적 타격만 입히면 된다고 생각하면, 우리는 함께 과거사가 무한 반복되는 '적대적 공생'의 타임 루프에 갇힌 것이다.

　유권자는 유권자대로 이 익숙한 관성을 버리기가 쉽지 않다. '지역에 기반한 자신들의 당'을 별 고민 없이 지지하는 건 너무나 편하고 익숙한 관성이다. 그리고 그 관성을 정당화해주는 명분도 있었다. 영남은 패권을 추구하기 위해 상대를 빨갱이로 몰아붙여 정당화했고, 호남은 반영패·반영파 저항을 위해 상대를 정통성·정당성 없는 독재권력으로 규정했다. 지금은 많이 약화됐다고는 하지만 그런 대립

정통성·정당성의 기원에 큰 문제가 없다는 사실부터 국민에게 납득시킬 수 있어야 문제 해결의 실마리를 찾을 수 있다고 본다. 즉 그때야 국힘의 노력 여하에 따라, 악마화도 개인 이력에 따른 정치공세 차원으로 변하면서, 잦아들 것으로 기대한다. 맞은편을 보자면, 박정희·전두환 시절 나라(특히 호남)를 옥죈 '억지 빨갱이 이데올로기'가 1987년 6·10 민주화 이후 민자당 출범과 국민적 각성에 따라 근원적으로 먹혀들지 않게 됨으로써, '이념적 악마화(대표적으로는 김대중 악마화)' 시도도 잦아들었다고 생각한다. 마찬가지 사태라고 본다.

적 삶이 끝난 것도 아니고, 사회적 기억의 유효기간이 아직 지난 것도 아니다. 그럼 언제쯤이나 이런 과거가 우리 삶을 스쳐 지나가 진짜 과거가 될 수 있을까? 우리를 지배했던 과거가 진짜 과거가 되려면 우리도 미래를 위해 감수해야 할 중요한 마음가짐이 있다.

다시 조배숙의 얘기를 들어보자. 그녀는 "민주당이 제정하려 하는 포괄적 차별금지법은 전체주의적 사상 통제의 시초가 될 수 있어요"라며 반대의 논리를 편다. 아니, 차별 없는 좋은 세상 만들자는데, 웬 '김밥 옆구리 …'?

> "인종이나 장애 여부, 피부색처럼 자신이 선택할 수 없는 것 때문에 차별을 당하는 건 옳지 않아요. 성적 지향이라면 어떨까요. 동성애자를 포함한 모든 사람의 인격은 존중되어야 합니다. 단 동성애에 대해 우리가 객관적으로 토론할 수는 있잖아요. (…) 차별금지법은 토론도 못 하게 하는 겁니다. 반대할 수 있는 자유를 없애는 사상 통제의 시초예요. 민주주의를 부정하는 겁니다."[126]

"토론도 못 하게" 한다고? 대상 영역이 고용문제 등으로 제한적인데, 과장 아닌가? 위에서 조배숙은 "상대가 옳은 말을 하면 인정해야 하잖아요?"라고 했다. 그런데 옳은 말인지 아닌지 국회의원만 따져보면 되는 것일까? 유권자도 국회의원이 잘 판단했는지 따져봐야 할 것이다. 근데 유권자로서 생각해보니 '사상 또는 정치적 의견에 대한 차별을 금지'[127]하면 "5·18민주화운동에 대한 허위의 사실을 유포

한 자"(5·18민주화운동 등에 관한 특별법 제8조)는 처벌할 수 있다지만, 사상 또는 정치적 의견의 탈을 쓰고 히틀러·전두환을 찬양하고, 김정은의 인권침해에 열광하고, 인터넷으로 동네방네 소수·약자에 대한 혐오발언을 일삼고 다니는 건 어찌해야 할까? 그런 짓을 일삼다 '차별'하지 말라며 버젓이 (대통령실, 언론기관을 포함한) 공공기관 등에 취업하려는 자들에 대한 대책은 있나? 혐오발언의 법적 규제[128]가 없는 상태에서, 차별금지법은 차별적 혐오발언을 일삼는 자를 차별하지 말자는 차별허용법의 의미일 수도 있는가?

이렇듯 유권자 스스로 생각한다는 건 얼마나 힘들고 불편한 고역인가? 쉴 새 없이 등장하는 그 많은 세상사에 모두 정통한 만물박사 전문가도 아니고, 먹고 살기도 바쁜데. 이런 고역에 직면하게 되면 그냥 살던 대로 살고 싶은 마음이 굴뚝 같아질 것이다. 그렇지만 우리가 민주주의를 원한다면 반드시 해내야 한다.

한데 그보다 더 우선해야 할 역사적 숙제가 있다. 광주는 '민주주의의 성지'라는 지칭에 자부심이 있다면 다음 질문에 대한 대답, 즉 민주주의를 위한 탈출구를 반드시 찾아야 한다. 국힘을 지금까지도 일체 부정한다면 그 논리가 뭔지? 국힘은 '민정당 청산∈전두환 5공 청산'을 명분으로 창당된 '3당통합신당 = 민자당'을 승계했음에도 그 민주적 정통성·정당성을 인정할 수 없다는 것인지? 만약 국힘의 역사적·민주적 정통성·정당성을 인정한다면 앞으로 국힘의 정당으로서의 능력 여하에 따라, 즉 사안별로 잘 판단해 지지할 수도 있는 것인지? 특히 복수정당제가 민주국가의 조건이므로 반드시 확립돼야 한다는 데 동의하는지? 동의한다면, 일당지배 체제를 못 벗어나는 호남의 정치상황을 어떻게 타파할 생각인지? 민주주의는 그 대답을 요구하고 있다.

　마찬가지로 국힘도 상기해야 한다. 역사적으로 정당의 시원적 정통성·정당성의 근거가 있다는 것과 현실적으로 훌륭한 정당이 된다는 건 또 다른 문제다. 그러므로 역사적 정통성·정당성의 근거가 있으니 언제라도 우리에게 표를 주지 않으면 호남은 부당하다고 억지 주장을 해서는 절대 안 된다. 민주국가에서 정당의 민주적 정통성·정당성이란 모든 정당의 당연한 전제일 뿐이다. 그러니 '민자당 승계정당 국힘'은 민주주의에 대한 확신과 '민정당∈전두환 5공'에 대한 단절적 청산의지를 의심케 한 과거의 실책을 씻는 최선의 노력을 해나가야 한다. 이 최선의 노력이 부족하면 현실적으로 국힘은 적어도 호남으로부터는 역사적 정통성·정당성을 인정받는 일이 한없이 지연될 수도 있다. 앞으로 이 모든 문제가 가능한 한 빨리 인지되고 해소돼, 우리나라도 전국적으로 정상적인 복수정당제도가 정착되고, 정상적인 민주정치가 펼쳐지기를 바란다.

　덧붙여 한 가지 강조하고 싶은 얘기가 있다. 복수정당제의 현실적 이익이다. 호남은 영남에 비해 인구가 적다. 그래서 대권 전략으로 선택한 것이 영남출신 정치인을 호남의 대리인으로 내세우는 것이었다. 노무현과 문재인의 집권으로 호남은 그 전략적 효율성에 깊은 인상을 받은 듯하다. 하지만 이 전략을 추구하는 한 호남정치인은 절대로 대통령에 출마할 수 없다. 이런 사태는 지역차별을 막겠다며 스스로 감수하는 비민주적인 자가당착 지역차별이자 인권문제다. 그런 문제가 아니더라도 일당지배 체제는 현실적 이익을 복수정당 체제보다 더 많이 가져다줄 수 없다. 스윙 보터 지역인 충청의 사례(대표적으로, 행정중심복합도시(행정수도) '공약'의 정치적 메커니즘을 상기하면 된다)나 시장에서의 경험을 생각해보면 된다. 어떤 시장상황에서 물건을 살 데가 한 군데밖에 없는데 소비자로서 품질 좋은 물건을 값싸게 구입할 수 있겠는가? 장기적인 관점에서 생각해야 한다.

그런데 나는 왜 영남 얘기는 하지 않고, 호남에게만 부여된 무슨 특별한 민주적 의무가 있는 것처럼, 부담스럽고, 불공평하게 호남을 향해서만 이런 얘길 강조하고 있을까? 이유가 있다. 내가 보기에 영남의 일당지배 체제 현상은 역사적으로 더민당에 대한 민주적 정통성·정당성 문제 때문에 발생한 것이 아니다. 그것은 패권적 이익실현을 위한 세속적 전략 때문에 발생했다. 따라서 상황 변화에 따라 현실적 이익실현 전략이 바뀐다면 영남은 호남보다 일당지배 체제에 대해 더 유연하게 대처할 가능성이 크다. 경험적으로도 그런 모습이 약하게나마 보였다. 그리고 설령 영남이 패권주의적 일당지배 체제 전략에 집착하더라도, 그건 이념적 논리가 아닌 공정경쟁이 강화되는 민주주의의 진전을 지향하면서 현실적인 제도 개선으로 방지대책을 세워야 할 문제다.

반면 호남의 일당지배 체제 고착화는 '민자당 승계정당 = 국힘'의 역사적·민주적 정통성·정당성을 승인할 수 있는 논리적 해결책을 못 찾은 사태 혹은 그간의 반민주(영패·영파)적인 국힘 정치인들의 용납할 수 없는 언행과 당의 이데올로기적 태도 때문에 발생했다고 볼 수밖에 없다. 따라서 이는 일당지배 체제에 대한 현실적·제도적 대책을 세운다 해도 논리적·이데올로기적 해결이 선행되지 않으면 치유할 수 없는 사태다. 그런 의미에서 호남의 더민당 일당지배 체제는 대한민국 정당제도의 역사적·민주적 정통성·정당성 문제를 함축한 사태이기도 하다. 이렇게 볼 때, 영남보다는 호남이 일당지배 체제라는 사태를 해결할 수 있는 궁극적 열쇠를 쥐고 있다. 그래서 나는 영남보다는 호남을 향해 나의 '논리'를 더 강조하고, 호남의 선택에 더 주목한다.

나는 호남이 민주시민으로서 우선적으로 해야 할 행동은 더민당이든 국힘이든, 이젠 당파가 아니라 그들의 주장과 실천 내용에 귀 기울이는 것이라고 생각한다. 그것이 호남이 정치적 인질상태 혹은 가스라이팅을 벗어나기 위한 최소한의 선행적先行的 저항이다. 그런 의미에서 나는 김영삼 전 대통령 국장 기간에 광주·전남 분향소에 상당히 많은(?) 조문행렬이 이어졌던 사실에서 희망을 본다. 국힘도 영감을 얻어야 한다. 한 시민이 영정에 큰절을 두 번 하며 추모한 뒤, 고백한 소회를 그대로 옮긴다.

박씨는 "김 전 대통령의 재임 기간에는 그의 장점을 알지 못했고 나 역시 지역감정에 휘둘려 생각했었다"며 "하지만 서거 후에야 과감한 결단력과 따뜻한 마음으로 배려하는 큰 인물임을 알게 됐고 조문을 오지 않으면 후회할 것 같은 마음에 찾았다"고 말했다.[129]

'있는 것을 있는 그대로 보는 것'은 가상이 아닌 현실에 발붙이고 살아야 하는 우리 삶의 불가피한 외길이자, 그 삶의 토대인 민주주의 타락을 막기 위한 일차적인 조건이다. 그리고 미래를 현재로 받아들이고, 현재를 과거로 흘려보내는 것은 현재를 살아가는 우리의 신성한 책무다. '민주주의의 성지' 호남이 그 길을 열어야 한다. 반드시 그렇게 해야만 하고, 할 수 있다고 믿는다.

3
어떻게 '타임 루프' 대한민국을 벗어날 것인가

예전에 잘 알던 익숙했던 동네를 오랜만에 찾았는데 아무것도 변한 것이 없을 때, 우리는 시간이 멈춘 것 같다고 한다. 이는 은유적 표현이지만, 실제로 아무것도 변치 않았다면 실제로 시간은 멈춘 것이다. 눈에 보이는 현상에서만 시간이 멈춘 것 같은 느낌을 받을 수 있는 것일까? 수십 년 만에 만난 친구가 수십 년 전부터 늘 하던 생각, 늘 뿌리던 향수, 늘 듣던 노래를 여전히 좋아하고 있다면, 우리는 그를 보며 시간이 멈춘 것 같다는 느낌을 받을 것이다. 시간이 흐른다는 건 뭔가? 무언가가 변하는 것이다. 냉동인간은 그의 시간을 최대한 느리게 흘러가게 하려는 시도다. 아무것도 변하지 않는다면 시간은 멈춰 있는 것이다. 은유가 아니라 실제로 그렇다.

그런 의미에서 시간은 상대적인 것이기도 하다. 눈앞의 상대는 변했는데, 나는 변한 것이 없다면 그의 시간은 흘렀지만 내 시간은 멈춰 있는 셈이다. 우리는 이렇게 각자 상대적인 시간 속에서 살아가는 세상 속에 존재한다. 예컨대 조선시대 사고방식을 가진 할머니는 조선시대를 사는 것이며, 박정희시대 사고방식을 가진 어머니는 박정희시대를 사는 것이고, 민주화시대 사고방식을 내가 갖고 있다면 나는 민주화시대를 사는 것이다. 우리는 얼핏 한 공간에서 함께 살고 있으면 모두 같은 시대를 살고 있다고 생각하지만, 고정관념일 뿐이다. 우리는 각자의 시대를 각자 살고 있다. 특별히 우리나라는 다른 나라에 비해 상대적으로 짧은 시간에 축약된 역사경험을 했기 때문에 세대별로 다른 시대를 살고 있다는 느낌을 훨씬 더 강하게 받을 수 있다. 그런데 사실 이런 시간차는 나와 너, 우리와 그들, 우리와 세상의 시간차 같은 방식으로만 존재하는 것이 아니다. 우리는 마치 시간여행을 하는 것처럼 다양하게 다른 시간을 살아가는 내 자신의 일상적인 모습을 관찰할 수도 있다. 예컨대 내가 전자제품은 마냥 최신 기기만 좋아하면서, 옷은 조선시대 한복풍을 즐기고, 음식은 어릴 때 자주 먹던 것만 찾는다면, 그리고 별스럽게 공상과학 영화에 빠진다면, 나는 여러 시대를 동시에 살고 있는 셈이다.

이런 전제 아래 우리의 주제에 맞게 미묘한 가정을 한번 해보자. 누군가 경제적인 이슈에 대해서는 하루가 멀다고 쏟아지는 뉴스를 소화해 세상에서 가장 민감하게 대응하면서, 그의 정치적인 사고틀은 수십 년 전 6·25 때나 독재시대 형성됐던 그것에서 한 치도 못 벗어나는 일도 가능할까? 말을 바꾸면, 그의 경제적인 삶의 시간은 세상에서 가장 정확하게 흘러가고 있지만, 정치적인 삶의 시간은 멈춰 있거나 한없이 느리게 흐르는 일도 가능할까? 더 기이하게는 개인에게 발생하는 그런 시간차가 집단적으로도 발생할 수 있을까? 얼마든지 가능하다. 그런 일은 우주물리학에서만 가능한 기이한 이론적 상상이 아니라 사회과학적으로도 얼마든지 관찰 가능한 평범한 현실이다. 멀리서 그런 현상을 찾을 필요도 없다. 실제로 우리가 지금 그렇게 살고 있다.

그런데 이 복합적인 시간차 속에서 살아가는 우리에게 발생할 수 있는 가장 큰 문제가 뭘까? 나의 시간은 멈출 수도 있는데 세상이라는 시간은 절대로 멈추는 법이 없는 데서 발생하는 나와 세상의 시간차 문제다. 이 시간차 문제가 심해지면 시대착오라는 정신적 중증을 발생시킨다. 일이십 년 단위가 우습게 왔다 갔다 하는 시간차 우주여행을 지속적으로 해야만 하는 경우를 상상해보자. 누구라도 시대착오 없이 버틸 수 있겠는가? 시대착오는 정신적 중증임에도 불구하고, 누구라도 현실을 직시할 수만 있다면 흔하게 관찰할 수 있는 심각한 사태다. 한데 내가 바로 그 시대착오 속에 살고 있다면, 내 눈으로 세상을 직시해 내 자신의 시대착오를 관찰할 수 있을까? 아마도 자신의 시대착오를 스스로 관찰하는 건 사실상 거의 불가능할 것이다. 그건 마치 돈키호테가 자신이 돈키호테임을 깨닫는 것만큼이나 힘들 것이다.

그런데 자신은 결코 시대착오자가 아니라고 생각하는 시대착오자에게 반드시 나타나는 증상이 있다. 내 눈앞의 세상이 한결같이 반복

·지속되고 있다고 느끼는 증상이다. 이런 증상을 느끼기는 비교적 쉽다. 자신이 이른바 시대착오적 꼰대임을 느끼기는 어려워도 꼰대가 살아가기 너무나 좋은 시대가 어떻게 이렇게 변함없이 반복·지속되는지 좋아하기는 쉬운 일 아닌가? 한데 세상이 그렇게 변치 않을 일은 결코 없다. 이 경우 그가 시대착오 속에서 살고 있을 확률이 거의 100%지만 그에게는 일단 비밀로 하고, 생각이 멈춰서 세상도 멈춰 있다고 한번 상상해보자. 최악의 사태는 소수가 아니라 세상 대다수가 꼰대가 된 채 멈춰버린 세상에서 그걸 의식도 못 하고 사는 경우다. 어찌해야 하는가?

어떻게든 모두 빠져나와야 한다. 어떻게 우리는 세상과 나의 그런 중증 엇박자라고 할 수 있는 시대착오, 혹은 (그 사실을 도저히 인정할 수 없는 사람이라면) 세상이 한결같이 변하지 않고 반복되는 느낌의 '타임 루프'에서 빠져나올 수 있을까? 어떻게 우리는 개인적으로나 사회적으로나 시대착오라는 정신적 중증 없이 시대의 진보적 변화에 걸맞은 균형감 있는 삶을 살 수 있을까? 우리가 그런 문제를 이해하고 해결책을 찾는 데 강한 영감을 받을 수 있는 좋은 영화가 있다. 타임 루프 장르의 〈사랑의 블랙홀〉이다. 이 영화를 읽어가면서 우리의 얘기를 계속해보자.

영화의 주인공인 TV 기상캐스터 필은 이기적이고, 냉소적인 인물이다. 그는 매년 2월 2일에 개최되는 성촉절Groundhog Day(경칩) 취재차 PD 리타, 카메라맨 래리와 함께 펜실베이니아의 펑서토니Punxsutawney 마을로 가게 된다. 성촉절은 다람쥐과 마멋Marmot으로 봄이 올 날을 점치는 축제다. 필은 이런 '유치한' 행사취재 자체가 못마땅하지만, 어쨌든 일행은 목적지에 도착해 여장을 푼다. 다음날 필은 형식적으로 취재를 끝내고 서둘러 피츠버그로 돌아가려 한다. 하지만 폭설로 길이 막혀 일행은 펑서토니로 되돌아온다.

다음날 아침, 민박집에서 눈을 뜬 필은 어제와 똑같은 라디오 멘트에 깜짝 놀란다. 분명히 어제가 성촉절이었는데 다시 축제 준비로 부산한 마을의 황당한 모습이라니! 필은 자신에게만 계속 같은 날이 반복되는 타임 루프에 빠진다. 충격이 가라앉은 필은 내일이 없으니 아예 마음대로 살기로 작정한다. 마음대로 먹고, 마시고, 알아낸 정보로 여자를 유혹하고, 현금수송차량의 돈 가방을 훔치고, 반복되는 날 속에서 알아낸 취향 목록으로 리타를 유혹하기도 한다. 심지어 그는 반복되는 성촉절에 질려 냉소를 쏟아내며 취재를 망치기까지 한다.

그러나 그런 재미도 오래는 못 가고, 탈출구가 없어 절망한 필은 마멋을 태운 트럭을 훔쳐 자살을 기도한다. 하지만 다음날이면 어김없이 침대 위에서 잠이 깬다. 온갖 종류의 자살을 시도해보지만, 그에겐 죽음이 아닌 성촉절만이 기다리고 있을 뿐이다.

그렇게 신처럼 모든 걸 알 수밖에 없는 상황 속에서 살아가던 필은 리타와 친해진다. 그는 리타와 밤을 함께 보내며 마음속에 품었던 사랑을 확인한다. 그에게 마음의 변화가 생기자 세상이 다르게 보인다. 필은 길거리 걸인에게 돈을 쥐어주고, 성촉절 취재를 준비 중인 리타와 래리를 위해 커피와 빵을 사 들고 오기도 하며, 취재에 적극적으로 협조한다. 어김없이 반복되는 시간과 사건 속에서 필은 책도 읽고, 얼음조각도 해보고, 피아노도 배우고, 노숙자를 돌보고, 심지어 성촉절의 멋진 취재도 하고, 나무 위에서 떨어지는 소년을 구하고, 할머니들의 펑크 난 차를 고쳐주고, 레스토랑에서는 급체한 손님을 구해주기도 한다.

그러자 온 마을 사람이 그의 팬이 된다. 필은 이미 이기적이고 냉소적인 인물이 아니었다. 그렇게 그는 긴 겨울잠에서 깨어나 따뜻한 마음의 봄을 맞이했다. 마침내 리타의 사랑을 얻은 다음날, 필이 그토록 기다리던 내일의 아침이 찾아온다.

오지 않는 필의 내일을 오게 만든 건 뭐였을까? 그의 변화였다. 변함없는 그였을 때 그의 시간은 흐르지 않았다. 영화적 은유지만, 좋은 의미든 나쁜 의미든, 오늘이 어제 같고 내일이 오늘 같다면, 이런 시간을 보내는 사람에게 시간이 흐른다는 의미는 뭘까? 시간이 흐르는 게 아니라 멈춰 있다고 느낀다 해도 전혀 이상할 것이 없다. 시간이 멈춰 있다고 느끼면 나는 '냉동인간의 삶＝죽음'을 사는 셈이다. 내가 시간의 흐름에 관한 얘기를 길게 꺼낸 이유는 우리의 정치환경에 관한 얘기를 하고 싶어서다. 우리 정치 시계는 흐르고 있는가?

2022년 8월 15일, 민노총은 '8·15 전국노동자대회'와 '광복 77주년 8·15 자주평화통일대회'를 잇달아 열었다. 민노총은 그날 오전에는 서울 용산 미군기지 앞에서 북한 노동자단체인 조선직맹, 한국노총과 공동으로 '남북 노동자 결의대회'를 열기도 했다. 다음은 이 행사에 관한 미디어 보도다.

조선직맹은 직접 참가하지는 않았지만 민노총에 연대사를 보내 "미국과 남조선의 보수 집권 세력이 침략 전쟁 연습을 광란적으로 벌여놓고 있다"며 "반통일 세력의 대결망동을 짓뭉개버려야 한다"고 주장했다. 또 "조선반도에서 핵전쟁 위험이 갈수록 짙어가고 있다"며 "(미국이) 겨레의 머리우(위)에 핵참화를 들씌우려 한다"고 했다. 정작 핵무기를 개발하는 것은 북한인데, 미국이 북한을 위협하고 핵전쟁 위기를 고조시킨다는 북한 측 주장을 민노총이 서울 한복판 집회에서 그대로 낭독한 것이다. (…) 민노총의 친북 성향은 그동안 노동계와 진보 진영 내에서도 꾸준히 논란이 됐다. 하지만 민노총 탄생 과정에서 NL(민족해방) 계열 운동권이 큰 영향을 미쳤고, 여전히 민노총 내에서 주도권을 잡고 있다는 점을 감안하면 민노총의 친북 정치투쟁은 계속될 것이라는 전망이 많다. 현 양경수 민노총 위원장 역시 이석기 전 통합진보당 의원이 속해 있던 NL 계열 '경기동부연합' 출신이다.[130]

이런 사태를 보고 국힘이 가만있을 리 없다. 다음은 그 반응이다.

양금희 원내대변인은 이날 논평을 통해 "민주노총은 13일 서울 도심에서 '한미 전쟁동맹, 노동자가 끝장내자', '한미동맹 해체하라'고 주장했다"며 "가히 시대착오적이며, 2022년도 대한민국 노동자들의 주장이 맞는지 묻지 않을 수 없다"고 말했다.[131]

1980년대에 신물나게 보던 모습이다. 전혀 변하지 않은 익숙한 옛

거리에 우연히 들어선 것처럼, 심지어 반갑기까지 하다. 내 나이가 수십 년은 젊어진 것 같은 착각까지 들 정도다. 〈사랑의 블랙홀〉처럼 하루 단위가 아니라 혹시 40년 주기로 시간이 반복되고 있는 건 아닐까? 정말 그렇다면 개이득일 텐데…. 타임 루프에 갇힌 건지는 모르겠지만, 어쨌든 적어도 이 모습만 본다면 우리나라 정치시계는 정확히 1980년대에 머물러 있는 게 분명하다.

 기왕에 북한 얘기가 나왔으니 몇 마디 하지 않을 수 없다. 북한 인민의 삶은 차치한다. 왕조처럼 돼버린 북한의 세습행위는 김일성에서 김정일로 부자세습이 처음 시도될 때만 해도 그나마 국내외적 어색함 또는 논란에 대한 변명 같은 조심스러움이라도 있었던 듯하다. 한데 이젠 김정은의 어린 딸에게 굽신거리는 북한 상층 모습도 어색하지 않게 보인다. 자신을 진보적이라고 생각하는 우리나라 인사들 중엔 북한과 어떻든 친밀함을 유지하는 것이 통일에 도움이 될 것이라는 역사적 사명감 같은 자긍심을 가진 사람들도 있을 것이다. 물론 통일은 언젠가는 이뤄야겠지만, 내 보기엔 지금 이런 상태로는 북한은 통일의 상대라기보다는 평화유지, 그리고 혹시 모를 급속한 체제변화 대응을 위한 관리대상에 지나지 않아 보인다. 통일은 최소한의 밀접한 관계나마 지속할 수 있을 정도의 삶의 공통점이 있어야 한다. 삶의 기본적 공통점도 존재하지 않는 체제와 무턱대고 친해질 수도 없거니와, 역설적으로 친해지는 것 자체를 체제파괴 위협으로 간주하는 체제와 어떻게 당장 통일을 논하고, 꿈꿀 수 있겠는가?

 다시 '멈춰버린 시간 얘기'로 되돌아오면, 적당한 때가 왔을 때, 틀림없이 등장하는 올드보이들이 있다. 얼굴 모습은 많이 늙었는데, 입에서 나오는 주장은 예나 지금이나 한결같이 향수를 자극하는 소리들이다. 김민웅도 그 중 한 명이다. 다음은 그의 '이데올로기적 발언'이다.

통상 지배세력은 자신들의 이해관계를 그 사회의 지배 이데올로기로 만들어 복종의 정치와 저항의 제거를 목표로 삼는다. 이를 깨닫지 못하게 될 때 인간은 자신의 인간적 존엄성을 상실한 채 이들 지배세력의 도구로 전락하고 만다. 그들의 생각은 그들의 생각이 아니라 지배세력이 준 생각을 자신의 것으로 착각하고 살기 때문이다. (…) 이런 사고의 균열을 깨는 '생각'은 그래서 곧 혁명이 된다.[132]

생각해보니 김민웅이 "예나 지금이나 한결같"은 건 아닌 것 같다. 더민당 문재인이 집권하고 있을 때는 '지배세력'에 너무나 우호적이었다. 다음은 '촛불행동' 상임대표 김민웅의 이력에 관한 보도다.

집회를 주도하는 촛불행동은 대선 직후인 올해 4월 출범했다. (…) 이른바 '조국 백서'를 집필하고 더불어민주당 예비 경선에서 추미애 전 법무장관을 지지한 김민웅 전 경희대 미래문명원 교수가 상임대표를 맡았다. 김 전 교수는 지난해 고故 박원순 서울시장 성추행 피해자의 신상을 공개했다 논란이 됐고, 성폭력범죄의처벌등에관한특례법(비밀준수 등) 혐의로 기소돼 올해 8월 1심에서 징역 6개월에 집행유예 1년을 선고받

왔다. 한때 추 전 장관과 김 전 교수가 대담한 '추미애의 깃발'이란 책이 출간되기도 했다.[133]

혹시 김민웅은 더민당 문재인 집권시에는 지배세력의 '지배이데올로기'로 인해 "복종의 정치와 저항의 제거"가 된 것인지도 모르겠다. 그래서 김민웅은 그들 문재인정권 "지배세력의 도구로 전락"해버렸었나? 하지만 대선에서 국힘 윤석열이 승리하자마자 다시 큰 깨달음을 얻었는지 2022년 4월에 자신이 상임대표가 돼 '촛불행동'을 출범시키고, 윤석열 퇴진과 김건희 특검수사를 목표로 일로매진하고 있다.

사실부터 짚어보자. 집권 문재인세력에겐 한없이 관대했던 김민웅은 윤석열이 대통령에 당선되자마자 촛불행동을 만들어 퇴진시키려 했다. 따라서 그의 '지배이데올로기' 발언이 논리로 성립하려면, 더민당 문재인세력은 지배세력이 아니고, 국힘 윤석열세력만이 지배세력이라는 관점을 제시해야 한다. 계급적·정치적·이데올로기적 관점에서, 이게 가당한가? 혹 더민당 문재인세력이 지배세력에 저항해 계급혁명을 원하는 세력이라고 주장하면 모르겠다. 근데 계급혁명? 이 또한 향수를 불러일으킨다. 이런 식이면 우리는 다시 도돌이표를 때려 맞은 것처럼, 1980년대까지 거슬러 올라가 처음부터 다시 토론해야 한다. 우리는 타임 루프에 다시 갇힌 것이다.

김민웅 같은 때아닌 '혁명'세력이 부르주아 자본주의(민주주의) 혁명을 꿈꾸고 있다면 정말 진부한 풍경이다. 심지어 그 혁명이 조국 백서나 성추행 피해자 신상공개 따위로 이뤄지길 바라고 있다면 더 그렇다. 그런 혁명이라면 이미 우리나라도 수십 년 동안 큰 사건 속에서 성공과 실패를 거듭하며 추구해왔고, 일상적으로도 진행 중이다. 만약 그가 주장한 '지배세력의 이데올로기를 깨는 혁명'이 혹여라도 사회주의·공산주의 계급혁명이라면 '시대적으로' 특별하다고 할 순 있겠다. 하지만 김정은 체제를 보고 있는 21세기에 그 특별함이 특별할수록 우리에게 대체 무슨 생각이 들겠는가? '당신들 입에서 나오는 소리가 반지배세력 혁명이든 외계인 혁명이든, 아님 레 미제라블 혁명이든 먼치킨 혁명이든, 결국 당신들 집권파티를 위한 것 아닌가? 우리나라 주사파 운동권 출신 정치인들이 이미 톡톡히 재미 봤듯이. 아직도 배가 고픈가? 그래서 영구 혁명이 필요한가!'

그건 그렇고, 〈사랑의 블랙홀〉 필은 어떻게 타임 루프를 빠져나왔는가? 변함없는 자신이 변하기 시작했을 때, 가능했다. 그것도 좋은 생각으로 변하기 시작했을 때다. 영원히 반복해도 후회 없을 삶을 향한 변화가 시작됐고, 그렇게 빠져나왔다. 개인의 이익을 추구하는 삶이 공동체의 이익과도 부합할 수 있다면, 개인의 정치적 성향에 따른 선택이 민주주의 발전과도 부합할 수 있다면, 그보다 좋을 순 없을 것이다. 그 정도까지는 아니더라도 가능한 한계까지라도 그렇게 살 수 있는 세상이 오면 좋을 것이다. 우리가 조금이라도 그렇게 변할 수 있다면, 시간은 앞으로 흘러갈 수 있을 것이고, 우리가 갇혀 있는 타임 루프에서 벗어날 수 있을 것이다.

하지만 다시 눈을 돌려 우리나라 정치 현실을 직시하면, 매일 눈을 떠도 똑같은 날이, 어쩌면 40년 주기로 반복되는 것처럼 느낄 수도 있다. 그땐 영화 속 필을 생각하기로 하자. 필도 미래가 올 것이라는 분명한 확신 속에서 변하기 시작한 건 아니었다. 그냥 그렇게 변한 마음으로, 좋은 마음으로 하루하루 살기로 했을 뿐이다. 우리의 개인적 행동과 판단이 아무리 훌륭해도 미래가 내일 당장 오리란 보장은 없다. 그래도 그냥 좋은 마음으로, 희망 속에서 살아야 하지 않겠는가? 사안마다 어떤 정치적 선택을 할지 모르겠다면 자신에게 다짐하듯 이렇게 물어보기 바란다. '가지 않는 과거를 어떻게 가게 할 수 있을까?' '오지 않는 미래를 어떻게 오게 할 수 있을까?'

결론:
역사인식의 전환과
정치체제의 정상화를 위하여

개인의 경우든 사회의 경우든, 큰 사건은 반드시, 그것도 꽤 장기간에 걸쳐 후유증을 남긴다. 좋은 일이든 나쁜 일이든 그렇다. 우선 복권에 당첨되거나, 창업했는데 어려움 없이 크게 성공한 경우처럼, 좋은 일의 경우에도 당사자가 그런 행운이나 과거와 같은 성공이 계속될 것이란 착각과 아집 속에 살다가 인생을 망치는 경우는 비일비재하다. 남의 눈에는 그 당사자가 '끊임없이 앞으로 나아가는 시간과 시대에 맞서듯!' 경험적 구태를 반복하는 것이 뻔히 보이는데도 정작 본인은 잘 모르는 경우가 허다하다. 그런 측면에서 볼 때, 수십 년 동안 한결같이 좋은 성적을 거두는 우리나라 양궁협회와 선수들의 경우는 오히려 예외적이라고 할 수 있겠다. 설령 행운과 성공이 계속된다고 해도, 그 상황에 취해 개인의 인생과 사회적 시간을 무의미하게 낭비하게 되면 그건 후유증일 것이다.

나쁜 일(비극과 고난)의 후유증이라면 더 말할 것도 없다. 이 책의 주제에 맞게 사건 중심으로 구체적으로 말해보겠다. 우리 근현대사의 가장 큰 사건이 뭘까? 일제강점, 6·25, 4·19, 5·18, 그리고 6·10이 아닌가 싶다. 일제강점, 6·25, 4·19, 5·18은 나라까지 잃거나 인명피해가 컸던 끔찍한 비극이고, 6·10도 인명피해가 있었던 큰 고난이었다. 그런데 이 비극과 고난은 당시가 마무리된 시점에서 역사의 진보와 각성이라는 좋은 집단기억만 남기고, 사회적으로 아무 후유증도 없이 감쪽같이 사라진 것일까? 절대 그럴 수는 없다. 그것이 초래한 물질적 후유증도 당연히 문제지만, 정신적 후유증(죄의식, 나르시시즘, 트라우마 등)은 긴 세월에 걸쳐 집단기억 속을 배회하며 절대 쉽게 우리를 놔주지 않는다.

  사건으로 표현한 위 구분을 시대로 바꾸면, 일제강점 시대, 반공독재 시대, 영패·영파독재 시대, 그리고 민주화 시대라고 말할 수 있다. 과거 우리는 일제로부터 해방을 쟁취했고, 내전 후 황무지 상태에서 북한과는 비교할 수 없을 정도로 압도적인 경제발전을 이룩했으며, 근래엔 영남군부 영패·영파독재와 맞서 싸워 상당한 민주화를 이루었다. 물론 그 근원의 희생과 노력을 생각하면 숙연해진다. 한데 문제는 그 시대가 남긴 후유증이다. 겉보기에 기적이라고 할 수 있을 만큼 좋은 결과를 성취했음에도 불구하고, 우리 시대가 숙명처럼 품고 있는 과거사의 후유증이란 게 대체 뭘까?

  일제강점 시기가 끝난 지 언젠데, (일본과는 아예 말도 잘 통하지 않고) 우리 내부에서조차 '식민사관'은 여전히 뜨거운 주제다. 반공독재는 어떤가? 6·25 이후에도 우리는 한동안 '공산/반공'이라는 사상 문제에서 벗어나기 힘들었다. 심지어 지금까지도 이 심각한 과거사 후유증은 '친일(후손)이냐/김일성주의자냐'의 싸움터로 순식간에 우리를 내몰기 일쑤다. 내가 이 책에서 주로 다룬 민주화⊐반영패·반영파 시대의 후유증도 결코 덜 하지 않다. 옛 '운동권'의 '민주화 역사의 정의 독점사태'에 맞서는 '종북 공세', 그리고 정당으로 스며든 '적대적 공생세력'과 그에 조응하는 '영호남 일당지배 체제 이데올로기'는 당장 정상적 미래로 나아가는 데 엄청난 걸림돌이다.

이런 사태는 모두 근현대 과거사와 관련 있는 정치이데올로기 문제다. 절대로 쉽게 쾌유할 수 있는 정신적 후유증이 아니다. 그런데도 우리는 이를 명확히 분별하고 극복할 노력을 하기는커녕, 그것이 문제인지 의식조차 못 한 채 자연스러운 삶의 일부처럼 느끼는 게 아닌가 싶다. 심지어 일부 대중들은 정치인, 정치 주변세력, 이름을 파는 명망가들에게 정서적으로 이용만 당하는 모습까지 보인다. 이는 우리의 과거사 후유증이 마치 입안의 혀처럼 편안하게 우리를 지배한다는 의미다. 이 이데올로기적 집단최면 상태에서 벗어나야 한다. 물론 한편으로는 우리나라가 근현대 세계사의 주된 모순을 모두 경험하고 어쨌든 성공적으로 극복했으니 당분간 그 대가를 치를 수밖에 없다고 자위할 수도 있지만, 도대체 언제까지 이런 비정상을 극복 못 하고 살아가야 하는가를 생각하면 마음이 급해지고 조금 절망스럽다.

나는 지금 '미래만이 중요하므로 불가피했던 과거 잔재청산은 무조건 필요 없다'는 식의 부당한 기득권적 시각에서 이런 얘길 하는 게 아니다.* 필요하다면 고조선시대 폐습도 청산해야 한다. 다만 나

• 물론 미래를 위한 과거사 후유증 극복이 국내정치를 넘어 남북문제나 한일 외교문제가 되

292 민주화 후유증

면 우리의 일방적 노력만으로 가능한 건 결코 아니다. 강제징용 관련 한일외교 사안에 대해 국가안보실 1차장 김태효는 "윤 대통령과 우리 참모진 그리고 외교부의 입장은 사사건건 우리가 하나 뭘 할 테니 당신네 일본 정부는 이걸 해 다오 하는 접근을 꾀하지 않았"("「한일관계 개선」 평가 속 과거사 논란…향후 대응은?」, 인터넷『YTN』, 2023년 3월 18일)다고 당당히 전했는데, 이렇게 '일방적으로 선의를 베풀면 상대방도 선의로 응답할 것이라는 망상'은 외교라고 할 수도 없는 위험천만한 자해다. 이런 '선의 망상 한일 미래'는 정확히 문재인이 북한을 상대로 펼친 '선의 망상 남북쇼'의 길항 짝패처럼 보인다. 실제로 윤석열은 국무회의에서 "우리 사회에는 배타적 민족주의와 반일을 외치면서 정치적 이득을 취하려는 세력이 엄연히 존재"("[전문]윤석열 대통령 제12회 국무회의 모두발언」, 『뉴시스』, 2023년 3월 21일)한다고 발언했다. 이는 더민당세력이 북한·중국과 밀착해 '자유'민주질서를 교란했으니, 자신은 일본·미국과 연대해 공세적으로 그들과 대적하겠다는 발상처럼 들린다. 불행하게도 국내적인 '민주화 후유증(적대적 공생)' 사태가 '합리적·균형적 실리'를 추구해야 할 외교정책으로까지 확장되는 측면이 있는 듯하다. 한데 위안부 문제든 강제징용 문제든, 윤석열이 눈 감고 있는 전범국 일본과의 양보할 수 없는 핵심전선이 있다. 그건 대법원이 정확히 판시한 대로 "청구권협정의 협상 과정에서 일본 정부는 식민지배의 불법성을 인정하지 않"았다는 사실이다. 따라서 "청구권협정은 일본의 불법적 식민지배에 대한 배상을 청구하기 위한 협상이 아니라 기본적으로 샌프란시스코 조약 제4조에 근거하여 한일 양국 간의 재정적·민사적 채권·채무관계를 정치적 합의에 의하여 해결하기 위한 것"으로 볼 수밖에 없다(대법원 2018. 10. 30. 선고 2013다61381 (전원합의체) 판결). 구상권까지 포기한 윤석열의 강제징용 제3자 변제안에 대해 일본은 "내년부터 사용할 초등학교 교과서에서 독도 영유권 주장을 강화하고 일제 강점기 가혹한 노동과 징병의 강제성을 사실상 지운 것으로"("「日 교과서, 독도 "한국이 불법 점거"…징병·노동 '강제성' 지워」, 인터넷『YTN』, 2023년 3월 28일) 응답했다. 왜 안 그러겠는가? 성찰 없는 전범국가 일본의 수십 번의 사과는 수십 번의 위선일 뿐이다. 윤석열은 프랑스와 독일을 예로 들며 "한일관계도 이제 과거를 넘어서야"("[전문]윤석열 대통령 제12회 국무회의 모두발언」, 『뉴시스』, 2023년 3월 21일)한다고 염장을 질렀지만, 일본이 독일 같으면 우리라고 왜 프랑스처럼 못 하겠는가? 대통령실 대변인 이도운은 "이 정도면 일본인의 마음을 여는 데 어느 정도 성공했지 않나"("윤석열 대통령의 방일 외교가 "커다란 성공"인 이유? [뉴스케치]」, 인터넷『YTN』, 2023년 3월 20일)라고 씨부렁거렸는데, '가해국 국민의 마음을 여는 데 성공한 피해국 국민'이라니? 제정신인가? 미래를 위한다며 원칙을 버리고 일본 군국주의·파시즘의 침략을 합법화해주는 건, '과거사 후유증'의 극복이긴커녕 정확히 윤석열이 맞서 싸우고자 하는 바로 '그 세력'이 통일을 위한다며 북한 공산주의와 원칙 없이 밀착하는 것만큼이나 불온한 역사적 퇴행이다.

는 지금 한편에는 뭘 청산·극복해야 하는지 관심조차 없고, 자신들이 자부하는 역사적 맥락이 훼손당할까봐 두려워 점점 '비뚤어질 테야' 하는 것처럼 파시즘적 언동을 마다하지 않는 한 패가 있고, 그 맞은편에는 자신들이 역사의 정의는 온통 독점해야 마땅하다는 식의 망상적 언동을 일삼으며 당파적 모티브가 작동하면 언제라도 과거로 되돌아가 치트키처럼 '당파적 잔재청산'을 부르짖는 다른 한 패가 있다는 사실을 상기시키는 것뿐이다. 이런 맹목적 대치상태는 자신들의 현재 권력을 유지·창출하기 위해 이젠 유물이 된 과거 '진영 대립의 황금시대' 이데올로기를 끝없이 소환해서 싸우자고 선동하는 세력에겐 최적의 '시대착오 플랫폼'이다.

자신들이 몰입했던 과거 이데올로기적 이상향을 실현하겠다는 꿈으로 몽상하듯 시대를 거슬러 올라가 현재의 삶 속에서 좌충우돌하는 자들이 있다면 그들이야말로 돈키호테다. 인류에게 시대착오를 온몸으로 보여준 돈키호테조차 죽기 전 조카딸에게 호소처럼 들리는 이런 후회 어린 유언을 남겼다. 돈키호테가 말하는 '기사도 책'은 편향적 (유사)언론을 통해 유포되는 '구시대 이데올로기'로 바꿔 읽어도 좋을 것이다.

"이제 나는 자유롭고 맑은 이성을 갖게 되었구나. 그 증오할 만한 기사도 책들을 쉬지 않고 읽은 탓에 내 이성에 내려앉았던 무지의 어두운 그림자가 이제는 없어졌거든. 그 책들이 가지고 있는 터무니없음과 속임수를 이제야 알게 되었단다. 이러한 사실을 참으로 늦게 깨달아, 영혼의

빛이 될 다른 책을 읽음으로써 얼마간이라도 보상할 수 있는 시간이 조금밖에 남지 않았다는 것이 단지 원통하구나."[134]

우리는 약속 상대가 시간착오로 10분만 늦어도 '왜 늦었냐'고 따지는 현대인들이다. 여름에 겨울옷 입고 다니는 계절착오쯤 하면 이상한 사람 취급을 받을 수 있다. 한 3년쯤 묵은쌀을 햅쌀이라고 파는 햇수착오를 하는 사람이 있다면 소송감이다. 한데 우리가 2020년대에 살면서 심하면 몇 세대를 거슬러 올라가야 그 근원을 찾을 수 있는 이데올로기를 동원해 '적들을 때려잡자'고 외치는 정치세력에게 선동당하거나, 아니면 거기에 맞서 마찬가지 행태로 열렬히 반격하는 정치세력과 함께하면서도 자신이 '돈키호테적 시대착오' 인물이란 사실을 의식조차 못 한다면 이건 정말 심각한 무감각이다. 자신은 세상에 미안한 마음 하나 없이 시대까지 착오하며 무사태평하게 살면서, 누군가를 향해서는 '왜 10분이나 늦었냐'고 시간착오를 다그치면 너무나 '내로남불' 아닌가?

시대착오 문제를 절대 과소평가해선 안 된다. 시대착오가 악화하면 현시대를 자신이 망상하는 마땅히 있어야 하는 과거 이데올로기적 황금시대로 치환하는 일이 발생한다. (사회적 비난을 받았던 인물의 작품이지만) 김기덕의 〈해안선〉은 시대착오의 나쁜 결말을 잘 보여준다. 우리나라 해안선을 지키는 철조망은 간첩을 막기 위한 설치물이다. 그런데, 즉 하염없이 간첩 '만' 기다리는데, 도통 간첩이 안 오면 어떡하나? 머릿속에선 반드시 간첩이 넘어와야 한다! 그래야 철조망이 의미 있는 것 아닌가? 그렇게 간첩이 넘어와야 한다는 '당위적 상상'은 실제의 현실 '이어야만' 한다. 〈과거는 흘러갔다〉는 옛 노래로 영화의 주제를 암시하는 이 영화는 결국 정신이 이상해진 주인공이 시내 한복판 군중 속에서 뜬금없이 시범처럼 총검술을 보여주다 구경하는 멀쩡한 사람을 간첩인 양 푹 찌르고 끝난다.

박근혜 탄핵 이후, (탄핵이 아닌 '명예퇴진'을 주장했음에도) 정권을 잡은 문재인파를 거의 맹목적으로 지지하는 세력도 있다. 그들은 탄핵당할 정도로 반헌법적인 박근혜정권을 타도하고 정권을 잡았으니 당연히 그리고 반드시 '촛불정신'을 실현해야 했다. 한데 그들은 촛불정신을 실현하기는커녕, 타도할 능력도 의지도 없으면서 말로만 '타도하자 국힘 = 악마화'를 부르짖으며 '적대적 공생' 체제만 강화해버렸다. 그런 '운동권'적 시대착오가 원하는 건 맹목적 지지뿐이었다. 이런 사태가 도를 넘으면 돈키호테적 망상이 시작될 수밖에 없다. 그것은 법을 어겨도(타락해도) 정의로운 운동권과 이미 존재 자체가 부정한 전두환의 후예 국힘이 오늘날에도 옛 이데올로기를 가지고 싸워야 한다는 망상이다. 그렇게 문재인정권은 정의로워서 정의로운 것이 아니라 정의로워야 하므로 정의롭게 된 것이다. 하긴 부르주아정권을 무너뜨린 후 프롤레타리아정권이 들어섰을 때도, 환호한 사람들은 분명히 이제부터의 세상은 행복해야 한다고 믿었을 것이다. 그 공산주의적 당위가 수십 년 후 시대착오적 망상을 일으키자, 행복해서 행복한 것이 아니라 '행복해야 하므로 행복하다'면서 살게 됐다.

나는 지금까지 앞에서, 이제 정치사적 시대착오 그만하고, 정상적인 선진국이 되기 위한 정치체제 조건들을 만들자고 얘기해왔다. 다행히도 우리나라는 그 목표에 부합하는 역사적 사실들이 존재하고, 우리가 노력해 잘만 한다면 얼마든지 정상적 정치체제와 민주이념을 발전시킬 수 있다고 생각한다. 그러기 위해서는 역사와 현실을 당파적 이데올로기로만 보지 말고, 있는 그대로 직시해야 한다. 이를 위해 내가 직시한 역사와 현실을 다시 간략하게 요약·정리하겠다. 비록 지금은 듣고 싶지 않은 주장일 수도 있겠지만, 수행하듯 마음을 열고 되새겨보기 바란다. 지금은 아니라도, 이 다음 언젠가는, 반드시 상식처럼 들릴 날이 오리라고 기대한다.

우선 역사적 사실분석에 초점을 맞추면, 우리나라 민주화는 사건 위주로 볼 때 10여 년(1987년~1997년)이라는 비교적 장기간에 걸쳐 이루어진 '타협적 민주화'였다. 여기서 타협적 민주화란 민주화가 민주(∋반영패·반영파독재)세력과 반민주(∋영패·영파독재)세력 간의 힘의 균형점에서 타협적으로 이뤄졌다는 의미다. 역사적 사실상, 분명히 민주화세력만의 비타협적인 이념과 투쟁이 일방적·혁명적(헌법초월적) 승리를 거둔 것이 아니었다. 구체적으로 말하면, 이른바 '운동권'이 앞장서 장기간 물리적 힘이 바탕이 된 투쟁을 해왔지만, 결정적으로는 정치 '제도권'과 온 국민이 참여한 민주적·합헌적 선거를 통해 민주화를 이뤘으며, 그런 의미에서 심지어 반민주(∋영패·영파독재)세력도 타협적 민주화의 한 축이었다. 만약 우리나라 민주화에 대해 반민주세력을 혁명(폭력)적으로 배제·타도하고 민주화세력의 의지·이념만을 일방적으로 관철했다는 식으로 상상적 희망을 실재처럼 주장한다면 그것은 지극히 당파적이고, 불온한 역사왜곡이다.

따라서 우리는 모든 관련 주장의 근거를 '타협적 민주화'라는 역사적 유산 위에서 찾아야 한다. 그 근거 위에서 말하건대, 누구보다 옛 '운동권'은 자신들의 민주화 역할평가(논공행상)에 대해 자제·성찰해야 한다. 이는 겸손의 요청이 아니니, 논리적 응징으로 이해하기 바란다. 운동권은 자신들의 이념·행동이 무엇이었든 제도권과 민주화운동을 함께해 결과적으로 민주화에 기여하긴 했다. 그 역사적 공은 인정받아야 한다. 하지만 그보다 더 분명한 사실은 자신들의 이념(NL·PD)이 아닌 국민의 헌법이념으로 민주화됐다는 것이다.

그렇다면 이제 권력 기득세력까지 된 '운동권'은 자신들의 '행방불명된 이념'에 대해 논리적으로 다음 둘 중 하나의 길을 선택해야 한다. 즉 자신들의 이념을 관철하지 못하고, 민주헌법적으로 집권편승(이념실패!)한 것을 공개 성찰하든지, 민주헌법적 권력을 여전히 옛 이념 실현을 위한 (위장)수단으로 생각하든지 선택해야 한다. 설마 후자는 아닐 테니 전자여야 한다고 믿겠다. 그런데도 오직 자신들만이 민주화 역사의 정의로움과 공로를 독차지할 자격이 있다는 듯 무논리 언행을 일삼는 건 도발이다. 그건 명백한 역사적 사실인 '타협적 민주화'에 대한 공평한 논공행상을 거부하는 짓이고, 제도권 정치세력 및 민주헌법적 선거에서 결정적 역할을 했던 전체 국민의 명예를 훼손하는 짓이자, 파렴치다.

한편 '타협적 민주화'의 파트너였던 국힘세력도 반드시 상실한 옛 기억을 되찾아야 한다. 만약 민주화 얘기가 나올 때마다 뭔가 위축되고 의기소침해지며 심지어 자꾸 비뚤어지고 싶은 생각마저 든다면 그건 간직해야 할 좋은 역사적 기억을 무책임하게 방기해서 나타난 징후라고 생각해야 한다. 옛 민정당세력은 반민주(≡영패·영파독재)세력으로서 부당한 권력을 누렸지만, 분명히 민주화에 타협했고, 각성해 청산의 길을 여는 데 일조했다. 즉 이유야 어찌 됐든 그들은 자신들이 협조해 이뤄진 '타협적 민주화'의 한 축이었다. 그 과정에서 민정당의 노태우는 집권 중이었는데도 3당합당을 통해 스스로를 부정하면서 5공청산을 진전시켰고, 그 산물인 민자당의 김영삼은 5공 잔재를 청산하는 데 크게 공헌했다. 당시 평민당의 김대중이 집권했어도 김영삼만큼 (IMF구제금융 사태로 크게 빛이 바래긴 했지만) 잔재청산을 잘했을까 하는 경이로운 생각마저 들 정도다.

만약 이런 역사적 사실에 동의할 수 있다면 국힘은 민주주의에 대한 자긍심부터 되찾아야 한다. 즉 6·10항쟁의 타협적 민주화 산물인 민자당을 승계한 국힘은 민주정당으로서 불완전한 부분을 채워 역사적으로 희미해진 민주적 정통성·정당성을 복원·강화해야 한다. 과거 영패·영파독재 시절의 추억에 젖어 파시즘세력과 함께할 수 있다고 착각한다면 엄청난 시대착오를 하는 것이다. 쉽게 말해 호남이 투표할 수 있는 정당이 되면 된다.

여전히 호남은 우리나라 민주주의의 관건이다. 이는 문재인정권 전까지는 주로 좋은 의미로만 사용할 수 있었는데 이젠 그럴 수 없다. 민주주의를 위해 헌신한 지역이 민주주의의 타락까지 지지하는 현상을 좋게만 옹호할 순 없다. 호남이 더민당 일당지배 체제를 용인한 것은 과거라면 이해할 수도 있었다. 국힘을 배제하는 건 정책의 문제가 아니라 전두환 민정당(이데올로기)을 승계하는 당에 대한 저항이라고 생각할 수도 있었고, 국힘세력의 5·18과 반영남패권주의에 대한 불투명하고 소극적인 태도가 혐오감정을 불러일으켰다고 볼 수도 있었다. 개인적으로 나는 호남의 그런 딜레마에 천착해 국힘 아닌 제3당으로 복수정당 체제를 만들어보자는 주장도 해봤지만 결국 부질없는 희망이었다.

하지만 이제 정치적 가정을 해봐야 한다. 호남은 (내가 지금까지 생각해온 것처럼) 국힘을 전두환 민정당의 승계정당으로 간주해 정통성·정당성을 인정할 수 없으므로, 더민당 일당지배 체제로 정치적 선택의 여지 없이 살아갈 생각인가? 영원히? 국힘이 과거 '타협적 민주화'의 한 축이었음을 상기해 민주정당으로서의 정통성·정당성을 복원·강화하고, 아무리 좋은 인물과 정책으로 잘해도? 한마디로 이제까지처럼 제3당으로 국힘을 대체하는 복수정당제도 싫고, 국힘을 인정하는 복수정당제도 싫다면, 어쩌자는 것인가? 호남은 민주화의 주역이었던 기억이 남아 있다면 눈앞의 당파적 정략이 아닌 시대와 역사 속에서 민주주의 조건으로서의 복수정당제를 깊이 생각해봐야 한다.

내가 우리나라는 아직 정상적인 민주국가가 아니라는 전제 아래 정상적인 민주정치 체제를 확립해가야 한다고 주장하는 주된 근거는 복수정당제에 있다. 다른 많은 부분에서 민주적 발전이 있었다고 해도 헌법정신이 전제하는 복수정당제를 확립 못 하면 정치적으로는 민주국가라고 절대 말할 수 없다. 일당지배 체제는 민주국가에서는 절대로 방기하면 안 되는 (유사)독재의 온상이다. 단순히 정치공학적으로만 말한다 해도 복수정당제 없이, 즉 선택이라는 정치적 응징 없이 정치세력들로부터 합리적이고 온전한 유권자 대우를 받기는 힘들다.

단순히 지역적 이익의 관점에서만 보더라도 일당지배 체제의 폐해는 크다. 시장에서 선택의 여지가 없다면 좋은 물건을 값싸게 사기 힘든 것과 마찬가지로 정치에서도 선택의 여지가 없다면 유권자로서 합리적 대우를 기대할 수 없다. 호남 일당지배 체제로 영남 일당지배 체제에 대항하는 게 전략적 묘책이라고 생각할 수도 있겠지만, 불가피한 상황(반민주적 영남패권주의의 영구화)을 전제로 할 때만 유용한, 그것도 대통령제라는 굴레를 못 벗어난 채, 노무현 이후엔 도리없이 영남인을 그 일당지배 체제의 얼굴(호남불가론)로 내세울 때만 가능한 비민주적이고 근시안적인 전략일 뿐이다. 선택을 무기로 압박할 수 있는 복수정당 체제를 통해 유권자의 의지를 실현하는 게 장기적으로, 그리고 지역적으로도 더 큰 이익이라고 확신한다.

이상의 역사적 사실분석을 토대로 나의 최종적 바람을 말하겠다. '적대적 공생', 즉 정치 이데올로기적으로는 서로 적대하며 상대존재를 인정하지 않지만, 현실적으로는 어느 일방의 승리가 불가능한 상태에서 기형적으로 변해가는 상대존재에 의존해 마찬가지로 기형적으로 변해가는 자기존재의 생존을 장기간 함께 도모하는 체제와 이데올로기를 이젠 극복하자는 것이다. 그냥 그렇게 돼야 한다는 당위적 희망을 호소하는 게 아니다. 이는 실제 역사적 사실을 통해 볼 때, 더민당이든 국힘이든 상대의 정치적 존재 자체를 인정 못 할 정치적

·법적·이데올로기적·역사적 근거는 없다는 전제하에 하는 바람이다. 어쩌면 우리나라 민주화가 '혁명적 민주화'가 아니라 '타협적 민주화'였기 때문에, 그 후유증이 급성으로 강하고 짧게 나타나는 게 아니라 만성으로, 즉 '적대적 공생' 체제와 그 이데올로기 형태로 약하고 길게 지속하는 것일 수도 있다. 어쨌거나 후유증은 최대한 빨리 극복해야 한다.

지금까지 우리 근현대사는 일제강점시대에서 반공독재시대로, 반공독재시대에서 영패·영파독재시대로, 영패·영파독재시대에서 적대적 공생시대로 변화해왔다. 시대의 변화에 따라 투쟁의 목표와 방식도 달라져야 한다. 지금도 시대는 흐르고 있다. 그 변화하는 시대에 맞춰, 이제 우리는 시대착오적 허위의식에 기반한 '적대적 공생' 체제를 극복하고, 상대존재를 인정하는 토대 위에서 정책과 선택을 경쟁하는 '합리적 경쟁' 체제를 정치·사회적으로 정립해 나가야 한다.

우리는 가끔 우리가 지나온 발자취를 잊는다. 심지어 왜곡된 기억이 우리 의식을 태연히 지배하기도 한다. 10여 년(1987년~1997년)에 걸쳐 어렵게 이루어낸 '타협적 민주화'의 기억도 그렇다. 지금이라도 그 현대사를 '있는 그대로'만 읽는다면, 민주체제로 향하는 새로운 길의 씨앗이 담겨 있단 사실을 새삼스럽게 발견하게 될 것이다. 그 새로운 길은 기존 정당들을 완전히 부정·단절하고 새 정당들을 정립하는 어려운 길이 아니라, 기존 정당들의 이념적 각성과 혁신을 통해서도 민주적 정통성·정당성의 복원·강화가 가능한 쉬운 길이다. 힘들게 성취한 역사적 진보의 후유증을 치유하고, 우리가 다시 민주주의를 진전시키는 길 위를 걷는 날이 오기를, 그것도 가능하면 하루빨리 오기를, 소망한다.

〈기생충〉의 시대, 무엇을 할 것인가

영화 〈기생충〉의 특별함은 빈부, 계층, 노자(지배/피지배) 갈등, 그 자체의 문제의식에 있지 않다. 그런 주제 자체는 사실 아주 오래전부터 다양한 예술분야를 지배해왔으며, 그런 만큼 완성도 높은 예술작품 또한 헤아릴 수 없을 정도로 많다. 더군다나 진보적 문제의식을 가진 예술가라면 피해갈 수 없는 이 주제는 자본주의를 대상으로 해서만 표현할 수 있는 것도 아니다. 인류 역사의 가장 심각한 문제지만, 지금까지 완전한 해결책을 찾을 수 없는 이 주제는 그래서 거의 진부하다고까지 할 수 있을 정도다. 한데 2019년 칸영화제 황금종려상과 2020년 미국 아카데미 작품상·감독상·각본상·국제장편영화상을 비롯해 국제적으로 수많은 상을 휩쓴 이 영화 〈기생충〉은 대체 어떤 특별함으로 전세계의 관심을 끌었을까? 나는 그 특별함의 키워드가 '시대'라고 생각한다.

누구라도 〈기생충〉의 특별함을 이해하려면 간단히 이런 질문을 해보면 된다. 우리 시대에 목격하는 빈부, 계층, 노자(지배/피지배) 갈등은 아주 오래된 인간 삶의 문제이므로 '시대'와 상관없이 일관되게 같은 시선으로, 말을 직설적으로 바꾸면 상투적 시선으로 바라봐도 그 문제를 온전히 이해하는 데 별 상관없는 것일까? 〈기생충〉은 '그렇게 바라보면 안 된다'고 대답하는 영화다. 한마디로 〈기생충〉은 '시대'가 변해감에 따라 '계층(계급)'이 어떻게 종속적으로 자기 모습을 드러내는가에 관한 영화다. 그 점이 바로 이 영화를 특별하게 만든 핵심이다. 봉준호의 발언을 통해 직접 확인해보자. 그는 린 페어리^{Lyn Fairly}와의 인터뷰에서 〈기생충〉에 관하여 이런 얘기를 했다.

오히려 혁명으로부터 점점 거리가 멀어지는 것 같아요, 세상이. 혁명의 시대가 많이 지나가고, 혁명이라는 것은 뭔가 부숴뜨려야 될 대상이 있어야 되는 것인데, 그게 뭔지 혁명을 통해 깨트려야 되는 게 뭔지 파악하기가 되게 힘들고 복잡한 세상이 되고 있는 것 같아요. 그런 복잡한 상황을 표현하는 것 같아요, 〈Parasite〉(〈기생충〉)는 오히려.[135]

이 발언의 핵심을 이해 못 하면 〈기생충〉을 전혀 이해할 수 없다. 〈기생충〉의 모티브와 모든 은유는 바로 이 발언의 토대 위에서 해석되어야 한다. 시작해보자. 왜 우리가 사는 세상이 "복잡한 세상" "복잡한 상황"이 된 것일까? '혁명이 지나간 세상'이 됐기 때문이다. 그런데 이 혁명이란 용어를 좀 더 신중하게 따져볼 필요가 있다. 우리가 혁명을 지배계급의 교체로 이해하고, 봉준호가 말하는 혁명이 종교혁명이나 문화혁명 같은 것을 의미하지는 않는다고 할 때, 그 혁명의 범주는 사실 매우 좁혀진다. 여기서 봉준호의 발언이 영화 배경인 한국사회를 염두에 둔 것이라면, 그 지나간 혁명으로 1987년 6·10을 상정했을 수 있다. 한데 이 6·10의 속사정은 조금 복잡하다. 그것은 표면적으로만 보면 간단히 민주주의 혁명이라고 지칭할 수 있지만, 시대적 선두에 있던 이른바 '운동권'은 사회주의·공산주의 혁명을 꿈꾸고 있었다. 문제는 이 운동권이 꿈꿨던 혁명은 민주화에 은폐돼 드러나지 않는 은밀한 희망일 뿐이었다. 그리고 이 사태가 혁명의 시대가 지나간 후의 특별한 아이러니를 만든다.

그런데 혁명이 지나간 게 왜 '복잡한 세상'이 되는 걸까? 오히려 안정된 세상이 된 게 아닐까? 약간의 상상력이 필요하다. 어떤 사람이 기독교라는 종교적 신념으로 세상을 열심히 살았다고 하자. 현실의 삶을 독실하게 사는 건 당연하지만 무엇보다 사후의 천국과 지옥의 관념, 즉 그 '계획'을 독실하게 믿었다고 하자. 한데 어느 날, 하느님과 천국·지옥이라는 관념이 모두 사라졌다고 해보자. 그 신앙인의 삶의 근거가 됐던 전제가 사라진 것이다. 계획이 사라진 그 신앙인의 삶은 어떻게 되는 것일까? 그렇게 변화한 시대 속에서, 과연 우리는 그 신앙인과 교회, 교리 등 모든 방면에서 어떤 변화를 관찰할 수 있을까? 아마도 안정된 세상이 아니라 오히려 '복잡한 세상'을 상상하는 게 합당할 것이다.

마찬가지로, 만약 어떤 진보적 혁명가가 공산 혁명이념에 충실한 삶을 살았다고 하자. 한데 어느 날, 그 혁명이 실현 불가능하다는 시대적 판정을 받았다고 하자. (실제로 그렇다.) 그럼 이제, 공산 혁명이념, 즉 '계획!'이 사라진 세상의 나침반은 뭘까? 그 옛 계획을 대체하는 새로운 계획이 없다면 그 옛 계획을 전제로 살아가던 인간의 삶은 어떻게 되는 걸까? 개인 노동자의 삶이든, 노동조직이든, 정당이든, 공산국가든, 학문이든, 이데올로기든 공산주의를 전제로 했던 모든 논리와 정당화가 한순간에 깨끗하게 사라졌을까? 만약 사라졌다면 그들은 이제 무슨 계획으로 살고 있으며, 사라지지 않았다면 그 변한 시대와 어떤 불화를 빚으며 살고 있을까? 다음은 영화 속 주인공 기택이 수재민 피난처 강당에 누워서 세상을 달관한 듯 아들에게 말하는 인생철학이다. 하지만 '무계획'을 얘기할 땐 팔등으로 눈을 가리고 떳떳치 못 한 사람처럼 중얼거린다.

> "계획을 하면 반드시 계획대로 안 되거든, 인생이. (…) 그러니까 계획이 없어야 돼, 사람은. 계획이 없으니까 뭐가 잘못될 일도 없고, 또 애초부터 아무 계획이 없으니까 뭐가 터져도 다 상관없는 거야, 사람을 죽이건, 나라를 팔아먹건."

혁명, 즉 근본적인 계획이 지나간 세상에 대한 추상적인 질문을 현실적으로 바꿔보자. 그럼 혁명이 지나간 세상이 왜, 어떻게 복잡해지는지 더 쉽게 이해할 수 있을 것이다. 마르크스는 왜 임금은커녕 끼니를 잇기도 힘든 노숙자보다 임금노동자에 초점을 맞춰 세상의 모순과 부조리를 외쳤을까? 단순히 인간의 처지에 대한 의분이 혁명적 주장의 토대라면, 당연히 극빈자가 주체 아니면 대상자로서 최우선적 관심의 대상이 돼야 한다. 하지만 마르크스주의로서의 공산주의는 단순히 인간의 처지에 대한 동정심과 안타까움을 치유하는 것이 최종 목표가 아니었다.

공산주의자는 공산주의라는 근본적인 계획이 있었다. 따라서 공산주의적 진보의 주된 관심은 프롤레타리아의 계급투쟁이지 최하층 룸펜프롤레타리아의 빈곤상태가 될 수 없었다. 즉 프롤레타리아는 새로운 사회를 건설해야 할 특별한 임무가 있으므로 설령 그들의 생활상태가 룸펜프롤레타리아보다 훨씬 낫다고 해도 언제나 혁명시대의 주체는 프롤레타리아였던 것이다.

자, 그런데 시대가 바뀌었다. 즉 '혁명이 지나간 시대'가 돼버렸다. 그래서 현실이 명령하는 대로, 공산사회 건설이 공산주의를 꿈꿨던 자의 최종 목표가 될 수 없다면, 노동자만이 세상과 역사의 주체라는 논리는 어떻게 되는가? 자본주의라는 현실적 한계를 인정하는 순간 진보는 '계급투쟁'보다는 '인간다운 생활(최저생활)'과 '사회복지'를 위한 투쟁에 초점이 맞춰질 수밖에 없다. 그때 제기되는 당혹스럽고, 복잡한 질문은 이런 것이다. '공산주의라는 혁명이 지나간 시대'에도 노동자의 지위는 여전히 노숙자에 비해 특별한가? 왜?![136]

봉준호는 현 시대가 과거와는 다른 "복잡한 세상"이라고 했다. 그럼 과거는 어떤 세상이었는가? 선악이 분명한 세상, 부르주아는 나쁜 계급이고 프롤레타리아는 좋은 계급인 세상, 혁명이 모든 것을 정당화해주는 세상, 단순화시키면 자본(가)을 비난하고 노동(자)을 신성시하는 관점이 진보적 정의인 세상, 그런 '진보적!' 주제를 담은 영화에 상이 필요한 세상이었다. 그런 세상에 봉준호의 〈기생충〉은 이렇게 물은 것이다. 혁명이 모든 것을 정당화하는 시대에서 혁명이 지나간 시대(말하자면 '기생충의 시대')가 됐다면 혁명 이데올로기, 혁명을 꿈꿨던 사람들, 그리고 그들을 추종하던 사람들은 어떻게 되는 걸까? 나침반 자체가 사라졌는데 옛 나침반을 대체하는 새 나침반은 있는가? 없다면 우리는 지금 어떻게 살고 있는가? 이제 무엇을 해야 하는가?

봉준호는 이 '혁명이 지나간 시대의 세상'을 일단 있는 그대로 보여주기로 작정한 듯싶다. 그리고 이 평범한 작정은 감히 누구도 할 수 없었던 담대한 도발이 됐다. 그 도발은 바로 '기생충'이라는 제목으로부터 시작한다. 빈부(계층) 갈등과 사회적 모순을 다뤘다는 영화의 제목이 '기생충'이라니?! '기생충'은 이 영화의 이야기가 전개되는 구조적 설정을 의미하므로, 제목만을 따로 떼어내 수정할 수 있는 게 아니다. 말하자면 제목을 바꾼다고 해서 영화의 문제의식이 바뀌지는 않는다. 따라서 우리는 〈기생충〉이 하층에 대한 익숙한 우호적 은유가 아니라 있는 그대로의 세상 이미지를 담은 대담한 비우호적 풍자라는 사실부터 인정하고 시작할 수밖에 없다. 〈기생충〉에 관한 질문은 그런 전체 맥락을 고려해야만 한다.

영화 〈기생충〉에서 지상 기생충은 의심의 여지없이 기택 가족이다. 기택의 아들 기우가 부잣집 딸의 영어 과외선생이 된 것을 기회로, 그들은 닥치는 대로의 생존을 위해, 가짜이력으로 그 집 아들의 미술 가정교사 일자리도 창출하고, 기존에 있던 노동자들(운전기사, 가정부)의 직업을 속임수로 차례차례 뺏는다. 있을 수 없는 기생충 같은 설정인가? 이미 우리나라에서 노조와 단체협약으로 고용세습을 제도적

◀ 혁명이 지나간 시대, 계획도 나침반도 사라져 복잡해진 세상을 있는 그대로 보여주는 영화 〈기생충〉. 거기엔 '파편적 이기심만이 작동하는 닥치는 대로의 계층적 삶'들이 서로에게 기생한다. 기생충은 성공해도 숙주가 될 뿐, 그 숙주에겐 또 새로운 기생충이 들어오고, 그 숙주가 조금 더 좋은 숙주이기를 바랄 수 있을 뿐인 기생충의 시대에 우리가 '민주화 역사의 기생충'이 되지 않으려면 어찌해야 할까?

으로 보장[137]하는 건 흔한 일이다. 물론 자본세습이 당연한 자본주의 사회에서 자본가의 막사는 행태는 없단 얘기가 아니다. 자본가 행태야 더 하면 더 했지 설마 덜 하겠는가? 나는 지금 영화〈기생충〉속 기택 가족을 얘기하고 있으며, 이런 설정이 절대로 있을 수 없는 상상적 계층비하는 아니란 말을 하는 것뿐이다.

한데 지상 기생충(기택 가족)만을 관찰하며 방심하고 있던 우리에게 영화는 지하 기생충이라는 설정으로 뜻밖의 충격과 재미를 더해주었다. 지하엔 전 가정부 문광이 거둬 먹이고 있던 남편 근세가 있었다. 지상 기생충 기택 가족과 지하 기생충 문광 부부는 서로의 정체를 알게 되고 아수라장 싸움을 벌인다. 그 싸움판에서 지하 기생충 문광 부부는 지상 기생충 기택 가족의 정체를 찍은 휴대폰 동영상을 북한 핵미사일 버튼인 양 누르는 시늉을 하며 협박한다. 그 와중에 문광이 북한의 웅변식 아나운서 멘트로 기택 가족을 조롱하는 장면이 나온다. 근세는 키득거리며 중얼거린다.

"그거 진짜 오랜만이다, 여보. (…) 역시 종북 개그의 지존. 사랑해, 여
보."

진짜 오랜만…? 개그? 도대체 이 뜬금없는 구시대적 장면의 정체는
뭔가? 문광의 살벌한 '종북 개그'는 옛 시절엔 시대적 긴장감을 느끼
게 하는 날 선 풍자로 들렸을 수도 있겠지만, 이젠 시대착오적 이질감
만 느끼게 하는 '무성영화 변사'식 개그로만 들린다. 무슨 의도였을
까? 이를 별 의미 없는 영화적 농담으로만 이해하는 건 이 대단한 영
화가 썰렁한 농담으로 장면 낭비했다고 비난하는 것과 같다. 한 컷의
미장센에도 신경 쓰는 봉준호라면 이 긴 장면을 통해 꼭 말하고 싶었
던 바가 분명히 있었을 것이다.

　문광의 북한식 장광설은 당연히 북한 이데올로기, 즉 주체사상에서
나온 상투적 표현기법이다. 한데 혁명이 지나간 이 시대에(문제의 장
면에서도 '위대한 수령'이 대사의 중심인데, 수령론을 핵심으로 하는) 주
체사상은 무슨 의미인가? 문광의 북한식 장광설 장면이 생뚱맞게 삽
입된 의미 없는 농담으로 들리든, 실제 북한의 영향을 받아 활동했던
우리나라 주사파 운동권의 은유로 보이든, 아니면 현존하는 북한이
라는 국가 그 자체의 기이한 행태를 조롱하는 것이든 '주체사상이라
는 시대착오적 이데올로기의 상징적 이미지 = 개그'를 담고 있는 것
만은 분명하다. '시대착오' 이미지에 대해 덧붙이자면, 문광 남편 근

세는 로스쿨제도로 바뀐 것도 모르고 사법시험 공부를 해온 듯 책상엔 철 지난 법학책들이 꽂혀 있다.

그럼 이제 이 영화의 모티브를 염두에 두고 생각해보자. 우리는 '혁명이 지나간 시대'를 어떻게 살고 있는가? '새로운 세상의 주체가 될 노동자'라는 근본적인 계획이 있던 노조는 혁명이 지나간 세상에서는 그 정체가 뭘까? 이익단체? 노조는 다른 노동자의 일자리를 뺏어내 일자리를 창출하는 기택 가족 이상의 근본적인 계획을 갖고 행동하는가? 또 혁명이 지나간 세상에서 미래의 근본적인 계획 그 자체였던 주체사상은 도대체 어디에 써먹을 수 있는가? 과거를 부끄러워하며 부정해야 하는가, 아니면 과거를 찾아 헤매며 돈키호테처럼 살아야 하는가?

다시 돌아가 '기생충'이란 영화 제목은 어떤가? 기생충은 단지 기택 가족이나 문광 부부를 은유하는 것에 그치지 않고, 저택 주인인 자본가 동익 가족 역시 고용인의 노동에 기생충처럼 '동시에' 의존한다는 철학적 의미를 강조할 수는 있다. 그리고 그 점이 우리에게 변증법적 위안이 될 수는 있다. 하지만 영화 〈기생충〉의 주된 모티브는 지금까지 진보적 관점에서는 적나라한 관찰조차 생각할 수 없었을 만큼 신성시된 노동계층(계급)에서 얻어진 것이다. 참고로 주인공 기택(자녀 기우, 기정까지)의 '기', 그의 아내 충숙의 '충'은 기생충에서 따왔다. 한마디로 〈기생충〉은 노동계층(계급)에 대한 옹호나 연민이 아닌, '혁명이 지나간 시대'를 사는 인간적 현상을 '있는 그대로' 냉정하게 보여준 초超진보적 작품이다.

내가 봉준호의 〈기생충〉을 굳이 이 책의 에필로그로 덧붙인 이유가 있다. 〈기생충〉의 모티브는 '혁명(계획)을 전제로 정당화했던 노동계층(개인, 계급), 그리고 그 이데올로기가 혁명이 지나간 시대에 어떤 만화경을 보여주는가'다. 나는 봉준호가 그 모티브를 통해 '파편적 이기심만이 작동하는 닥치는 대로의 계층적 삶'과 '시대착오 이데올로기'의 시대를 '발견(!)'했다고 생각한다. 심지어 그의 시대적 발견은 정치·사회·역사적 '고발'로까지 느껴질 정도다. 이 책에서 힘들게 설명하고 있는 주제의식을 그는 영화예술로 먼저 알기 쉽게(?) 보여준 셈이다. 그것이 내가 지금 그의 〈기생충〉을 소환해 진지하게 읽고 설명하는 이유다.

개인이든 조직이든, 과거 이데올로기는 지나갔지만 미래 이데올로기(계획)는 오지 않은 상태에서, 인간의 행동패턴은 둘 중 하나로 나타날 것이다. 하나는 기택 가족이 은유하는 것처럼 닥치는 대로 무계획적 삶을 살아가는 모습일 것이며, 다른 하나는 폐쇄적 삶에 갇혀 시간의 흐름조차 잊고 사는 문광 부부처럼 돈키호테적 시대착오 속에서 살아가는 모습일 것이다. 그 시대착오의 극단은 '자신도 실천하기 싫은(실천 못 하는) 이상적(?) 진보 이데올로기 외피를 걸치고 내면적으로는 자본주의를 추앙(근세는 동익을 향해 리스펙!을 부르짖는다)'하는 위선적 아이러니다.

이 영화의 모티브를 이 책의 문제의식에 비추어 중첩해보자. 우리가 '민주화를 전제로 정당화했던 우리 정치의 개인적, 제도적, 이데올로기적 삶은 민주화가 이뤄진 이후에 어떻게 변했고, 어떤 후유증을 남겼는가'라는 시대적 질문을 반드시 해야만 한다. 이 질문에 대답하려는 순간 우리는 〈기생충〉과 마찬가지의 황당한 사태를 목격하게된다. 한편에선 민주제도(복수정당제)가 무엇인지, 그런 문제 따윈 앞으로 어떻게 되든 아예 관심도 없고, 그저 파편적 이익을 위해 그때그때 정파적으로 막살아가는 무계획적 정치성향이 판을 치고 있다. 그리고 다른 한편에선 '묻지마 민주투사' 신분증 역할을 해준 과거 주체사상파 혹은 계급혁명가라는 추억을 간직하고 있지만, 이젠 주체할 수 없는 인간적 탐욕을 실현해주는 자본주의를 근세처럼 너무나 '리스펙'하는 운동권 정치인들이 포진해 있다. 그 옆엔 〈기생충〉에선묘사되지 않았지만 그들의 시대착오적 쌍생아인 파시스트들이 진을치고 있다. 앞으로도 우리 사회가 이들 '기생충'들의 위세에 계속 휘둘리거나 농락당한다면 언젠가 우리는 모두 '민주역사의 기생충'으로 전락해 있을 것이다.

　별 논쟁의 대상이 되지는 않았지만, 사실 영화 〈기생충〉의 '난제'는그 결말 부분[138]에서 드러난다. 기택의 아들 기우는 반지하집에서 저택의 기생충으로 갇힌 기택에게 "아버지! 저는 오늘 계획을 세웠습니다"라며 '환상'적인 편지를 쓴다. 그 편지의 요지는 이렇다.

> "돈을 벌겠습니다. 아주 많이. (…) 돈을 벌면 이 집부터 사겠습니다. (…) 아버지는 그냥 계단만 올라오시면 됩니다."

　그것은 기우에게 '근본적인 계획'이었다. 자, 그러니 이제 우리는 그 '근본적인 계획'에 대해 물어야 한다. 기우의 근본적인 계획이 '돈을 아주 많이 벌어 그 집을 사는 것'이라면 그 계획이 이뤄졌을 때 세상은 뭐가 달라졌을까? 사실 기우의 근본적인 계획이란 건 특별히 새로운 계획으로 들리지는 않는다. 그게 우리 모두에게 이미 익숙한 자본주의적인 계획이라면 크게 달라지는 것도 없을 것이다. 기생충이 성공해 숙주가 됐을 뿐이고, 그 숙주에겐 새로운 기생충이 들어와 살 것이다. 그래도 한 가지 소소한 희망이 있다면, 기우가 숙주가 된 세상은 조금 더 좋은 세상이기를, 즉 숙주인 기우가 조금 더 좋은 숙주이기를 바랄 수 있을 뿐이다. 이것은 세상에 대한 절망일까, 희망일까? 혁명을 원한다면 나쁜 절망일 것이고, 혁명을 두려워했다면 좋은 희망일 것이다.

봉준호는 혁명의 희망도, 반혁명의 절망도 아닌, 있는 그대로의 세상을 보여주고 싶어 했다. 영화 곳곳에서 그랬다. 가난한 자가 곧 착한 자도 아니고, 부자가 곧 악한 자도 아니다. 다만 상층의 선 안 사람들은 안전한 곳에서 하층의 선 밖 사람들에게 관대할 수 있을 뿐이다. 물론 혁명이 지나간 세상이므로 기택이든 근세든 자본가 동익을 향한 계획적인 적대감을 가질 이유도 없다. 그들은 적대감은커녕 오히려 숙주의 관대함과 능력에 인간적 고마움과 존경심까지 느끼고 있다. 기택이 동익을 죽인 것도 계획적인 목적을 가지고 그런 게 아니라 배신당한 인간적 친밀감이 일으킨 순간적인 감정이었을 뿐이다. 계획에 충실한 계급적 심판이 아니라 감정에 휘둘린 인간적 살인! 이 얼마나 '기생충 시대'에 어울리는 살인인가?

하지만 단지 꿈(환상)이라 해도 계획 없이 살기에는 너무 젊은 기우는 부자, 즉 숙주가 되는 '근본적인 계획'을 세웠다. 기택의 말처럼 그 계획은 "반드시 계획대로 안" 될 가능성이 거의 확실하지만, 설령 그 계획이 이루어진다 해도 세상이 혁명적으로 바뀌는 것은 아닐 것이다. 어쨌거나 "혁명으로부터 점점 거리가 멀어지는" 세상은 봉준호가 만든 게 아니다. 그는 단지 우리에게 숙제를 남겼을 뿐이다. 그 숙제는 혁명이 아니더라도 일상적인 삶에서 '근본적인 계획'으로 세상을 진전시키는 것이다. 그게 '더 착한 숙주'가 지배하는 세상을 향한 '익숙한 틀 안에서의 쩨쩨한 진전, 쩨쩨한 근본적인 계획'이라 할지라도 그렇게 해야만 한다. 기생이 아닌 공생이 필요하다면 공생을 꿈꿔야 한다. 봉준호는 우리에게 해묵었지만, 새롭게 다가온 숙제를 참신한 방식과 날카로운 시대적 통찰로 절실하게 상기시켰고, 그것이 그를 거장의 반열에 올렸다.

이 에필로그는 봉준호의 영화 〈기생충〉을 분석하는 것 자체가 목적이 아니므로 이쯤 해두자. 다만 끝으로, 우리의 삶을 대상화해 우리를 각성시키는 명작 〈기생충〉을 낭비하지 않기 위해 현실적으로 명확히 강조하고 싶은 말이 있다. 현실적인 발언이지만 정파적으로는 들리지 않았으면 좋겠다.

혁명의 시대는 지나갔다. 영호남은 이제부터라도 막살아가는 기택 가족과 달리 제도적 계획, 즉 복수정당제를 염두에 둔 정치적 선택을 할 수 있어야 한다. 그리고 우리는 이제 근세 부부처럼 옛 기억 속에선 주체사상을 개그처럼 추억하면서 현실의 삶 속에선 속물적 욕망

(자본)을 '리스펙'하는 위선적·독선적 '운동권' 정치인들과, 다른 한 편 그들과 적대적 공생을 즐기며 광주(호남)와 5·18을 모욕하는 전두환 추종 파시스트들의 시대착오적 영향력에서 그만 벗어나야 한다. 그것이 우리 모두가 '민주화 역사의 기생충'이 되는 절망적 사태를 막고, 시대를 진전시켜 나갈 수 있는 유일한 탈출구다.

주

1   마르크 블로크, 고봉만 옮김, 『역사를 위한 변명』 한길사, 2000, 190~191쪽.

2   프리드리히 니체, 김정현 옮김, 「선악의 저편」 『니체전집14: 선악의 저편 · 도덕의 계보』 책세상, 2002, 122쪽.

3   이에 관한 자세한 내용은 김욱, 『개헌전쟁』 개마고원, 2017, 299쪽 이하 참조.

4   프리드리히 엥겔스, 「a) 힌릭스 No. 2. "비판주의"와 "포이에르바하". 철학의 비난」 칼 마르크스, 프리드리히 엥겔스, 편집부 옮김, 『신성가족』 이웃, 1990, 154쪽.

5   에른스트 블로흐, 박설호 옮김, 『희망의 원리 1』 솔, 1995, 12쪽.

6   에른스트 블로흐, 박설호 옮김, 『희망의 원리 1』 솔, 1995, 12쪽(각주6).

7   폴 우드러프, 이윤철 옮김, 『최초의 민주주의』 돌베개, 2012, 41~42쪽.

8   폴 우드러프, 이윤철 옮김, 「서문」 『최초의 민주주의』 돌베개, 2012, 15쪽.

9   김대중, 『김대중 자서전 1』 삼인, 2010, 572~573쪽.

10 「[단독 YS 마지막 인터뷰] 김영삼, "3당합당은 군정종식 위한 차선책"」 『시사오늘 · 시사ON』 2015년 11월 28일.

11 「김원기 "노태우, 90년 3당합당전 평민당에 통합 제의"」 『뉴시스』 2008년 11월 26일.

12 「김원기 "노태우, 평민당에 '통합' 제안했다"」 『머니투데이』 2008년 11월 26일.

13 「"民主 신당에 주도적 참여키로"」 『연합뉴스』 1990년 1월 23일(수정2010년 7월 20일).

14 「〈3당통합신당선언〉 공동발표문」 『동아일보』 1990년 1월 23일.

15 전두환, 『전두환 회고록 3』 자작나무숲, 2017, 218쪽.

16 「YS 단독인터뷰 김영삼, "DJ가 1년 6개월 동안 내 뒷조사해, 그러나 용서…"」 『시사오늘 · 시사ON』 2009년 10월 24일.

17 정운현, 「[역사 에세이 49] 대 이은 박정희 권력…'화무십일홍'은 옛말」 『오마이뉴스』 2012년 11월 7일.

18 「김대통령 「광주민주화운동」 담화 (전문)」 『동아일보』 1993년 5월 14일.

19 「김대통령 「광주민주화운동」 담화 (전문)」 『동아일보』 1993년 5월 14일.

20 「김대통령 발언 내용」, 『경향신문』, 1995년 11월 25일.

21 이에 관한 자세한 내용은 김욱 『그 순간 대한민국이 바뀌었다』, 개마고원, 2005, 217쪽 이하 참조.

22 「JP돌출발언 정치권 회오리/5·16정당화 "기승전결" 파문」, 인터넷 『중앙일보』, 1993년 5월 17일.

23 「[종합]서울시장 토론회 날선 공방…鄭 "농약급식" 朴 "칭찬받을 내용"」, 『뉴시스』, 2014년 5월 27일(수정2016년 12월 28일).

24 김욱, 『영남민국 잔혹사』, 개마고원, 2007, 145~165쪽.

25 「[한나라당] 강재섭 대표최고위원 전남 광주 기자간담회 모두말씀」, 『연합뉴스 보도자료』, 2006년 8월 10일.

26 「민주당 "강 대표 사과 수준 미미하다"」, 『오마이뉴스』, 2006년 8월 10일.

27 「[민주당] 〈논평〉 한나라당의 대호남 사과에 대해」, 『연합뉴스 보도자료』, 2006년 8월 10일.

28 「[전문] 5.18민주묘지에 무릎 꿇고 '사죄' 울먹인 김종인」, 『머니투데이』, 2020년 8월 19일.

29 「김종인, 5.18 묘역서 눈물의 사죄…'민정당' 이래로 대표로선 처음」, 『프레시안』, 2020년 8월 19일.

30 「윤석열 "전두환 정치 잘해"…원희룡 "삼청교육대도 잘한 건가"」, 『머니투데이』, 2021년 10월 20일.

31 「원희룡 "윤석열, 특정지역 표 필요했나? 민주주의 의식 부족"」, 『뉴시스』, 2021년 10월 22일.

32 「전두환 잔재 청산」 합천 시민사회, 오월영령 무릎 참배(종합)」, 『뉴시스』, 2021년 10월 25일.

33 아돌프 히틀러, 서석연 옮김, 『나의 투쟁 상』, 범우사, 1996, 417쪽.

34 에드먼드 버크, 이태숙 옮김, 『프랑스혁명에 관한 성찰』, 한길사, 2008, 91~92쪽.

35 「붉은 악마가 계급의식 흐린다?」, 인터넷 『한겨레21』 제414호, 2002년 6월 19일.

36 서울대학교병원, 「강박장애」, 『서울대학교병원 의학정보』, https://terms.naver.com/entry.naver ?docId=926917&cid=51007&categoryId=51007.

37 이에 관한 자세한 설명은 이태숙, 「에드먼드 버크의 『프랑스혁명에 관한 성찰』과 보수주의」, 에드먼드 버크, 이태숙 옮김, 『프랑스혁명에 관한 성찰』, 한길사, 2008, 23쪽 이하 참조.

38 황태연, 「격돌하는 좌우 보수세력」, 인터넷 『조선일보』, 2004년 10월 5일.

39 인물 박정희에 관하여는 김욱, 『개헌전쟁』, 개마고원, 2017, 225~233쪽 참조.

40 「[커버스토리]누가 '5·18'을 흔드는가」, 인터넷 『경향신문』, 2019년 5월 18일.

41 파울 요제프 괴벨스, 강명순 옮김, 『미하엘』, 메리맥, 2017, 85쪽.

42 이하 김욱, 「철학 애피타이저, 〈개소리에 대하여〉」(https://blog.aladin.co.kr/kimwook/10308077), 2018년 8월 28일(블로그)에서 가필·인용.

43 해리 G. 프랭크퍼트, 이윤 옮김, 『개소리에 대하여』, 필로소픽, 2016, 37쪽.

44 해리 G. 프랭크퍼트, 이윤 옮김, 『개소리에 대하여』, 필로소픽, 2016, 58~59쪽.

45 해리 G. 프랭크퍼트, 이윤 옮김, 『개소리에 대하여』, 필로소픽, 2016, 66~67쪽.

46 해리 G. 프랭크퍼트, 이윤 옮김, 『개소리에 대하여』, 필로소픽, 2016, 68쪽.

47 해리 G. 프랭크퍼트, 이윤 옮김, 『개소리에 대하여』, 필로소픽, 2016, 62쪽.

48 「'술자리 의혹' 김의겸 "윤 대통령 등에 유감"…與 "金 사퇴해야"」, 『연합뉴스』, 2022년 11월 24일.

49 「김진태 "전 뼛속까지 우파…5·18 명단 요구가 망언이냐"」, 『파이낸셜뉴스』, 2019년 2월 27일.

50 「'5·18 유공자 공개' 의지 드러낸 설훈…법 개정 가능할까」, 인터넷 『세계일보』, 2019년 2월 15일.

51 「尹대통령 "北 따르는 주사파…反국가 세력과는 협치 불가능"」, 『연합뉴스』, 2022년 10월 19일.

52 「윤석열 "호남 분들도 전두환 정치 잘했다 한다" 발언 논란」, 인터넷 『조선일보』, 2021년 10월 19일.

53 「이재명 "전두환, 경제는 성과…박정희, 눈에 띄는 정치인"」, 인터넷 『조선일보』, 2021년 12월 13일.

54 김욱, 『책혐시대의 책읽기』, 개마고원, 2018, 237~239쪽에서 가필·인용.

55 「출판사 리뷰」, http://www.yes24.com/Product/Goods/1437751, n.d.

56 「출판사 리뷰」, http://www.yes24.com/Product/Goods/1437751, n.d.

57 「97세 나치 전범, '79년 전 수용소서 살해 조력' 유죄 판결」, 『연합뉴스』, 2022년 12월 21일.

58 베른하르트 슐링크, 김재혁 옮김, 『더 리더: 책 읽어주는 남자』, 이레, 2004, 229쪽.

59 박정희, 『국가와 혁명과 나』, 지구촌, 1997, 79쪽.

60 「사랑방」, 『한겨레신문』, 1990년 1월 30일.

61 「노무현 "정계개편론 프레시안 인터뷰서 시작"-〈자료〉 지난 10월 인터뷰 기사 다시 보면…」, 『프레시안』, 2002년 3월 25일.

62 「"이회창 이길 유일 카드, 노무현뿐"」, 『프레시안』, 2001년 10월 4일.

63 「"'권노갑-IJ 대권동맹' 살아 있지만 이인제, 민주당 후보 정통성 없다"」, 『오마이뉴스』, 2002년 2월 20일.

64 「YS "맹장 많은데 후보돼 장하다" 노무현 "대통령님 뵈니 감개무량"」,『오마이뉴스』, 2002년 4월 30일(최종 업데이트 5월 3일).

65 「YS "맹장 많은데 후보돼 장하다" 노무현 "대통령님 뵈니 감개무량"」,『오마이뉴스』, 2002년 4월 30일(최종 업데이트 5월 3일).

66 「'양김 집권 10년'을 어떻게 볼 것인가〈프레시안의 제안〉국민적 논쟁을 벌이자」,『프레시안』, 2002년 5월 3일.

67 「노대통령-광주전남 언론인간담회 전문」, 인터넷『한겨레』, 2003년 9월 17일.

68 「〈노대통령 '민주대연합' 발언 파장〉-1」,『연합뉴스』, 2004년 5월 29일.

69 「YS "맹장 많은데 후보돼 장하다" 노무현 "대통령님 뵈니 감개무량"」,『오마이뉴스』, 2002년 4월 30일(최종 업데이트 5월 3일).

70 노무현,「지역구도 등 정치구조 개혁을 위한 제안: 당원동지 여러분께 드리는 글」,『프레시안』, 2005년 7월 28일.

71 「노대통령 "선거에 걸림돌 된다면 당 비판 감당"」,『연합뉴스』, 2006년 8월 27일.

72 「문재인 "부산에 신경 썼는데 왜 부산정권으로 안 받아주나"」, 인터넷『매일경제』, 2006년 5월 15일.

73 이에 관한 자세한 내용은「[YS서거 3주기①] YS는 살아있다…민주주의 확립과 경제투명화」,『시사오늘 · 시사ON』, 2018년 11월 16일 참조.

74 「盧 "YS에 부산후보 추천 요청"」,『연합뉴스』, 2002년 5월 1일.

75 「전희경 "전대협 靑 장악" 임종석 "그게 질의인가"」, 인터넷『서울신문』, 2017년 11월 6일(수정7)일.

76 「이인영 통일부 장관 후보자 청문회 (1)」, 인터넷『YTN』, 2020년 7월 23일.

77 이인영,「동지여 전진! 동지여 투쟁!」(https://archives.kdemo.or.kr/isad/view/00106638), 1987(9월), (이미지)5쪽.

78 「이인영 통일부 장관 후보자 청문회 (2)」, 인터넷『YTN』, 2020년 7월 23일.

79 「이인영 통일부 장관 후보자 청문회 (1)」, 인터넷『YTN』, 2020년 7월 23일.

80 마태오의 복음서 5:40.

81 「"나치가 덮쳤을때" 친명 박찬대 시 낭송…野의총장 얼어붙었다」, 인터넷『중앙일보』, 2022년 11월 25일.

82 「이재명 "언론에 속아 5·18 비난…미얀마 투쟁 응원"」,『뉴스1』, 2021년 6월 28일.

83 「온라인 점령한 '일베'…'종범', 'ASKY'가 무슨 뜻?」,『머니투데이』, 2013년 8월 26일.

84 김욱, 『아주 낯선 상식』, 개마고원, 2015, 56~57쪽.

85 「[이사람] "학살의 충격…독일서 한국현실 눈떠"」, 인터넷『한겨레』, 2010년 6월 2(수정4)일.

86 김길조(증언), 「7134 살인적인 고문에 죽어나가는 사람들」, 한국현대사사료연구소 편, 『광주 5월민중항쟁사료전집』, 풀빛, 1990, 1453쪽.

87 「대구공고, 전두환에 '봉황문양'·'큰절' 헌사」, 『미디어오늘』, 2010년 10월 17일.

88 「이건개 "5·16은 쿠데타지만 역사가 판단할 문제"」, 『연합뉴스』, 2012년 9월 28일.

89 헌재 2004. 5. 14. 2004헌나1 결정.

90 「JP, 삼양라면 첫 도입…먹고 사는 문제가 인권이고 복지」, 인터넷『중앙일보』, 2018년 7월 5일.

91 이에 관한 자세한 내용은 김욱, 『개헌전쟁』, 개마고원, 2017, 206쪽 이하 참조.

92 「YS, DJ·노무현 밀어내고 새정치 회의실 점령…"당 주인 누구" 고성」, 『뉴스1』, 2015년 9월 9일.

93 「野 "YS도 같은 뿌리"…'영남개혁세력' 복원 시도」, 『연합뉴스』, 2015년 8월 24일.

94 김욱, 『김대중의 끝나지 않은 이야기』, 인물과사상사, 2005, 27~29쪽.

95 천호영, 「김대중과 군부」, 『월간 말』, 1992년 10월, 39쪽.

96 천호영, 「김대중과 군부」, 『월간 말』, 1992년 10월, 39쪽.

97 「역사평가 삐거덕대는 조병옥」, 인터넷『한겨레』, 2003년 12월 23일; 「"서북청년단, 제주 4·3사건 때 악명 떨쳤다"」, 인터넷『경향신문』, 2010년 9월 16일; 「제주4·3단체 "강북구청, 제주4·3학살 조병옥 흉상 철회하라"」, 『노컷뉴스』, 2017년 12월 19일 참조.

98 「[시선집중] 이재명 "투표하면 수도권 일부·충청·강원도 승! 경찰 압색? '사골 우리기' 쇼"」, 인터넷『MBC라디오 〈김종배의 시선집중〉』, 2022년 5월 18일.

99 「이재명, "국민의힘은 광주학살세력 후예"…그럼 더불어민주당은 소위 '제주4·3학살'세력의 후예인가?」, 인터넷『Daily 월간조선』, 2022년 5월 18일.

100 George Washington, 「Washington's Farewell Address 1796」, http://avalon.law.yale.edu/18th_century/washing.asp.

101 국회사무처, 『제354회 국회(정기회) 헌법개정특별위원회회의록』, 제23호, 2017년 12월 6일, 9쪽.

102 「[1987년 그 뒤, 20년] 민주개혁세력 어디로 ①최장집 교수」, 인터넷『한겨레』, 2007년 1월 21(수정2월9)일.

103 유시민, 『97 대선 게임의 법칙』, 돌베개, 1997, 267쪽.

104 이하 김욱, 「'민주주의'와 '자유민주주의'는 양립불가능한 적대적 개념인가」, https://blog.aladin.co.kr/kimwook/12732918, 2021년 6월 30일(블로그)에서 가필·인용.

105 「[전문]윤석열이 국민께 드리는 말씀」, 『뉴시스』, 2021년 6월 29일.

106 「[전문]윤석열이 국민께 드리는 말씀」, 『뉴시스』, 2021년 6월 29일.

107 헌재 1990. 4. 2. 89헌가113 결정.

108 헌재 2014. 12. 19. 2013헌다1 결정.

109 이석민, 『위헌정당의 제재수단으로서 정당재정지원금지에 관한 비교 연구』, 헌법재판소 헌법재판연구원, 2020, 57쪽 이하 참조.

110 『독일연방공화국 기본법』, 국회도서관, 2018.

111 『독일연방공화국 기본법』, 국회도서관, 2018.

112 헌재 2014. 12. 19. 2013헌다1 결정.

113 「새 교과서에 '자유민주주의' '자유경제' 넣는다…'성평등'은 빠져」, 인터넷『중앙일보』, 2022년 11월 9일.

114 라이만 타워 사르젠트, 부남철 옮김, 『현대사회와 정치사상』, 1994, 177쪽 이하 참조.

115 「[사설] 文 유엔 연설 지장 줄까 국민 생명 외면하고 월북 몰이 했다니」, 인터넷『조선일보』, 2023년 1월 11일.

116 「[사설] 北이 화낼까 간첩 수사 막았다는 충격적 국정원 내부 증언들」, 인터넷『조선일보』, 2023년 1월 20일.

117 「[전문] 윤대통령 5·18 기념사…"대한민국 국민 모두는 광주 시민"(종합)」, 『연합뉴스』, 2022년 5월 18일.

118 「독자가 올린 임수경씨의 '386술파티' 원문」, 인터넷『동아일보』, 2000년 6월 3일.

119 「윤석열 5·18 참배 비판에…이언주 "개만도 못한 與, 광주 전세냈나"」, 『머니투데이』, 2021년 7월 19일.

120 「윤석열 만진 5·18 비석…김두관 "尹이 더럽혀 닦아냈다"」, 『머니투데이』, 2021년 7월 19일.

121 「[정계성의 여정] 하다하다…윤석열의 5·18 참배까지 비난한 與」, 『데일리안』, 2021년 7월 20일.

122 「野 김은혜 "5·18정신 계승도 민주당 허락받고 해야 하나"」, 인터넷『조선일보』, 2021년 5월 19일.

123 「김대통령「광주민주화운동」담화 (전문)」, 『동아일보』, 1993년 5월 14일.

124 「김무성 "5·18 부정은 역사왜곡…한국당 일부 의원 잘못"」, 『뉴스1』, 2019년 2월 11일.

125 「조배숙 전 국민의힘 전북지사 후보」, 인터넷『월간조선』, 2022년 7월호.

126 「조배숙 전 국민의힘 전북지사 후보」, 인터넷『월간조선』, 2022년 7월호.

127 「차별금지법안(장혜영의원 대표발의)」, 2020년 6월 29일, 제3조 제1항 제1호; 「평등 및 차별금지에 관한 법률안(권인숙의원 대표발의)」, 2021년 8월 31일, 제2조.

128 이에 관한 자세한 내용은 조규범, 『혐오표현(Hate Speech) 규제의 국제적 동향과 입법과제』, 국회입법조사처, 2017 참조.

129 「김영삼 전 대통령 분향소 광주전남 조문행렬 1만여명」, 인터넷『무등일보』, 2015년 11월 26일.

130 「"반미투쟁" 北이 보낸 글 외친 민노총」, 인터넷『조선일보』, 2022년 8월 15일.

131 「與 "민노총이 한미동맹 해체 주장?… 체제전복 추구하나"(종합)」, 『뉴스1』, 2022년 8월 14일.

132 「촛불행동 상임대표 김민웅 "사고 균열을 깨는 생각이 곧 혁명"」, 『오마이뉴스』, 2022년 10월 29일(최종업데이트 30일).

133 「'조국백서' 김민웅이 대표… 尹 퇴진 요구 촛불집회, 면면 보니」, 인터넷『조선일보』, 2022년 10월 21일.

134 미겔 데 세르반테스 사아베드라, 안영옥 옮김, 『돈키호테2』, 열린책들, 2014, 880쪽.

135 봉준호, 「35th Santa Barbara International Film Festival, Outstanding Director of the Year Award 수상(January 23, 2020) 후 인터뷰」, https://www.youtube.com/watch?v=j4yrLYtZFLc, 2020년 1월 24일.

136 이에 관한 자세한 내용은 김욱, 「김대중 · 노무현 정부는 진보에 어떤 영향을 미쳤나?」, 『월간 인물과 사상』, 통권100호(2006, 8), 70~72쪽 참조.

137 「[단독] 정년퇴직자 가족 우선 채용…기업 40곳, 고용세습 여전」, 인터넷『조선일보』, 2022년 9월 30일.

138 이하 결말 부분은 김욱, 「〈기생충〉, 세상에 대한 절망일까, 희망일까?」, https://blog.aladin.co.kr/kimwook/11509647, 2020년 2월 17일(블로그)에서 가필 · 인용.